Oliver Arter

Wohnsitznahme in der Schweiz

Oliver Arter
Rechtsanwalt

Wohnsitznahme in der Schweiz

Einreise, Arbeit und Aufenthalt
Erwerb von Grundeigentum
Sozialversicherungs- und Vorsorgesystem
Ehe- und Erbrecht
Steuerrecht

DIKE

Foto: Claudio Gotsch, La Punt, http://www.engadin-foto.ch

Bibliografische Information der ‹Deutschen Bibliothek›.
Die Deutsche Bibliothek verzeichnet diese Publikation in der Deutschen Nationalbibliografie; detaillierte bibliografische Daten sind im Internet über ‹http://dnb.ddb.de› abrufbar.

ISBN 978-3-03751-734-5

www.dike.ch

Vorwort

In der Schweiz lebten per Ende 2013 gemäss dem Bundesamt für Statistik 1'937'225 Ausländer. Im Jahr 2000 betrug die ausländische Wohnbevölkerung noch 1'424'370 Personen. Dies zeigt, dass die Schweiz als Zuwanderungsland eine grosse Attraktivität ausübt. Die ständige schweizerische Wohnbevölkerung ab dem fünfzehnten Altersjahr umfasste zudem im Jahre 2013 gemäss dem Bundesamt für Statistik ca. 2'374'000 Personen mit Migrationshintergrund (entsprechend ca. 34.8% der gesamten Wohnbevölkerung).

Vorliegendes Werk stellt die Grundzüge der für Ausländer wesentlichen Rechtsgebiete einführend und knapp dar. Eingegangen wird auf die Einreise, die Arbeits- und Aufenthaltsbewilligungen, den Erwerb von Grundeigentum, das Sozialversicherungs- und Vorsorgesystem, das Ehe- und Erbrecht sowie das Steuersystem. Auf eine vertiefte Auseinandersetzung mit Rechtsprechung und Literatur wurde bewusst verzichtet.

Für die wissenschaftliche Mitarbeit bedankt sich der Autor bei lic. iur. MIRIANA EMANUELE, Zürich, und lic. iur. BRIGITTA BRUNNER, Rechtsanwältin, Bern.

Für wertvolle Hinweise zu ausgewählten Kapiteln gebührt Dr. FABIAN KLABER, LL.M., Zürich, lic. iur., dipl. Steuerexperte SAMUEL RAMP, Rechtsanwalt, Froriep, Zürich, sowie JONAS WALKER, MLaw, Froriep, Zürich, Dank.

Zudem bedankt sich der Autor für die Abschlussredaktion, Literaturrecherchen sowie das Erstellen von Verzeichnissen bei EVA WETTSTEIN, Kommunikatorin FH, Zürich, sowie NADINE LÄSER, Zürich.

Allfällige Bemerkungen nimmt der Autor gerne unter folgender Adresse entgegen:

Oliver Arter, Froriep, Bellerivestrasse 201, 8034 Zürich, Tel. 044 386 60 00, Fax 044 383 60 50.

Zürich/Zuoz, März 2015 Oliver Arter

Inhaltsverzeichnis

Abkürzungsverzeichnis

Abb.	Abbildung
ABl.	Amtsblatt der Europäischen Union
Abs.	Absatz
AHV	Alters- und Hinterlassenenversicherung
AHVG	Bundesgesetz vom 20. Dezember 1946 über die Alters- und Hinterlassenenversicherung (SR 831.10)
AJP	Aktuelle Juristische Praxis
ALV	Arbeitslosenversicherung
Art.	Artikel
AS	Amtliche Sammlung
AuG	Bundesgesetz vom 16. Dezember 2005 über die Ausländerinnen und Ausländer (Ausländergesetz, SR 142.20)
AVIG	Bundesgesetz vom 25. Juni 1982 über die obligatorische Arbeitslosenversicherung und die Insolvenzentschädigung (Arbeitslosenversicherungsgesetz, SR 837.0)
BBl	Bundesblatt
BewG	Bundesgesetz vom 16. Dezember 1983 über den Erwerb von Grundstücken durch Personen im Ausland (SR 211.412.41)
BewV	Verordnung vom 1. Oktober 1984 über den Erwerb von Grundstücken durch Personen im Ausland (SR 211.412.411)
BFM / BfM	Bundesamt für Migration
BGer	Entscheid des Schweizerischen Bundesgerichts
BK / BasK	Basler Kommentar
BV	Bundesverfassung der Schweizerischen Eidgenossenschaft vom 18. April 1999 (SR 101)
BVG	Bundesgesetz vom 25. Juni 1982 über die berufliche Alters-, Hinterlassenen- und Invalidenvorsorge (SR 831.40)

BVV 2	Verordnung vom 18. April 1984 über die berufliche Alters-, Hinterlassenen- und Invalidenvorsorge (SR 831.441.1)
BVV 3	Verordnung vom 13. November 1985 über die steuerliche Abzugsberechtigung für Beiträge an anerkannte Vorsorgeformen (SR 831.461.3)
CH	Schweiz
CHF	Schweizer Franken
d.h.	das heisst
DBG	Bundesgesetz vom 14. Dezember 1990 über die direkte Bundessteuer (SR 642.11)
EFTA	European Free Trade Association
EG	Europäische Gemeinschaft
EntsG	Bundesgesetz vom 8. Oktober 1999 über die flankierenden Massnahmen bei entsandten Arbeitnehmerinnen und Arbeitnehmern und über die Kontrolle der in Normalarbeitsverträgen vorgesehenen Mindestlöhne (Entsendegesetz, SR 823.20)
EntsV	Verordnung vom 21. Mai 2003 über die in die Schweiz entsandten Arbeitnehmerinnen und Arbeitnehmer (SR 823.201)
ESTV	Eidgenössische Steuerverwaltung
ETH	Eidgenössische Technische Hochschule Zürich
EU	Europäische Union
f. / ff.	folgende
FH	Fachhochschule
Fn	Fussnote
FZA	Abkommen zwischen der Schweizerischen Eidgenossenschaft einerseits und der Europäischen Gemeinschaft und ihren Mitgliedstaaten andererseits über die Freizügigkeit (SR 0.142.112.681)
Hrsg.	Herausgeber
i.V.m.	in Verbindung mit
IV	Invalidenversicherung
IVG	Bundesgesetz vom 19. Juni 1959 über die Invalidenversicherung (SR 831.20)

Kap.	Kapitel
Km^2	Quadratkilometer
KVG	Bundesgesetz über die Krankenversicherung (SR 832.10)
LGVE	Luzerner Gerichts- und Verwaltungsentscheide
lic. iur.	Lizenziat Rechtswissenschaften
lit.	litera
LU	Kanton Luzern
m.w.H.	mit weiteren Hinweisen
m^2	Quadratmeter
Nr.	Nummer
OR	Bundesgesetz vom 30. März 1911 betreffend die Ergänzung des Schweizerischen Zivilgesetzbuches (Fünfter Teil: Obligationenrecht, SR 220)
OSZE	Organisation für Sicherheit und Zusammenarbeit in Europa
prov.	provisorisch
resp.	respektive
RHG	Bundesgesetz über die Harmonisierung der Einwohnerregister und anderer amtlicher Personenregister (SR 431.02)
s.	siehe
SEM	Staatssekretariat für Migration
SICAV	Investmentgesellschaft mit variablem Kapital
SIS	Schengener Informatiksystem
sog.	sogenannt
SR	Systematische Rechtssammlung
St.	Sankt
u.a.	unter anderem
UN	United Nations
UNESCO	United Nations Educational, Scientific und Cultural Organization
UNO	United Nations Organization
USA	United States of America
usw.	und so weiter

UVG	Bundesgesetz vom 20. März 1981 über die Unfallversicherung (SR 832.20)
UVV	Verordnung vom 20. Dezember 1982 über die Unfallversicherung (SR 832.202)
VEP	Verordnung vom 22. Mai 2002 über die Einführung des freien Personenverkehrs (SR 142.203)
VEV	Verordnung vom 22. Oktober 2008 über die Einreise und die Visumerteilung (SR 142.204)
vgl.	vergleiche
VZAE	Verordnung vom 24. Oktober 2007 über Zulassung, Aufenthalt und Erwerbstätigkeit (SR 142.201)
www	World Wide Web
z.B.	zum Beispiel
z.T.	zum Teil
ZBJV	Zeitschrift des Bernischen Juristenvereins
ZGB	Schweizerisches Zivilgesetzbuch vom 10. Dezember 1907 (SR 210)
ZGBR	Schweizerische Zeitschrift für Beurkundungs- und Grundbuchrecht
Ziff.	Ziffer
ZWG	Bundesgesetz vom 20. März 2015 über Zweitwohnungen (Zweitwohnungsgesetz, BBl 2015, 2753 ff.)

I. Die Schweiz

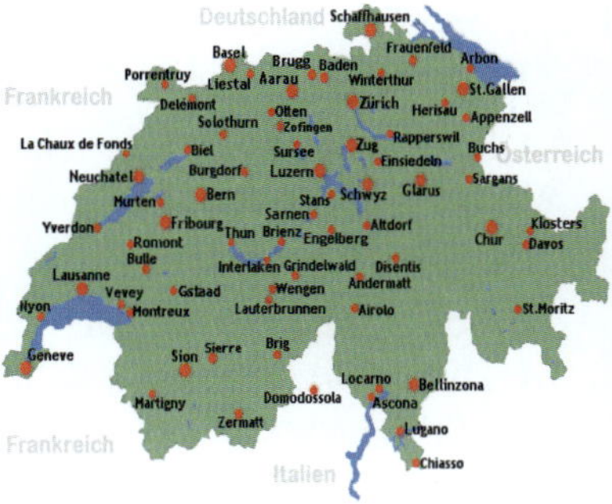

Abb. 1[1]

Abb. 2[2]

1. Allgemeines

Die Schweiz liegt mitten im Herzen von Europa. Das Land hat eine Fläche von 41'285 km^2 und zählte per Ende des Jahres 2013 8'139'600 ständige Einwohner, wovon 6'202'375 Schweizer und 1'937'225 Ausländer sind[3].

---

1 http://commons.wikimedia.org/wiki/File:Europe-Switzerland.svg (zuletzt abgerufen im März 2015).

2 http://www.urlaubstester.org/schweiz/ (zuletzt abgerufen im März 2015).

3 SCHWEIZERISCHE EIDGENOSSENSCHAFT, EIDGENÖSSISCHES DEPARTEMENT DES INNERN, BUNDESAMT FÜR STATISTIK: Ständige Wohnbevölkerung nach Geschlecht und Staatsangehörigkeitskategorie, am Ende des Jahres, abrufbar unter http://www.bfs. admin.ch/bfs/portal/de/index/themen/01/01/key.html (zuletzt abgerufen im März 2015) sowie SCHWEIZERISCHE EIDGENOSSENSCHAFT, EIDGENÖSSISCHES DEPARTEMENT FÜR AUSWÄRTIGE ANGELEGENHEITEN: Präsenz Schweiz, abrufbar

Der niedrigste Punkt der Schweiz befindet sich in Ascona, am Ufer des Langensees im Tessin (194 Meter über Meer), der höchste Punkt ist die Dufourspitze im Walliser Monte-Rosa-Massiv (4'634 Meter über Meer)[4].

Die Hauptstadt der Schweiz ist Bern; allerdings ist Zürich die grösste Stadt und gilt auch als wirtschaftliches Zentrum des Landes[5].

In der Schweiz werden vier Landessprachen (Deutsch, Französisch, Italienisch, Rätoromanisch) gesprochen – Ende 2010 bezeichneten sich 83.9% der ständigen Wohnbevölkerung ab 15 Jahren als einsprachig, 15.8% als mehrsprachig[6]. Von der ständigen Wohnbevölkerung wird Deutsch von 65.6%, Französisch von 22.8%, Italienisch von 8.4%, Englisch von 4.5% und Rätoromanisch von 0.6% als Hauptsprache gesprochen[7]. In 19 von 26 Kantonen herrscht

---

unter http://www.swissworld.org/de/ geografie/ueberblick/ (zuletzt abgerufen im März 2015).

4 Schweizerische Eidgenossenschaft, Eidgenössisches Departement für auswärtige Angelegenheiten: Präsenz Schweiz, abrufbar unter http://www.swissworld.org/de/geografie/ueberblick/kontraste/ (zuletzt abgerufen im März 2015).

5 http://de.wikipedia.org/wiki/schweiz (zuletzt abgerufen im März 2015) sowie http://de.wikipedia.org/wiki/Wirtschaft_der_Schweiz (zuletzt abgerufen im März 2015).

6 Vgl. Schweizerische Eidgenossenschaft, Eidgenössisches Departement des Innern, Bundesamt für Statistik: Medienmitteilung vom 19. Juni 2012, abrufbar unter http://www.bfs.admin.ch/bfs/portal/de/index/news/04/01.Document.159960.pdf (zuletzt abgerufen im März 2015).

7 Vgl. Schweizerische Eidgenossenschaft, Eidgenössisches Departement des Innern, Bundesamt für Statistik: Medienmitteilung vom 19. Juni 2012, abrufbar unter http://www.bfs.admin.ch/bfs/portal/de/index/news/04/01.Document.159960.pdf (zuletzt abgerufen im März 2015).

Deutsch vor, im Westen der Schweiz wird in den Kantonen Genf, Waadt, Neuenburg und Jura Französisch, in den Kantonen Bern, Freiburg und Wallis Deutsch und Französisch, im Kanton Tessin und vier südlichen Tälern Graubündens Italienisch und im Kanton Graubünden Deutsch, Italienisch und Rätoromanisch gesprochen[8].

Die landesweit stärkste Konfessionsgruppe per Ende 2010 ist die römisch-katholische Landeskirche mit 38.6%, gefolgt von der evangelisch-reformierten Landeskirche mit 28.0%, der islamischen Glaubensgemeinschaften mit 4.5% und der jüdischen Glaubensgemeinschaft mit 0.2%; konfessionslos sind 20.1%[9].

2. Politisches System

1291 schlossen sich die drei Urkantone Uri, Schwyz und Unterwalden zur Schweizerischen Eidgenossenschaft zusammen. Zu dieser kamen über die Jahrhunderte hinweg immer mehr Kantone dazu – jedoch erst im Jahre 1848 erhielt der Staat Schweiz durch eine Verfassung die noch heute existierende Form eines föderalistischen Bundesstaates, welche auf einer halbdirekten Konkordanzdemokratie

8 SCHWEIZERISCHE EIDGENOSSENSCHAFT, EIDGENÖSSISCHES DEPARTEMENT FÜR AUSWÄRTIGE ANGELEGENHEITEN: Präsenz Schweiz, abrufbar unter http://www.swissworld.org/de/bevoelkerung/sprachen/ (zuletzt abgerufen im März 2015).

9 Vgl. SCHWEIZERISCHE EIDGENOSSENSCHAFT, EIDGENÖSSISCHES DEPARTEMENT DES INNERN, BUNDESAMT FÜR STATISTIK: Medienmitteilung vom 19. Juni 2012, abrufbar unter http://www.bfs.admin.ch/bfs/portal/de/index/news/04/01.Document.159960.pdf (zuletzt abgerufen im März 2015).

beruht[10]. Seit 1979 besteht die Schweiz aus 26 Kantonen, die alle eine eigene Regierung, ein eigenes Parlament sowie eigene Gerichte haben, die über eine grosse Verwaltungsautonomie und Entscheidungsfreiheit verfügen. Im Übrigen hat jeder Kanton eine eigene Verfassung sowie eigene Gesetze, welche allerdings mit der Bundesverfassung übereinstimmen müssen. So bestimmt beispielsweise jeder Kanton selbst über die Höhe der Steuern. Die Schweizer Gesamtregierung bildet sich aus den sieben Mitgliedern des Bundesrates, die von der Bundesversammlung gewählt werden[11].

Die Schweiz versteht sich als politisch neutrales Land, welches sich nicht an Kriegen zwischen Drittstaaten beteiligt. Diese Neutralität wurde anlässlich des Wiener Kongresses 1815 anerkannt. Die Schweiz ist Mitglied verschiedener internationaler Organisationen wie beispielsweise der UNO, der OSZE, dem Europarat und dem UN-Menschenrechtsrat, nicht jedoch der EU. Deshalb ist die Landeswährung der Schweizer Franken, auch wenn die Schweiz mitten in Europa liegt[12].

---

10 Vgl. SCHWEIZERISCHE EIDGENOSSENSCHAFT, EIDGENÖSSISCHES DEPARTEMENT FÜR AUSWÄRTIGE ANGELEGENHEITEN: Präsenz Schweiz, abrufbar unter http://www.swissworld.org/de/geschichte/ (zuletzt abgerufen im März 2015).

11 Vgl. SCHWEIZERISCHE EIDGENOSSENSCHAFT, EIDGENÖSSISCHES DEPARTEMENT FÜR AUSWÄRTIGE ANGELEGENHEITEN: Präsenz Schweiz, abrufbar unter http://www.swissworld.org/de/politik/ (zuletzt abgerufen im März 2015); https://www.eda.admin.ch/eda/de/home/einreise-und-auf enthaltinderschweiz/informationen-zurschweiz.html (zuletzt abgerufen im März 2015).

12 Vgl. http://de.wikipedia.org/wiki/Schweiz (zuletzt abgerufen im März 2015); SCHWEIZERISCHE EIDGENOSSENSCHAFT, EIDGENÖSSISCHES DEPARTEMENT FÜR AUSWÄRTIGE ANGELEGENHEITEN: Präsenz Schweiz, abrufbar unter http://www.swissworld.org/de/politik/aussenpolitik/

3. Wirtschaft

Den grössten Teil ihres Bruttoinlandproduktes erwirtschaftet die Schweiz mit dem Aussenhandel. Die Wettbewerbsfähigkeit der Schweizer Wirtschaft, welche hauptsächlich auf Dienstleistungen ausgerichtet ist, beruht auf einem hochstehenden Bildungssystem, auf der politischen Stabilität des Landes sowie auf seiner hervorragenden Infrastruktur[13]. Der Finanzsektor ist für die Schweiz von grosser Bedeutung. Die wichtigsten Zentren des Finanzplatzes Schweiz sind Zürich, Genf und Lugano. Die Schweizer Banken verwalteten per Ende 2011 ein Vermögen von rund CHF 5'300 Milliarden und betreuen damit fast 10% des weltweit verwalteten Vermögens[14].

4. Lebensraum / Lebensqualität

Das alltägliche Leben in der Schweiz ist im Vergleich zu anderen Ländern ziemlich teuer, allerdings sind auch die Löhne vergleichsweise hoch. Gemäss einer Studie von Mercer Consulting aus dem Jahre 2014 wird die Lebensqualität in den

---

die_schweiz_und_die_internationalen_organisationen/ (zuletzt abgerufen im März 2015).

13 Vgl. Schweizerische Eidgenossenschaft, Eidgenössisches Departement für auswärtige Angelegenheiten: Präsenz Schweiz, abrufbar unter http://www.swissworld.org/de/wirtschaft/grundlagen (zuletzt abgerufen im März 2015); https://www.eda.admin.ch/eda/de/home/einreise-und-aufenthaltinderschweiz/informationen-zurschweiz.html (zuletzt abgerufen im März 2015).

14 Vgl. Schweizerische Eidgenossenschaft, Eidgenössisches Departement für auswärtige Angelegenheiten: Präsenz Schweiz, abrufbar unter http://www.swissworld.org/de/wirtschaft/finanzplatz_schweiz/ (zuletzt abgerufen im März 2015).

Schweizer Städten als sehr hoch eingestuft: Im internationalen Vergleich mit 350 Städten belegt Zürich den zweiten Platz[15]. Mit ein Grund hierfür ist das erstklassige Bildungssystem. Auf allen Bildungsstufen gibt es Institute und Lehrgänge, die auch Ausländern angeboten werden, z.B. an der Eidgenössischen Technischen Hochschule (ETH) oder an weltweit renommierten Internaten[16]. Studienbeginn ist in der Regel Februar oder September.

Die Schweiz verfügt über das dichteste Eisenbahnnetz der Welt sowie über ein gut ausgebautes Strassennetz[17]. Dies trägt dazu bei, dass die vielen landschaftlichen und kulturellen Sehenswürdigkeiten von jeder Stadt aus gut und schnell erreichbar sind. Die Schweiz kann elf[18] Stätten des UNESCO-Weltkulturerbes verzeichnen, so z.B. die Alpenregion Jungfrau-Aletsch-Bietschhorn mit dem 23 Kilometer langen Aletschgletscher, die Altstadt der Bundeshauptstadt Bern als eindrückliche Zeugin des Mittelalters, der Stiftsbezirk St. Gallen mit seiner weltberühmten Bibliothek sowie seit dem Jahr 2011 auch die Prähistorischen Pfahlbauten im

---

15 Vgl. http://www.mercer.com/newsroom/2014-quality-of-living-survey.html (zuletzt abgerufen im März 2015).

16 Vgl. SCHWEIZERISCHE EIDGENOSSENSCHAFT, EIDGENÖSSISCHES DEPARTEMENT FÜR AUSWÄRTIGE ANGELEGENHEITEN: Präsenz Schweiz, abrufbar unter http://www.swissworld.org/de/bildung/tertiaerstufe/universi taere_und_technische_hochschulen/ (zuletzt abgerufen im März 2015); https://www.eda.admin.ch/eda/de/home/einreise-und-aufenthalt inderschweiz/aufenthalt-in-derschweiz/studieren-in-derschweiz.html (zuletzt abgerufen im März 2015).

17 Vgl. https://www.eda.admin.ch/eda/de/home/einreise-und-aufenthaltin derschweiz/informationen-zurschweiz.html (zuletzt abgerufen im März 2015); http://de.wikipedia.org/wiki/Schweiz (zuletzt abgerufen im März 2015).

18 Stand März 2015, vgl. http://www.unesco.ch/wie/kultur/welterbe/ (zuletzt abgerufen im März 2015).

Gebiet der Alpen[19]. Auch die reichlich vorhandenen Winter- und Sommersportgebiete sind gut erreichbar, meist innerhalb einer Stunde. Bekannt sind vor allem die Ski- und Snowboardgebiete, in welchen auch andere Sportarten wie z.B. Schneeschuh-Wanderungen oder Hundeschlittenfahrten möglich sind. Zudem verfügt die Schweiz über ein breites Angebot an öffentlichen Badeanstalten, oftmals an den über 1'500 Seen und zahlreichen Flüssen, denn im Sommer kann es deutlich über 30 Grad warm werden, wohingegen der Winter oft Temperaturen um oder unter dem Gefrierpunkt verzeichnet[20]. Daneben gibt es in der Schweiz über 900 sehr vielfältige Museen, welche teilweise international bekannt sind, wie z.B. die Fondation Beyeler in Basel oder das Zentrum Paul Klee in Bern[21].

5. Übriges

In Zürich, Basel und Genf befinden sich die grössten internationalen Flughäfen der Schweiz[22]. Sämtliche europäischen

---

19 Vgl. http://www.unesco.ch/wie/kultur/welterbe (zuletzt abgerufen im März 2015); http://de.wikipedia.org/wiki/Liste_des_UNESCO-Welt erbes_(Europa) (zuletzt abgerufen im März 2015).

20 Vgl. SCHWEIZERISCHE EIDGENOSSENSCHAFT, EIDGENÖSSISCHES DEPARTEMENT FÜR AUSWÄRTIGE ANGELEGENHEITEN: Präsenz Schweiz, abrufbar unter http://www.swissworld.org/de/geografie/ueberblick/klima_ und_jahreszeiten/ (zuletzt abgerufen im März 2015); https://www.eda. admin.ch/eda/de/home/einreise-und-aufenthaltinderschweiz/informa tionen-zurschweiz.html (zuletzt abgerufen im März 2015).

21 Vgl. SCHWEIZERISCHE EIDGENOSSENSCHAFT, EIDGENÖSSISCHES DEPARTEMENT FÜR AUSWÄRTIGE ANGELEGENHEITEN: Präsenz Schweiz, abrufbar unter http://www.swissworld.org/de/kultur/ (zuletzt abgerufen im März 2015).

22 Vgl. http://de.wikipedia.org/wiki/Schweiz (zuletzt abgerufen im März 2015).

Grossstädte werden täglich angeflogen und sind innerhalb von höchstens zwei Stunden erreichbar[23].

[23] Vgl. http://www.swiss.ch (zuletzt abgerufen im März 2015).

II. Einreise, Arbeit und Aufenthalt

1. Aufenthalt in der Schweiz

Der **Aufenthalt** eines Ausländers in der Schweiz ist grundsätzlich **bewilligungspflichtig**. Unterschiede ergeben sich insbesondere zwischen Bürgern aus EU-/EFTA-Staaten und Bürgern aus Drittstaaten. Die Voraussetzungen für den Aufenthalt und die Erteilung einer Bewilligung variieren bei diesen beiden Kategorien stark und sind teilweise vom Ermessen der entscheidenden Behörden abhängig.

Aus diesem Grund werden nachfolgend die Arten des Aufenthaltes in der Schweiz für Bürger aus EU-/EFTA-Staaten und Bürger aus Drittstaaten gesondert dargestellt.

2. Grundlagen

2.1 Personenfreizügigkeit mit EU-/EFTA-Staatsangehörigen

Die Schweiz und die Europäische Union haben im Sommer 1999 sieben bilaterale Abkommen unterzeichnet, u.a. auch ein Abkommen über den freien Personenverkehr (sog. Freizügigkeitsabkommen)[24]. Das Abkommen ist am 1. Juni 2002 in Kraft getreten. Infolge der EU-Erweiterung wurde das

---

[24] Abkommen vom 21. Juni 1999 zwischen der Schweizerischen Eidgenossenschaft einerseits und der Europäischen Gemeinschaft und ihren Mitgliedstaaten andererseits über die Freizügigkeit, SR 0.142.112.681. Für EFTA-Staatsangehörige vgl. Übereinkommen zur Errichtung der Europäischen Freihandelsassoziation (EFTA), SR 0.632.31 2002, sowie Abkommen zur Änderung des Übereinkommens zur Errichtung der Europäischen Freihandelsassoziation, BBl 2001, 5028 ff.

Freizügigkeitsabkommen am 1. Mai 2004 durch ein Protokoll ergänzt, welches die schrittweise Einführung der Personenfreizügigkeit mit den zehn neuen EU-Staaten regelt[25]. Dieses Protokoll wurde am 1. April 2006 in Kraft gesetzt. Am 8. Februar 2009 wurde die Weiterführung des Freizügigkeits-Abkommens und das Protokoll II zur Ausdehnung des Freizügigkeitsabkommens auf Rumänien und Bulgarien vom Schweizer Volk gutgeheissen und per 1. Juni 2009 in Kraft gesetzt[26].

Folgende Ziele sollen mit dem Freizügigkeits-Abkommen verwirklicht werden:

- „Einräumung eines Rechts auf Einreise, Aufenthalt, Zugang zu einer **unselbstständigen Erwerbstätigkeit** und Niederlassung als Selbstständiger sowie des Rechts auf Verbleib im Hoheitsgebiet der Vertragsparteien;
- Erleichterung der Erbringung von **Dienstleistungen** im Hoheitsgebiet der Vertragsparteien, insbesondere Liberalisierung kurzzeitiger Dienstleistungen;

---

[25] Protokoll zum Abkommen zwischen der Schweizerischen Eidgenossenschaft einerseits und der Europäischen Gemeinschaft und ihren Mitgliedstaaten andererseits über die Freizügigkeit im Hinblick auf die Aufnahme der Tschechischen Republik, der Republik Estland, der Republik Zypern, der Republik Lettland, der Republik Litauen, der Republik Ungarn, der Republik Malta, der Republik Polen, der Republik Slowenien und der Slowakischen Republik als Vertragsparteien infolge ihres Beitritts zur Europäischen Union, AS 2006, 995 ff.

[26] Protokoll vom 27. Mai 2008 zum Abkommen zwischen der Schweizerischen Eidgenossenschaft einerseits und der Europäischen Gemeinschaft und ihren Mitgliedstaaten andererseits über die Freizügigkeit im Hinblick auf die Aufnahme der Republik Bulgarien und Rumäniens als Vertragsparteien infolge ihres Beitritts zur Europäischen Union, SR 0.142.112.681.1.

- Einräumung eines Rechts auf Einreise und Aufenthalt im Hoheitsgebiet der Vertragsparteien für Personen, die im Aufnahmestaat **keine Erwerbstätigkeit** ausüben;
- **Einräumung der gleichen Lebens-, Beschäftigungs- und Arbeitsbedingungen** wie für Inländer[27]."

Die Einführung der Personenfreizügigkeit gegenüber der EU/EFTA erfolgt schrittweise, weshalb gegenüber einigen Staaten derzeit noch **Übergangsfristen** und spezielle Regelungen bestehen.

2.2 EU-17/EFTA

Für Bürger **Belgiens, Dänemarks, Deutschlands, Finnlands, Frankreichs, Griechenlands, Irlands, Islands, Italiens, Liechtensteins, Luxemburgs, Maltas, der Niederlande, Norwegens, Österreichs, Portugals, Schwedens, Spaniens, des Vereinigten Königreichs** und **Zyperns** gilt seit dem 1. Juni 2007 die volle Personenfreizügigkeit[28]. Übergangsfristen kommen keine mehr zur Anwendung.

2.3 EU-8

Das Protokoll I zur Ausdehnung des Freizügigkeitsabkommens um die zehn 2004 der EU beigetretenen Länder ist am

---

27 Art. 1 FZA (Hervorhebungen durch den Autor).

28 Eidgenössisches Justiz- und Polizeidepartement, Staatssekretariat für Migration SEM, EU/EFTA Bürgerinnen und Bürger: Leben und Arbeiten in der Schweiz, EU-17/EFTA, abrufbar unter https://www.bfm.admin.ch/bfm/de/home/themen/fza_schweiz-eu-efta/eu-efta_buerger_schweiz.html (zuletzt abgerufen im März 2015).

1. April 2006 in Kraft getreten[29]. Bis zum 30. April 2011 konnte die Schweiz gegenüber den Staatsangehörigen aus **Polen, Ungarn, Tschechien, Slowenien, der Slowakei, Estland, Litauen** und **Lettland** ihre bestehenden arbeitsmarktlichen Beschränkungen, also separate Kontingente, Inländervorrang und Kontrolle der Lohn- und Arbeitsbedingungen, weiterführen[30]. Seit dem 1. Mai 2011 kamen auch diese Länder in den Genuss der vollen Personenfreizügigkeit[31].

---

29 Protokoll zum Abkommen zwischen der Schweizerischen Eidgenossenschaft einerseits und der Europäischen Gemeinschaft und ihren Mitgliedstaaten andererseits über die Freizügigkeit im Hinblick auf die Aufnahme der Tschechischen Republik, der Republik Estland, der Republik Zypern, der Republik Lettland, der Republik Litauen, der Republik Ungarn, der Republik Malta, der Republik Polen, der Republik Slowenien und der Slowakischen Republik als Vertragsparteien infolge ihres Beitritts zur Europäischen Union, AS 2006, 995 ff.

30 Für Malta und Zypern galt von Beginn weg die gleiche Regelung wie für die 15 „alten" EU-Mitgliedstaaten, weshalb sie in der Gruppe der EU-17-Staaten figurieren, vgl. dazu EIDGENÖSSISCHES JUSTIZ- UND POLIZEIDEPARTEMENT, STAATSSEKRETARIAT FÜR MIGRATION SEM, EU/EFTA Bürgerinnen und Bürger: Leben und Arbeiten in der Schweiz, EU-8, abrufbar unter https://www.bfm.admin.ch/bfm/de/home/themen/fza_schweiz-eu-efta/eu-efta_buerger_schweiz.html (zuletzt abgerufen im März 2015).

31 EIDGENÖSSISCHES JUSTIZ- UND POLIZEIDEPARTEMENT, STAATSSEKRETARIAT FÜR MIGRATION SEM, Personenfreizügigkeit Schweiz – EU/EFTA, EU/EFTA Bürgerinnen und Bürger: Leben und Arbeiten in der Schweiz, EU-8Personenfreizügigkeit Schweiz – EU/EFTA, abrufbar unter https://www.bfm.admin.ch/bfm/de/home/themen/fza_schweiz-eu-efta/eu-efta_buerger_schweiz.html (zuletzt abgerufen im August März 20152014).

2.4 EU-2

Gegenüber Staatsangehörigen aus **Bulgarien** und **Rumänien** kann die Schweiz bis spätestens 31. Mai 2016 ihre bestehenden **arbeitsmarktlichen Beschränkungen**, wie separate Kontingente, Inländervorrang und Kontrolle der Lohn- und Arbeitsbedingungen, weiterführen[32]. Dasselbe gilt auch für Dienstleistungserbringer in bestimmten Branchen sowie für die Aufnahme einer selbständigen Erwerbstätigkeit.

Beim Aufenthalt ohne Erwerbstätigkeit (Rentner, Privatiers, Studenten usw.) und beim Familiennachzug gelten für Bürger aller EU- und EFTA-Staaten die gleichen Bedingungen[33].

2.5 Drittstaatenangehörige

Das am 1. Januar 2008 in Kraft getretene Bundesgesetz über die Ausländer (AuG) regelt die Zulassung und den Aufenthalt von erwerbstätigen und nicht erwerbstätigen Ausländern ausserhalb des EU- und EFTA-Raums.

Unter den Begriff **Drittstaatenbürger** fallen **alle nicht EU-/ EFTA-Bürger**. Ein Aufenthalt in der Schweiz mit einer

---

[32] EIDGENÖSSISCHES JUSTIZ- UND POLIZEIDEPARTEMENT, STAATSSEKRETARIAT FÜR MIGRATION SEM, EU/EFTA Bürgerinnen und Bürger: Leben und Arbeiten in der Schweiz, Bulgarien und Rumänien, abrufbar unter https://www.bfm.admin.ch/bfm/de/home/themen/fza_schweiz-eu-efta/eu-efta_buerger_schweiz.html (zuletzt abgerufen im März 2015).

[33] EIDGENÖSSISCHES JUSTIZ- UND POLIZEIDEPARTEMENT STAATSSEKRETARIAT FÜR MIGRATION SEM, EU/EFTA Bürgerinnen und Bürger: Leben und Arbeiten in der Schweiz, Bulgarien und Rumänien, abrufbar unter https://www.bfm.admin.ch/bfm/de/home/themen/fza_schweiz-eu-efta/eu-efta_buerger_schweiz.html.

Dauer von **über drei Monaten**[34] oder ein Aufenthalt zu **Erwerbszwecken, unabhängig von der Aufenthaltsdauer**[35]**, ist bewilligungspflichtig**. Davon unabhängig ist im Einzelfall und mit Rücksicht auf die konkrete Staatsangehörigkeit abzuklären, ob der Einreisende eines **Visums** bedarf[36].

Die **Zulassung von erwerbstätigen Ausländern** erfolgt im **Interesse der Gesamtwirtschaft**[37]. Ausschlaggebend sind die Chancen für eine nachhaltige Integration in den schweizerischen Arbeitsmarkt sowie in das soziale und gesellschaftliche Umfeld[38]. Bei der Zulassung von Ausländern wird zudem der demografischen, der sozialen und der gesellschaftlichen Entwicklung der Schweiz Rechnung getragen[39].

Drittstaatenbürger unterliegen im Vergleich zu Bürgern von EU-/EFTA-Staaten einer restriktiveren Bewilligungserteilungspraxis. Insbesondere besteht **kein grundsätzlicher Anspruch auf Erteilung einer Bewilligung**[40].

---

34 Art. 10 Abs. 2 AuG; Art. 9 VZAE.

35 Art. 11 Abs. 1 AuG.

36 Vgl. dazu insbesondere EIDGENÖSSISCHES JUSTIZ- UND POLIZEIDEPARTEMENT, STAATSSEKRETARIAT FÜR MIGRATION SEM, Anhang 1, Liste 1: Staatsangehörigkeit, Übersicht der Ausweis- und Visumvorschriften nach Staatsangehörigkeit, Alphabetische Liste der Länder, Version vom 25. März 2015, abrufbar unter https://www.bfm.admin.ch/content/dam/data/bfm/rechtsgrundlagen/weisungen/visa/bfm/bfm-anh01-liste1-d.pdf (zuletzt abgerufen im März 2015).

37 Art. 3 Abs. 1 AuG.

38 Art. 3 Abs. 1 AuG.

39 Art. 3 Abs. 2 AuG.

40 Art 21 AuG. Siehe auch EIDGENÖSSISCHES JUSTIZ- UND POLIZEIDEPARTEMENT, STAATSSEKRETARIAT FÜR MIGRATION SEM, Grundlagen zur Arbeitsmarktzulassung von ausländischen Personen, abrufbar unter https://www.bfm.admin.ch/bfm/de/home/themen/arbeit/nicht-eu_efta-

3. Bewilligungsfreier Aufenthalt bei erwerbsloser Anwesenheit unter drei Monaten (EU-/EFTA-Bürger/Drittstaatenangehörige)

3.1 Allgemeines

Rechtmässig eingereiste Ausländer dürfen sich während der Anmeldefrist[41] ohne besondere behördliche Bewilligung in der Schweiz aufhalten[42]. Die Einreise ist rechtmässig, wenn insbesondere die Vorschriften über den Besitz von Ausweispapieren[43], die Erteilung eines Visums[44] (sofern erforderlich) und die Grenzkontrolle eingehalten wurden.

---

angehoerige/grundlagen_zur_arbeitsmarktzulassung.html (zuletzt abgerufen im März 2015).

41 Art. 12 Abs. 1 AuG: „Ausländer, die eine Kurzaufenthalts-, Aufenthalts- oder Niederlassungsbewilligung benötigen, müssen sich vor Ablauf des bewilligungsfreien Aufenthalts oder vor der Aufnahme einer Erwerbstätigkeit bei der am Wohnort in der Schweiz zuständigen Behörde anmelden".

42 Vgl. Art. 10 Abs. 1 AuG: „Ausländer benötigen für einen Aufenthalt ohne Erwerbstätigkeit bis zu drei Monaten keine Bewilligung; enthält das Visum eine kürzere Aufenthaltsdauer, so gilt diese". Vgl. auch Art. 9 Abs. 1 VZAE: „Ausländer ohne Erwerbstätigkeit in der Schweiz benötigen für einen Aufenthalt von bis zu drei Monaten innerhalb eines Zeitraums von sechs Monaten nach der Einreise keine Bewilligung, und sie müssen sich nicht anmelden (bewilligungsfreier Aufenthalt). Bei Bedarf muss die betroffene Person den Zeitpunkt der Einreise mit geeigneten Unterlagen nachweisen". Vgl. zudem Art. 6 Abs. 2 Anhang I FZA: „Ein Arbeitnehmer, der ein Arbeitsverhältnis mit einer Dauer von höchstens drei Monaten hat, benötigt keine Aufenthaltserlaubnis".

43 Art. 3 Verordnung über die Einreise und die Visumerteilung:
„[1] Ausländer müssen bei der Einreise ein gültiges und von der Schweiz anerkanntes Reisedokument besitzen. Abweichende Regelungen in bilateralen oder multilateralen Abkommen bleiben vorbehalten.

Ein **Aufenthalt in der Schweiz ohne Erwerbstätigkeit**, beispielsweise Besuch oder Tourismus, ist **bis zu drei Monaten bewilligungsfrei** erlaubt[45].

3.2 Einreisevoraussetzungen

Schweizer haben ein **uneingeschränktes Einreiserecht**, wenn sie einen Reisepass oder eine Identitätskarte vorweisen können oder, in Ermangelung eines solchen Dokumentes, wenn die schweizerische Staatsangehörigkeit bewiesen oder glaubhaft gemacht wird.

---

[2] Ein Reisedokument wird vom SEM anerkannt, wenn es die Voraussetzungen nach Artikel 12 des EG-Visakodex [Verordnung (EG) Nr. 810/2009 des Europäischen Parlaments und des Rates vom 13. Juli 2009 über einen Visakodex der Gemeinschaft (Visakodex), ABl. L 243 vom 15. September 2009, 1; zuletzt geändert durch Verordnung (EU) Nr. 154/2012 vom 15. Februar 2012, ABl. L 58 vom 29. Februar 2012, 3] erfüllt und:

a. aus ihm die Identität der Inhaberin oder des Inhabers sowie die Zugehörigkeit zum ausstellenden Staat oder zur ausstellenden Gebietskörperschaft hervorgehen;
b. ein von der Schweiz anerkannter Staat oder eine von der Schweiz anerkannte Gebietskörperschaft es ausgestellt hat;
c. der ausstellende Staat oder die ausstellende Gebietskörperschaft jederzeit die Rückreise seiner beziehungsweise ihrer Angehörigen gewährleistet;
d. es über die den internationalen Standards entsprechenden Sicherheitsmerkmale verfügt; insbesondere ist Anhang 9 des Übereinkommens vom 7. Dezember 1944 über die internationale Zivilluftfahrt anwendbar".

44 Vgl. Eidgenössisches Justiz- und Polizeidepartement, Staatssekretariat für Migration SEM, Anhang 1, Liste 1: Staatsangehörigkeit, Übersicht der Ausweis- und Visumvorschriften nach Staatsangehörigkeit, Alphabetische Liste der Länder (Fn 36).

45 Art. 10 Abs. 1 AuG.

EU-/EFTA-Bürger sind zur **Einreise berechtigt**, wenn sie einen **Personalausweis**, eine **Identitätskarte** oder einen **Reisepass** vorzeigen können[46] und **keine Gefahr für die öffentliche Ordnung und Sicherheit**[47] darstellen[48].

Familienangehörige von CH-/EU-/EFTA-Bürgern, die Staatsangehörige eines Drittstaates sind, sind zur Einreise berechtigt, wenn sie einen **Reisepass**, **nötigenfalls einen besonderen Aufenthaltstitel** eines Schengen Mitgliedstaates oder ein **Visum** vorzeigen können[49] und **keine Gefahr für die öffentliche Ordnung und Sicherheit** darstellen[50].

Die **Angehörigen aller weiteren Staaten** sind zur Einreise in die Schweiz berechtigt[51], wenn sie bei der Einreise im Besitz eines oder mehrerer **gültiger Reisedokumente** sind[52], die sie zum Grenzübertritt berechtigen[53], **allenfalls** im Besitz eines gültigen **Visums** sind[54], die **zulässige Höchstdauer** für einen Aufenthalt im Schengen-Raum nicht überschritten haben[55], den Zweck und die Umstände des Aufenthalts in der Schweiz und/oder dem (den) zu besuchenden Schengen-Staat(en) **belegen**[56], über **ausreichende finanzielle Mittel** für die Dauer des beabsichtigten Aufenthalts und für die Rückreise in den Herkunftsstaat oder für die Durchreise in ein Drittland verfügen oder in der Lage sind, diese Mittel

---

46 Art. 1 Abs. 1 Anhang I FZA.

47 Art. 5 Anhang I FZA.

48 Vgl. Art. 4 Abs. 3 und 4 VEV.

49 Art. 1 Abs. 1 und Art. 3 Anhang I FZA, Art. 42 AuG.

50 Art. 5 Anhang I FZA, Art. 5 Abs. 1 AuG.

51 Vgl. Art. 5 AuG.

52 Vgl. auch Art. 12 Abs. 2 lit. f VEV.

53 Art. 5 Abs. 1 lit. a AuG.

54 Art. 4 und 5 VEV.

55 Art. 12 Abs. 2 lit. h VEV.

56 Art. 12 Abs. 2 lit. g VEV.

rechtmässig zu erwerben[57], über eine **Reisekrankenversicherung** verfügen[58], **nicht im Schengener Informationssystem** (SIS) oder in einer nationalen Datenbank zur Einreiseverweigerung **ausgeschrieben** sind[59] und keine Gefahr für die öffentliche Ordnung, die innere Sicherheit, die öffentliche Gesundheit oder die internationalen Beziehungen eines der Schengen-Staaten darstellen[60].

Zudem müssen Ausländer für die gesicherte Wiederausreise Gewähr bieten, wenn nur ein vorübergehender Aufenthalt vorgesehen ist[61].

4. Erwerbstätige EU-/EFTA-Bürger

4.1 Unselbständige Erwerbstätigkeit während höchstens dreier Monate

4.1.1 EU-17-/EFTA-Mitgliedstaaten: Meldeverfahren

Seit dem 1. Juni 2004 benötigen Angehörige der EU-17-/EFTA-Mitgliedstaaten für einen **Stellenantritt von weniger als 3 Monaten** pro Jahr bei einem Arbeitgeber in der Schweiz sowie Arbeitnehmer, die von Unternehmen oder Gesellschaften mit Sitz in einem Mitgliedstaat der EU-17/EFTA für **weniger als 90 effektive Arbeitstage** pro Kalenderjahr in die Schweiz **entsandt** werden, keine Be-

57 Art. 5 Abs. 1 lit. b AuG, Art. 2 und 7 ff. VEV.
58 Art. 12 Abs. 2 lit. i VEV.
59 Art. 5 Abs. 1 lit. d AuG.
60 Art. 5 Abs. 1 lit. c AuG.
61 Art. 5 Abs. 2 AuG.

willigung[62]. Allerdings ist die Erwerbstätigkeit **meldepflichtig**[63].

Die Meldung hat spätestens **acht Tage** vor dem vorgesehenen Beginn der Arbeiten in der Schweiz durch den Arbeitgeber zu erfolgen[64].

4.1.2 EU-8-Mitgliedstaaten: Meldeverfahren

Bei der Ausübung einer **unselbständigen Erwerbstätigkeit von höchstens drei Monaten** oder einer **Entsendung von weniger als 90 Arbeitstagen** kommt für Bürger von EU-8-Mitgliedstaaten die gleiche Regelung zur Anwendung wie für die Angehörigen der EU-17-/EFTA-Staaten.

---

62 Art. 4 Abs. 4 VEP: „Angehörige der EU-Mitgliedstaaten nach Absatz 3 sowie der EFTA, die innerhalb eines Kalenderjahres insgesamt nicht länger als drei Monate in der Schweiz erwerbstätig sind, benötigen keine Kurzaufenthaltsbewilligung EU/EFTA".

63 Vgl. Eidgenössisches Justiz- und Polizeidepartement, Staatssekretariat für Migration SEM, Meldeverfahren für kurzfristige Erwerbstätigkeit, abrufbar unter https://www.bfm.admin.ch/bfm/de/home/themen/fza_schweiz-eu-efta/meldeverfahren.html (zuletzt abgerufen im März 2015).

64 Das Meldeverfahren richtet sich nach den Vorschriften des Bundesgesetzes vom 8. Oktober 1999 über die minimalen Arbeits- und Lohnbedingungen für in die Schweiz entsandte Arbeitnehmerinnen und Arbeitnehmer und flankierende Massnahmen (Bundesgesetz über die in die Schweiz entsandten Arbeitnehmerinnen und Arbeitnehmer, Entsendegesetz, EntsG), insbesondere Art. 6 Abs. 3 EntsG, sowie der Verordnung vom 21. Mai 2003 über die in die Schweiz entsandten Arbeitnehmerinnen und Arbeitnehmer (EntsV). Im Bereich des Baugewerbes, im Gastgewerbe/Hotelgewerbe, im Reinigungsgewerbe in Industrie und Haushalten, im Bewachungs- und Sicherheitsdienst, im Reisendengewerbe sowie im Erotikgewerbe gilt gemäss Art. 6 Abs. 2 EntsV die Meldepflicht vom ersten Tag an.

4.1.3 EU-2-Mitgliedstaaten: Bewilligungspflicht

Für Bürger von Bulgarien und Rumänien bestehen spätestens bis zum 31. Mai 2016 Übergangsbestimmungen. Für sie gilt bis dahin grundsätzlich, dass die Aufnahme einer Erwerbstätigkeit einer **Bewilligung** bedarf[65]. Dabei findet das Kriterium der **„guten Qualifikation"** gemäss Art. 23 AuG[66] Anwendung.

Gut qualifizierten Arbeitnehmern, insbesondere Führungskräften, Spezialisten und anderen qualifizierten Arbeitskräften sowie Personen mit besonderen beruflichen Kenntnissen oder Fähigkeiten, werden, sofern für deren Zulassung ein Bedarf ausgewiesen ist, Bewilligungen bei Vorliegen obiger Voraussetzungen ohne zahlenmässige Beschränkung erteilt[67].

Für weniger gut qualifizierte Arbeitnehmer wird der Zugang zum Arbeitsmarkt unter der Bedingung ermöglicht, dass be-

---

65 Vgl. unter EIDGENÖSSISCHES JUSTIZ- UND POLIZEIDEPARTEMENT, STAATSSEKRETARIAT FÜR MIGRATION SEM, EU/EFTA Bürgerinnen und Bürger: Leben und Arbeiten in der Schweiz, Bulgarien und Rumänien, abrufbar unter https://www.bfm.admin.ch/bfm/de/home/themen/fza_schweiz-eu-efta/eu-efta_buerger_schweiz.html (zuletzt abgerufen im März 2015).

66 EIDGENÖSSISCHES JUSTIZ- UND POLIZEIDEPARTEMENT, STAATSSEKRETARIAT FÜR MIGRATION SEM, Weisungen und Erläuterungen zur Verordnung über die Einführung des freien Personenverkehrs (Weisungen VEP), Ziff. 1.2.3.

67 EIDGENÖSSISCHES JUSTIZ- UND POLIZEIDEPARTEMENT, STAATSSEKRETARIAT FÜR MIGRATION SEM, Weisungen und Erläuterungen zur Verordnung über die Einführung des freien Personenverkehrs (Weisungen VEP), Ziff. 5.2.1.

stimmte jährliche Höchstzahlen nicht überschritten werden und entsprechende Kontingente frei sind[68].

4.2 Unselbständige Erwerbstätigkeit während mehr als dreier Monate

4.2.1 Allgemeines

Will ein EU-/EFTA-Bürger **länger als drei Monate** in der Schweiz **arbeiten**, so gilt der Grundsatz **„kein Stellenantritt ohne Bewilligung!“**

Die Gültigkeitsdauer einer Bewilligung für unselbständig Erwerbende[69] ist von der Dauer des Arbeitsvertrages abhängig[70]. Eine Verlängerung der Bewilligung ist möglich[71]. Trotz der Bindung der Bewilligungsdauer an den Arbeitsvertrag hat der Arbeitnehmer das Recht auf berufliche und geografische Mobilität; Stellenwechsel oder Wechsel des Arbeitsortes sind damit möglich[72].

---

68 EIDGENÖSSISCHES JUSTIZ- UND POLIZEIDEPARTEMENT, STAATSSEKRETARIAT FÜR MIGRATION SEM, Weisungen und Erläuterungen zur Verordnung über die Einführung des freien Personenverkehrs (Weisungen VEP), Ziff. 5.2.1.

69 Art. 1a Abs. 1 VZAE: „Als unselbstständige Erwerbstätigkeit gilt jede Tätigkeit für einen Arbeitgeber mit Sitz in der Schweiz oder im Ausland, wobei es ohne Belang ist, ob der Lohn im In- oder Ausland ausbezahlt wird und eine Beschäftigung nur stunden- oder tageweise oder vorübergehend ausgeübt wird.“

70 Art. 6 Abs. 2 Anhang I FZA.

71 EIDGENÖSSISCHES JUSTIZ- UND POLIZEIDEPARTEMENT, STAATSSEKRETARIAT FÜR MIGRATION SEM, Weisungen und Erläuterungen zur Verordnung über die Einführung des freien Personenverkehrs (Weisungen VEP), Ziff. 4.6 und 5.3.1.

72 Vgl. Art. 6 Abs. 4 und Art. 8 Anhang I FZA und Art. 4 Abs. 2 VEP.

4.2.2 Befristeter Arbeitsvertrag mit einer Dauer von weniger als einem Jahr

Besitzt ein Arbeitnehmer einen befristeten Arbeitsvertrag zwischen drei Monaten und einem Jahr, so wird eine **Kurzaufenthaltsbewilligung** gewährt[73]. Die Gültigkeit der Bewilligung ist gleich lang wie die Dauer des Arbeitsvertrages[74].

4.2.3 Befristeter Arbeitsvertrag mit einer Dauer von mehr als einem Jahr oder unbefristeter Arbeitsvertrag

Besitzt ein Arbeitnehmer einen Arbeitsvertrag von mehr als einem Jahr oder ist dieser unbefristet, wird eine **Aufenthaltsbewilligung** mit einer Gültigkeitsdauer von fünf Jahren ausgestellt[75]. Die Aufenthaltsbewilligung wird automatisch um mindestens fünf Jahre verlängert[76]. Bei der ersten Verlängerung kann die Gültigkeitsdauer beschränkt werden, wenn der Inhaber seit mehr als zwölf aufeinanderfolgenden Monaten unfreiwillig arbeitslos ist[77].

---

[73] EIDGENÖSSISCHES JUSTIZ- UND POLIZEIDEPARTEMENT, STAATSSEKRETARIAT FÜR MIGRATION SEM, EU/EFTA-Angehörige, Die verschiedenen Aufenthaltsbewilligungen für Angehörige der Mitgliedstaaten der EU/EFTA, abrufbar unter https://www.bfm.admin.ch/bfm/de/home/themen/aufenthalt/eu_efta.html (zuletzt abgerufen im März 2015).

[74] Art. 6 Abs. 2 Anhang I FZA.

[75] Art. 6 Abs. 1 Anhang I FZA.

[76] Art. 6 Abs. 1 Anhang I FZA.

[77] Art. 6 Abs. 1 Anhang I FZA.

4.2.4 EU-17-/EFTA-Mitgliedstaaten

Für Bürger der EU-17-/EFTA-Mitgliedstaaten gilt die **volle Personenfreizügigkeit**. Für die Erteilung der Aufenthaltserlaubnis dürfen vom Arbeitnehmer nur der Ausweis, mit dem er in das Hoheitsgebiet eingereist ist, und eine Einstellungserklärung des Arbeitgebers oder eine Arbeitsbescheinigung verlangt werden[78].

4.2.5 EU-8-Mitgliedstaaten

Für Bürger der EU-8-Mitgliedstaaten gilt seit dem 1. Mai 2011 ebenfalls die volle Personenfreizügigkeit.

4.2.6 EU-2-Mitgliedstaaten

Für Bürger aus Bulgarien und Rumänien bestehen derzeit noch **arbeitsmarktliche Beschränkungen** und spezielle Voraussetzungen wie separate Kontingente, Inländervorrang, Qualifikationen und Kontrolle der Lohn- und Arbeitsbedingungen[79].

Kurzaufenthaltsbewilligungen von insgesamt nicht länger als vier Monaten unterliegen jedoch keiner Kontingentierung[80].

---

78 Art. 6 Abs. 3 Anhang I FZA.

79 Bis 31. Mai 2016, siehe EIDGENÖSSISCHES JUSTIZ- UND POLIZEIDEPARTEMENT, STAATSSEKRETARIAT FÜR MIGRATION SEM, EU/EFTA Bürgerinnen und Bürger: Leben und Arbeiten in der Schweiz, Bulgarien und Rumänien, abrufbar unter https://www.bfm.admin.ch/bfm/de/home/themen/fza_schweiz-eu-efta/eu-efta_buerger_schweiz.html.

80 Art. 19 Abs. 4 lit. a VZAE.

4.3 Der selbständig erwerbstätige EU-/EFTA-Bürger

4.3.1 EU-17-/EFTA-Mitgliedstaaten

EU-17/EFTA-Bürger haben das Recht, in der Schweiz selbständig erwerbstätig[81] zu sein. Hierfür muss sich der selbständig Erwerbende bei der Wohngemeinde anmelden und eine Aufenthaltsbewilligung als selbständig Erwerbender beantragen. Kann er nachweisen, dass seine Tätigkeit **existenzsichernd** ist, wird ihm eine Aufenthaltsbewilligung für fünf Jahre ausgestellt[82]. Selbständig Erwerbende, die nicht mehr für ihren eigenen Lebensunterhalt aufkommen können und Sozialhilfe beantragen, verlieren ihr Aufenthaltsrecht[83].

---

81 Art. 2 VZAE: „[1] Als selbstständige Erwerbstätigkeit gilt die Ausübung einer Tätigkeit im Rahmen einer eigenen, frei gewählten Organisation, die auf die Einkommenserzielung ausgerichtet ist, unter eigener Weisungsgewalt steht und das unternehmerische Risiko selbst trägt. Diese frei gewählte Organisation tritt nach aussen in Erscheinung, indem beispielsweise ein Handels-, Fabrikations-, Dienstleistungs-, Gewerbe- oder anderer Geschäftsbetrieb geführt wird. [2] Als selbstständige Erwerbstätigkeit gilt auch die Ausübung eines freien Berufs wie Ärztin oder Arzt, Anwältin oder Anwalt sowie Treuhänderin oder Treuhänder."

82 Art. 12 Abs. 1 Anhang I FZA; Ziff. 4.3.2 EIDGENÖSSISCHES JUSTIZ- UND POLIZEIDEPARTEMENT, STAATSSEKRETARIAT FÜR MIGRATION SEM, Weisungen und Erläuterungen zur Verordnung über die Einführung des freien Personenverkehrs (Weisungen VEP), Ziff. 4.3.1.

83 Ziff. 4.3.2 EIDGENÖSSISCHES JUSTIZ- UND POLIZEIDEPARTEMENT, STAATSSEKRETARIAT FÜR MIGRATION SEM, Weisungen und Erläuterungen zur Verordnung über die Einführung des freien Personenverkehrs (Weisungen VEP), Ziff. 4.3.2.

4.3.2 EU-8-Mitgliedstaaten

Bürger der EU-8-Mitgliedstaaten erhalten grundsätzlich zu den gleichen Bedingungen[84] wie Staatsangehörige der EU-17-/EFTA-Mitgliedstaaten eine Aufenthaltsbewilligung, wenn sie in der Schweiz eine selbständige Erwerbstätigkeit aufnehmen wollen.

4.3.3 EU-2-Mitgliedstaaten

Staatsangehörige Bulgariens und Rumäniens, die zur Aufnahme einer selbständigen Erwerbstätigkeit in die Schweiz einreisten, erhielten bis zum 31. Mai 2011 eine erstmalige Aufenthaltsbewilligung mit einer Gültigkeitsdauer von sechs Monaten (Einrichtungszeit), die sie zur Ausübung einer selbständigen Erwerbstätigkeit berechtigte[85]. Seit dem 1. Juni 2011 gelten die Bestimmungen über die Einrichtungszeit von sechs Monaten nicht mehr[86].

Vielmehr gilt hier nun die gleiche Regelung wie für die EU-17-/EFTA-Mitgliedstaaten. Des Weiteren gilt auch für selbständig Erwerbende aus Bulgarien und Rumänien, dass sie ihr Aufenthaltsrecht verlieren, wenn sie nicht mehr für ihren

84 Vgl. soeben Ziff. II.4.3.1.

85 EIDGENÖSSISCHES JUSTIZ- UND POLIZEIDEPARTEMENT, STAATSSEKRETARIAT FÜR MIGRATION SEM, Weisungen und Erläuterungen zur Verordnung über die Einführung des freien Personenverkehrs (Weisungen VEP), Ziff. 4.3.1.

86 EIDGENÖSSISCHES JUSTIZ- UND POLIZEIDEPARTEMENT, STAATSSEKRETARIAT FÜR MIGRATION SEM, Weisungen und Erläuterungen zur Verordnung über die Einführung des freien Personenverkehrs (Weisungen VEP), Ziff. 4.3.1.

eigenen Lebensunterhalt aufkommen können und Sozialhilfe beantragen[87].

4.4 Die Familie des erwerbstätigen EU-/EFTA-Bürgers

Ein Bürger eines EU-/EFTA-Mitgliedstaates, welcher über eine schweizerische Arbeitsbewilligung verfügt, hat das **Recht auf Familiennachzug**[88] folgender Personen[89]:

- Ehegatte,
- Nachkommen (inkl. Nachkommen des Ehegatten), welche jünger sind als 21 Jahre oder denen Unterhalt gewährt wird,
- Eltern und Grosseltern (inkl. Eltern und Grosseltern des Ehegatten), denen Unterhalt gewährt wird.

Die aufgrund eines Familiennachzuges gewährten Aufenthaltsbewilligungen sind von derjenigen des erwerbstätigen EU-/EFTA-Angehörigen abhängig[90]. Fällt die Hauptbewil-

---

87 Eidgenössisches Justiz- und Polizeidepartement, Staatssekretariat für Migration SEM, Weisungen und Erläuterungen zur Verordnung über die Einführung des freien Personenverkehrs (Weisungen VEP), Ziff. 4.3.2.

88 Vgl. Art. 3 Abs. 2 Anhang I FZA.

89 Eidgenössisches Justiz- und Polizeidepartement, Staatssekretariat für Migration SEM, Weisungen und Erläuterungen zur Verordnung über die Einführung des freien Personenverkehrs (Weisungen VEP), Ziff. 9.2.

90 Eidgenössisches Justiz- und Polizeidepartement, Staatssekretariat für Migration SEM, Weisungen und Erläuterungen zur Verordnung über die Einführung des freien Personenverkehrs (Weisungen VEP), Ziff. 9.1.

ligung dahin, erlöschen auch die Familiennachzugsbewilligungen[91].

Will der Inhaber einer Hauptbewilligung seine Familie nachziehen, muss er bei der Antragsstellung nachweisen, dass die der Familie zur Verfügung stehende Wohnung angemessen ist[92]. Weitere Bedingungen sind grundsätzlich nicht zu erfüllen.

Der Inhaber einer Aufenthaltsbewilligung, welche im Rahmen des Familiennachzuges gewährt wurde, ist berechtigt, auf dem schweizerischen Arbeitsmarkt eine Beschäftigung aufzunehmen[93]. Eine Kontingentierung hierfür besteht nicht[94].

Auch der selbständig Erwerbstätige kann seine Familie nachziehen, muss allerdings *zusätzlich* nachweisen, dass er

[91] EIDGENÖSSISCHES JUSTIZ- UND POLIZEIDEPARTEMENT, STAATSSEKRETARIAT FÜR MIGRATION SEM, Weisungen und Erläuterungen zur Verordnung über die Einführung des freien Personenverkehrs (Weisungen VEP), Ziff. 9.1.

[92] Art. 3 Abs. 1 Anhang I FZA; Art. 44 lit. b AuG; EIDGENÖSSISCHES JUSTIZ- UND POLIZEIDEPARTEMENT, STAATSSEKRETARIAT FÜR MIGRATION SEM, Weisungen und Erläuterungen zur Verordnung über die Einführung des freien Personenverkehrs (Weisungen VEP), Ziff. 9.3.

[93] Art. 46 AuG; Art. 27 VZAE; Art. 3 Abs. 5 Anhang I FZA; EIDGENÖSSISCHES JUSTIZ- UND POLIZEIDEPARTEMENT, STAATSSEKRETARIAT FÜR MIGRATION SEM, Weisungen und Erläuterungen zur Verordnung über die Einführung des freien Personenverkehrs (Weisungen VEP), Ziff. 9.4.

[94] EIDGENÖSSISCHES JUSTIZ- UND POLIZEIDEPARTEMENT, STAATSSEKRETARIAT FÜR MIGRATION SEM, Weisungen und Erläuterungen zur Verordnung über die Einführung des freien Personenverkehrs (Weisungen VEP), Ziff. 9.4.

über ausreichende finanzielle Mittel verfügt, um seine Familie unterhalten zu können[95].

5. Erwerbstätige Drittstaatenbürger

5.1 Der erwerbstätige Drittstaatenbürger

Für die Aufnahme einer Erwerbstätigkeit benötigt der Drittstaatenbürger eine Arbeitsbewilligung[96]. Zugelassen werden in **beschränktem Ausmass** lediglich **Führungskräfte**, **gut qualifizierte** oder **spezialisierte Arbeitskräfte**[97]. Zusätzlich zugelassen werden Investoren sowie Unternehmer, die Arbeitsplätze erhalten oder neue schaffen[98], anerkannte Personen aus Wissenschaft, Kultur und Sport[99], Personen mit besonderen beruflichen Kenntnissen oder Fähigkeiten, sofern für deren Zulassung ein Bedarf ausgewiesen ist[100], Personen im Rahmen des Kadertransfers von international tätigen Unternehmen[101] sowie Personen, deren Tätigkeit in der Schweiz im Rahmen von wirtschaftlich bedeutenden internationalen Geschäftsbeziehungen unerlässlich ist[102]. Sie können eine Bewilligung erhalten, wenn sich in der Schweiz

---

95 Eidgenössisches Justiz- und Polizeidepartement, Staatssekretariat für Migration SEM, Weisungen und Erläuterungen zur Verordnung über die Einführung des freien Personenverkehrs (Weisungen VEP), Ziff. 9.5.

96 Art. 11 Abs. 1 AuG.

97 Art. 23 Abs. 1 AuG.

98 Art. 23 Abs. 3 lit. a AuG.

99 Art. 23 Abs. 3 lit. b AuG.

100 Art. 23 Abs. 3 lit. c AuG.

101 Art. 23 Abs. 3 lit. d AuG.

102 Art. 23 Abs. 3 lit. e AuG.

und in der EU/EFTA keine geeigneten Arbeitskräfte rekrutieren lassen[103].

Beim **internationalen Kadertransfer** und bei **hochqualifizierten Fachleuten** sowie bei Personen, die eine Aufenthaltsbewilligung im Rahmen des Familiennachzuges erhalten, gilt der Inländer- und EU-/EFTA-Bürger-Vorrang nicht[104]. Die Bewilligungen sind – mit gewissen Ausnahmen – kontingentiert[105].

Die Behörden prüfen, ob die schweizerische Arbeitsmarktsituation eine Zulassung erlaubt und ob der Arbeitsvertrag des Gesuchstellers orts-, berufs- und branchenübliche Bedingungen enthält[106]. Eine Zulassung ist nur möglich, wenn der Ausländer über eine bedarfsgerechte Wohnung verfügt[107].

Die Dauer, für welche die Bewilligung ausgestellt wird, hängt von der Dauer des Arbeitsvertrages ab[108].

5.2 Kurzaufenthaltsbewilligung

Kurzaufenthaltsbewilligungen können für befristete Aufenthalte mit Erwerbstätigkeit an Führungskräfte, Spezialisten und andere qualifizierte Arbeitskräfte bis zu einem Jahr erteilt werden[109]. Die Kurzaufenthaltsbewilligung wird für

---

103 Art. 21 Abs. 1 AuG.

104 Vgl. Art. 30 Abs. 1 lit. a und h AuG.

105 Siehe Anhang 1 und 2 der VZAE.

106 Art. 22 AuG.

107 Art. 24 AuG.

108 EIDGENÖSSISCHES JUSTIZ- UND POLIZEIDEPARTEMENT, STAATSSEKRETARIAT FÜR MIGRATION SEM, Weisungen und Erläuterungen Ausländerbereich (Weisungen AuG), Ziff. 3.3.3.

109 Art. 23 Abs. 1 AuG, Art. 32 Abs. 1 AuG, Art. 18a Abs. 1 VZAE.

einen **bestimmten Aufenthaltszweck** erteilt, kann mit weiteren Bedingungen verbunden[110] und bis zu zwei Jahre verlängert werden[111]. Ein Stellenwechsel ist nur aus wichtigen Gründen möglich[112]; er kann innerhalb der gleichen Branche und des gleichen Berufs bewilligt werden, wenn eine weitere Tätigkeit beim bisherigen Arbeitgeber nicht möglich oder nicht zumutbar ist und der Stellenwechsel nicht auf Grund des Verhaltens des Arbeitnehmers erfolgt[113]. Die Kurzaufenthaltsbewilligung kann nach einem angemessenen Unterbruch des Aufenthalts in der Schweiz erneut erteilt werden[114]. Kurzaufenthaltsbewilligungen dürfen erst nach einjährigem Unterbruch ein weiteres Mal erteilt werden[115]. Ausnahmen sind in begründeten Einzelfällen möglich, wenn es sich beispielsweise um eine jährlich wiederkehrende Tätigkeit handelt[116]. Zwischen zwei **Kurzaufenthaltsbewilligungen bis zu vier Monaten** muss sich der Ausländer mindestens zwei Monate im Ausland aufhalten[117].

5.3 Aufenthaltsbewilligung

Eine **Aufenthaltsbewilligung** wird an Führungskräfte, Spezialisten und andere qualifizierte Arbeitskräfte erteilt für Aufenthalte mit einer Dauer von mehr als einem Jahr[118]. Bei der Erteilung von Aufenthaltsbewilligungen müssen – im

110 Art. 32 Abs. 2 AuG.
111 Art. 32 Abs. 3 AuG.
112 Art. 32 Abs. 3 AuG.
113 Art. 55 VZAE.
114 Art. 32 Abs. 4 AuG.
115 Art. 56 Abs. 1 VZAE.
116 Art. 56 Abs. 2 VZAE.
117 Art. 56 Abs. 2 VZAE.
118 Vgl. Art. 33 Abs. 1 AuG.

Gegensatz zu Kurzaufenthaltsbewilligungen – zusätzlich die berufliche Qualifikation, die berufliche und soziale Anpassungsfähigkeit, die Sprachkenntnisse und das Alter eine nachhaltige Integration in den schweizerischen Arbeitsmarkt und das gesellschaftliche Umfeld erwarten lassen[119]. In der Regel wird eine erstmalige Bewilligung auf ein Jahr befristet[120]. Anschliessend kann eine Verlängerung um maximal zwei Jahre beantragt werden[121]. Diese ist an das Arbeitsverhältnis, für das die Bewilligung erteilt wird, gebunden. Erlischt das Arbeitsverhältnis vorzeitig, besteht kein Anspruch auf einen Stellenwechsel. Auch ein Wechsel des Wohnsitzkantons bedarf einer Bewilligung[122].

5.4 Selbständige Erwerbstätigkeit

Eine **selbständige Erwerbstätigkeit** kann nur unter bestimmten Voraussetzungen Grundlage für eine Aufenthaltsbewilligung bilden[123].

5.5 Die Familie des erwerbstätigen Drittstaatenbürgers

Das Ausländerrecht unterscheidet beim Familiennachzug zwischen Familienangehörigen von Personen mit einer Niederlassungsbewilligung und solchen mit einer Kurzaufenthalts-/Aufenthaltsbewilligung[124].

---

119 Art. 23 Abs. 2 AuG.

120 Art. 58 Abs. 1 VZAE.

121 Art. 33 Abs. 3 AuG; vgl. auch Art. 58 Abs. 1 VZAE.

122 Art. 37 Abs. 1 AuG.

123 Art. 19 AuG i.V.m. Art. 20 AuG und Art. 23-25 AuG.

124 Art. 43 ff. AuG.

Ausländische Ehegatten und ledige Kinder unter 18 Jahren von Personen mit **Niederlassungsbewilligung** haben Anspruch auf Erteilung und Verlängerung der Aufenthaltsbewilliung, sofern sie mit diesen zusammenwohnen[125]. Sie kann mit der Bedingung verbunden werden, dass ein Sprach- oder Integrationskurs besucht wird[126].

Personen mit **Kurzaufenthalts-/Aufenthaltsbewilligungen** haben keinen gesetzlichen Anspruch auf Familiennachzug. Die Behörden können allerdings einem Inhaber einer Aufenthaltsbewilligung den Familiennachzug seines Ehegatten und der ledigen Kinder unter 18 Jahren gestatten und diesen ebenfalls eine Aufenthaltsbewilligung erteilen, sofern sie mit ihm zusammenleben, eine bedarfsgerechte Wohnung vorhanden ist und der Gesuchsteller über genügend finanzielle Mittel für den Unterhalt seiner Familie verfügt, sodass diese nicht auf Sozialhilfe angewiesen ist[127].

Der Familiennachzug im Zusammenhang mit Drittstaatenbürgern betrifft nur den Ehegatten sowie die ledigen Kinder unter 18 Jahren, für die der Gesuchsteller zu sorgen hat[128].

Ehegatten und Kinder von Personen mit einer Niederlassungs- oder Aufenthaltsbewilligung können in der ganzen Schweiz eine selbständige oder unselbständige Erwerbstätigkeit ausüben[129]. Dazu bedarf es keines zusätzlichen Bewilligungsverfahrens[130].

---

125 Art. 43 Abs. 1 AuG.

126 Art. 54 Abs. 1 AuG.

127 Art. 44 f. AuG.

128 Vgl. Art. 43 und Art. 44 AuG.

129 Art. 46 AuG.

130 Art. 27 VZAE.

6. Grenzüberschreitende Dienstleistungs-erbringer

6.1 Allgemeines

„Als grenzüberschreitende Dienstleistung gilt die Ausübung einer **zeitlich befristeten Dienstleistung** in der Schweiz im Rahmen eines Vertragsverhältnisses durch eine Person oder ein Unternehmen mit Wohnsitz oder Sitz im Ausland[131]."

Dienstleistungserbringer **überschreiten die Grenze**, um im Rahmen eines befristeten **Auftrages**[132] oder eines **Werkvertrages**[133] eine zeitlich befristete Dienstleistung in der Schweiz zu erbringen[134].

6.2 Grenzüberschreitende Dienstleistungen (EU-17/EFTA)

6.2.1 Dienstleistungen im Rahmen eines Dienstleistungsabkommens

„Personen, die grenzüberschreitende Dienstleistungen im Rahmen eines Dienstleistungsabkommens zwischen der Schweiz und der EU oder der EFTA erbringen, benötigen bis zu einem Aufenthalt von 90 Arbeitstagen im Kalenderjahr keine Kurzaufenthaltsbewilligung EU/EFTA[135]."

---

131 Art. 3 VZAE.

132 Art. 394 ff. OR.

133 Art. 363 ff. OR.

134 Eidgenössisches Justiz- und Polizeidepartement, Staatssekretariat für Migration SEM, Weisungen und Erläuterungen Ausländerbereich (Weisungen AuG), Ziff. 4.8.2.1.

135 Art. 13 Satz 1 VEP.

Sie müssen ihren Aufenthalt allerdings melden, wenn die Erwerbstätigkeit länger als acht Tage dauert[136]. Bei Tätigkeiten im Bereich des Bauhaupt- und Baunebengewerbes, Gast- und Reinigungsgewerbes in Industrie und Haushalten, Überwachungs- und Sicherheitsdienstes, Reisendengewerbes und Erotikgewerbes muss die Meldung dagegen unabhängig von der Dauer des Einsatzes erfolgen, das heisst, diese Personen sind vom ersten Tag an meldepflichtig[137,138].

„Übersteigt die Dauer der Dienstleistung 90 Arbeitstage, erhalten sie für die Dauer der Dienstleistung eine Kurzaufenthalts[139]- oder Aufenthaltsbewilligung[140] EU/EFTA[141].“ In einem solchen Fall besteht ein Bewilligungsanspruch für die Dauer der zu erbringenden Dienstleistung[142].

136 Art. 6 Abs. 1 EntsV; EIDGENÖSSISCHES JUSTIZ- UND POLIZEIDEPARTEMENT, STAATSSEKRETARIAT FÜR MIGRATION SEM, Weisungen und Erläuterungen zur Verordnung über die Einführung des freien Personenverkehrs (Weisungen VEP), Ziff. 7.4.2.

137 EIDGENÖSSISCHES JUSTIZ- UND POLIZEIDEPARTEMENT, STAATSSEKRETARIAT FÜR MIGRATION SEM, Weisungen und Erläuterungen zur Verordnung über die Einführung des freien Personenverkehrs (Weisungen VEP), Ziff. 7.4.3 Zudem Art. 6 Abs. 2 EntsV.

138 Vgl. zum Ganzen EIDGENÖSSISCHES JUSTIZ- UND POLIZEIDEPARTEMENT, BUNDESAMT FÜR MIGRATION BFM, und EIDGENÖSSISCHES VOLKSWIRTSCHAFTSDEPARTEMENT, STAATSSEKRETARIAT FÜR WIRTSCHAFT SECO, Wegleitung zum Meldeformular für in die Schweiz entsandte Arbeitnehmerinnen und Arbeitnehmer, Ziff. A.2., abrufbar unter https://www.bfm.admin.ch/dam/data/bfm/eu/fza/entsendete/wegleitung_entsendungarbeitnehmer-d.pdf (zuletzt abgerufen im März 2015).

139 Bewilligung L-EU/EFTA.

140 Bewilligung B-EU/EFTA.

141 Art. 13 Satz 2 VEP.

142 EIDGENÖSSISCHES JUSTIZ- UND POLIZEIDEPARTEMENT, STAATSSEKRETARIAT FÜR MIGRATION SEM, Weisungen und Erläuterungen zur Ver-

6.2.2 Dienstleistungen ohne Dienstleistungsabkommen bis 90 Arbeitstage

Besteht kein Dienstleistungsabkommen, so benötigen EU-/EFTA-Angehörige und Dienstleistungserbringer aus Drittstaaten, die von einer Gesellschaft, welche nach dem Recht eines Mitgliedstaates der EU/EFTA gegründet worden ist und ihren statutarischen Sitz, ihre Hauptverwaltung oder ihre Hauptniederlassung im Gebiet der EU/EFTA hat, zur Erbringung einer Dienstleistung in der Schweiz entsandt werden und davor bereits dauerhaft (mindestens 12 Monate) auf dem regulären Arbeitsmarkt in einem Mitgliedstaat der EU/EFTA zugelassen waren, zur Erbringung einer grenzüberschreitenden Dienstleistung keine Kurzaufenthaltsbewilligung, wenn ihr Aufenthalt 90 Arbeitstage im Kalenderjahr nicht übersteigt[143]. Das heisst, es besteht gestützt auf das Freizügigkeitsabkommen ein Rechtsanspruch auf die Erbringung von grenzüberschreitenden Dienstleistungen in einem anderen Vertragsstaat[144]. Es besteht jedoch auch hier eine Meldepflicht[145].

ordnung über die Einführung des freien Personenverkehrs (Weisungen VEP), Vgl. Ziff. 7.4.4.

143 Art. 14 Abs. 1 VEP; vgl. auch Art. 5 Anhang K und Art. 16 Anhang K Anlage 1 EFTA-Übereinkommen.

144 Vgl. Art. 5 FZA und Art. 17, 18 und 20 Anhang I des FZA; Art. 5 Anhang K EFTA-Übereinkommen; EIDGENÖSSISCHES JUSTIZ- UND POLIZEIDEPARTEMENT, STAATSSEKRETARIAT FÜR MIGRATION SEM, Weisungen und Erläuterungen zur Verordnung über die Einführung des freien Personenverkehrs (Weisungen VEP), Ziff. 7.4.4.

145 Vgl. Ziff. II.6.2.1.

6.2.3 Dienstleistungen ohne Dienstleistungsabkommen über 90 Arbeitstage

„Besteht kein Dienstleistungsabkommen und übersteigt die Dauer der Dienstleistung 90 Arbeitstage, kann EU- und EFTA-Angehörigen sowie den Personen nach Artikel 2 Absatz 3 eine Kurzaufenthalts- oder eine Aufenthaltsbewilligung EU/EFTA nach Artikel 4 für die Dauer der Dienstleistung erteilt werden[146].“ Für die Zulassung kommen die Bestimmungen des Bundesgesetzes über die Ausländer (AuG) und der Verordnung über Zulassung, Aufenthalt und Erwerbstätigkeit (VZAE) zur Anwendung[147]. Mit anderen Worten fallen vorübergehende Aufenthalte, die länger als 90 Arbeitstage pro Kalenderjahr dauern, nicht unter den Geltungsbereich des Freizügigkeitsabkommens, weshalb kein auf dieses gestützter Rechtsanspruch auf Erteilung einer Kurzaufenthalts- oder Aufenthaltsbewilligung besteht[148]. Die entsprechenden Bewilligungen werden nach den Voraussetzungen des AuG und der VZAE erteilt[149].

---

[146] Art. 15 Abs. 1 i.V.m. Art. 4 VEP; Art. 20 Anhang I Freizügigkeitsabkommen; Art. 19 Anhang K Anlage 1 EFTA-Übereinkommen.

[147] Art. 15 Abs. 2 VEP.

[148] Vgl. Art. 17 lit. b und Art. 20 Anhang I FZA sowie auch EIDGENÖSSISCHES JUSTIZ- UND POLIZEIDEPARTEMENT, STAATSSEKRETARIAT FÜR MIGRATION SEM, Weisungen und Erläuterungen zur Verordnung über die Einführung des freien Personenverkehrs (Weisungen VEP), Ziff. 6.3.5.

[149] Art. 26 AuG; Art. 20 VZAE.

6.2.4 Familiennachzug

Ein Anspruch auf Familiennachzug besteht nur im Rahmen der Dienstleistungserbringung[150].

6.3 Grenzüberschreitende Dienstleistungen (EU 8)

Für diese Länder gilt das zu den EU-17-/EFTA-Staaten bereits Gesagte[151].

6.4 Grenzüberschreitende Dienstleistungen (EU 2)

6.4.1 Dienstleistungen im Rahmen eines Dienstleistungsabkommens

Wie für Angehörige der EU-17-/EFTA- sowie der EU-8-Staaten gilt auch für Angehörige aus Bulgarien und Rumänien, dass sie bei grenzüberschreitenden Dienstleistungen bis zu einem Aufenthalt von 90 Arbeitstagen im Kalenderjahr grundsätzlich keiner Kurzaufenthaltsbewilligung EU/EFTA bedürfen[152]. Auch für sie besteht jedoch eine Meldepflicht. Sie müssen ihren Aufenthalt ebenfalls bereits ab dem ersten Tag melden, wenn sie Tätigkeiten im Bereich des Gastgewerbes, Reinigungsgewerbes in privaten Haushal-

---

150 EIDGENÖSSISCHES JUSTIZ- UND POLIZEIDEPARTEMENT, STAATSSEKRETARIAT FÜR MIGRATION SEM, Weisungen und Erläuterungen zur Verordnung über die Einführung des freien Personenverkehrs (Weisungen VEP), Ziff. 6.1 und Ziff. 9.2.

151 EIDGENÖSSISCHES JUSTIZ- UND POLIZEIDEPARTEMENT, STAATSSEKRETARIAT FÜR MIGRATION SEM, Weisungen und Erläuterungen zur Verordnung über die Einführung des freien Personenverkehrs (Weisungen VEP), Ziff. 6.1. Vgl. auch Ziff. II.6.2.

152 Art. 13 Satz 1 VEP.

ten, Reisendengewerbes und Erotikgewerbes ausführen. Bei den übrigen Dienstleistungen besteht wie bei Angehörigen der EU-17-/ EFTA- sowie EU-8-Staaten eine Meldepflicht erst bei einer Erwerbstätigkeit von mehr als acht Tagen pro Kalenderjahr[153].

Übersteigt die Dauer der Dienstleistung 90 Arbeitstage, erhalten sie eine Kurzaufenthalts- oder Aufenthaltsbewilligung EU/EFTA, dies unabhängig von der Art der Dienstleistung. Diese Regelung entspricht grundsätzlich derjenigen für die Angehörigen der EU-17-/EFTA- und EU-8-Staaten[154]. Das heisst, auch sie haben einen Rechtsanspruch auf Erteilung der entsprechenden Bewilligung zur Erbringung ihrer Dienstleistung. Allerdings bestehen für Angehörige aus Bulgarien und Rumänien noch Kontingente. Dauert die Dienstleistungserbringung länger als vier Monate, so muss die Erteilung der Kurzaufenthalts- bzw. Aufenthaltsbewilligung EU/EFTA an die festgelegten Höchstzahlen angerechnet werden[155]. Eine allfällige Ausschöpfung der Kontingente bedeutet jedoch nicht, dass die Bewilligung zu verweigern ist und die Dienstleistung nicht erbracht werden kann[156].

---

153 EIDGENÖSSISCHES JUSTIZ- UND POLIZEIDEPARTEMENT, STAATSSEKRETARIAT FÜR MIGRATION SEM, Weisungen und Erläuterungen zur Verordnung über die Einführung des freien Personenverkehrs (Weisungen VEP), Ziff. 7.4.2.

154 Vgl. vorne Ziff. II.6.2.1.

155 EIDGENÖSSISCHES JUSTIZ- UND POLIZEIDEPARTEMENT, STAATSSEKRETARIAT FÜR MIGRATION SEM, Weisungen und Erläuterungen zur Verordnung über die Einführung des freien Personenverkehrs (Weisungen VEP), Ziff. 7.3.4.

156 Vgl. Art. 5 Abs. 4 FZA; vgl. auch EIDGENÖSSISCHES JUSTIZ- UND POLIZEIDEPARTEMENT, STAATSSEKRETARIAT FÜR MIGRATION SEM, Weisungen und Erläuterungen zur Verordnung über die Einführung des freien Personenverkehrs (Weisungen VEP), Ziff. 7.3.4.

6.4.1.1 Dienstleistungen ohne Dienstleistungsabkommen bis 90 Arbeitstage

Wie die Angehörigen der EU-17-/EFTA- und EU-8-Staaten können sich auch Angehörige aus Bulgarien und Rumänien zur Erbringung einer Dienstleistung während höchstens 90 Arbeitstagen ohne Aufenthaltsbewilligung in der Schweiz aufhalten[157]. Es gilt jedoch wiederum eine Meldepflicht[158].

6.4.2 Dienstleistungen ohne Dienstleistungsabkommen über 90 Arbeitstage

Hier gilt – unabhängig von der Branche – die gleiche Regelung wie für die EU-17-/EFTA- und EU-8-Staatsangehörigen[159].

6.4.3 Dienstleistungen in bestimmten Branchen

„Angehörige von Bulgarien und Rumänien sowie Arbeitnehmerinnen und Arbeitnehmer, die zur Erbringung einer grenzüberschreitenden Dienstleistung von einer Gesellschaft, welche ihren statutarischen Sitz, ihre Hauptverwaltung oder ihre Hauptniederlassung im Gebiet von Bulgarien oder Rumänien hat, in die Schweiz entsandt werden, benötigen eine Kurzaufenthaltsbewilligung EU/EFTA, wenn sie Dienstleis-

157 EIDGENÖSSISCHES JUSTIZ- UND POLIZEIDEPARTEMENT, STAATSSEKRETARIAT FÜR MIGRATION SEM, Weisungen und Erläuterungen zur Verordnung über die Einführung des freien Personenverkehrs (Weisungen VEP), Ziff. 7.3.2.

158 Vgl. hierzu Ziff. II.6.4.1.

159 Vgl. Ziff. II.6.2.3. S. auch EIDGENÖSSISCHES JUSTIZ- UND POLIZEIDEPARTEMENT, STAATSSEKRETARIAT FÜR MIGRATION SEM, Weisungen und Erläuterungen zur Verordnung über die Einführung des freien Personenverkehrs (Weisungen VEP), (Weisungen VEP), Ziff. 7.3.4.

tungen im Gartenbau, Bauwesen und zugehörigen Branchen, Sicherheitsgewerbe oder in der betrieblichen und industriellen Reinigung erbringen. Die Bewilligung wird erteilt, wenn der Vorrang der inländischen Arbeitskräfte, die Kontrolle der Lohn- und Arbeitsbedingungen sowie bestimmte Qualifikationsvoraussetzungen [...[160]] eingehalten werden“[161]. Da für Bulgarien und Rumänien Übergangsbestimmungen bestehen, die bis maximal zum 31. Mai 2016 verlängert werden können, besteht hier die Bewilligungspflicht vom ersten Arbeitstag an und unabhängig von der zur Erbringung der Dienstleistung benötigten Zeit[162]. Auch in diesen Branchen bestehen noch Kontingente. Daher gilt hier ebenfalls, dass bei einer Dienstleistung, deren Erbringung länger als vier Monate dauert, die Erteilung der Kurzaufenthalts- bzw. Aufenthaltsbewilligung EU/EFTA an die festgelegten Höchstzahlen angerechnet werden muss, eine allfällige Ausschöpfung der Kontingente jedoch nicht zur Folge hat, dass die Bewilligung zu verweigern ist und die Dienstleistung nicht erbracht werden kann[163].

---

160 Art. 23 AuG.

161 Art. 14 Abs. 2 VEP.

162 Vgl. EIDGENÖSSISCHES JUSTIZ- UND POLIZEIDEPARTEMENT, STAATSSEKRETARIAT FÜR MIGRATION SEM, Weisungen und Erläuterungen zur Verordnung über die Einführung des freien Personenverkehrs (Weisungen VEP), Ziff. 7.3.3 und Ziff. 7.4.3.

163 Art. 5 Abs. 4 FZA; vgl. auch EIDGENÖSSISCHES JUSTIZ- UND POLIZEIDEPARTEMENT, STAATSSEKRETARIAT FÜR MIGRATION SEM, Weisungen und Erläuterungen zur Verordnung über die Einführung des freien Personenverkehrs (Weisungen VEP), Ziff. 7.4.3.

6.5 Grenzüberschreitende Dienstleistungen von Angehörigen von Drittstaaten

Innerhalb der grenzüberschreitenden Dienstleistungen sind zwei Erbringungsarten möglich[164]:

1. Eine grenzüberschreitende Dienstleistung kann durch Drittstaatenangehörige erbracht werden, die von einer Firma mit Sitz im Ausland in die Schweiz entsandt werden.

   (Drittstaatenangehörige, die in den Arbeitsmarkt des Aufnahmestaates integriert sind und von Unternehmen mit Sitz in der EU/EFTA in die Schweiz entsandt werden, fallen unter das Freizügigkeitsabkommen.)

2. Eine grenzüberschreitende Dienstleistung kann ausnahmsweise auch von selbständig erwerbstätigen Drittstaatenangehörigen erbracht werden, die im Rahmen eines Auftrages oder Werkvertrages eine Dienstleistung in der Schweiz erbringen. Die selbständig erwerbende Person hat mittels Bestätigung der Steuerbehörden des Herkunftsstaates, des Handelsregisters resp. der Sozialversicherungsbehörden den Nachweis zu erbringen, dass sie als selbständige Unternehmerin tätig und anerkannt ist.

„Ausländer können zur Erbringung einer vorübergehenden, grenzüberschreitenden Dienstleistung nur zugelassen werden, wenn ihre Tätigkeit dem gesamtwirtschaftlichen Inte-

[164] EIDGENÖSSISCHES JUSTIZ- UND POLIZEIDEPARTEMENT, STAATSSEKRETARIAT FÜR MIGRATION SEM, Weisungen und Erläuterungen Ausländerbereich (Weisungen AuG), Ziff. 4.8.2.1.

resse entspricht"[165]. Dazu gehört auch die Prüfung der am Einsatzort massgeblichen Lohn- und Arbeitsbedingungen[166], das heisst der Einhaltung der gesetzlichen Vorschriften, des Grundsatzes der Gleichheit der Lohn- und Arbeitsbedingungen für dieselbe Arbeit im gleichen Betrieb und in derselben Branche sowie nach den Gesamt- und Normalarbeitsverträgen[167]. Zudem müssen die persönlichen Voraussetzungen[168] erfüllt sein, das heisst namentlich, dass es sich um Führungskräfte, Spezialisten und andere qualifizierte Arbeitskräfte handeln muss[169].

Die Bewilligungsvoraussetzungen werden von der Arbeitsmarktbehörde geprüft, welche für den Einsatzort, an dem der ausländische Dienstleistungserbringer eingesetzt wird, zuständig ist[170].

6.5.1 Dienstleistungserbringung bis acht Tage

Ausländische Dienstleistungserbringer unterliegen der Anmeldefrist von acht Tagen. Soweit die Tätigkeit innerhalb von maximal acht Tagen im Kalenderjahr ausgeführt werden kann, ist keine Bewilligung erforderlich[171]. „Dauert die

---

[165] Art. 26 AuG.

[166] Art. 22 AuG.

[167] EIDGENÖSSISCHES JUSTIZ- UND POLIZEIDEPARTEMENT, STAATSSEKRETARIAT FÜR MIGRATION SEM, Weisungen und Erläuterungen Ausländerbereich (Weisungen AuG), Ziff. 4.8.2.3.

[168] Nach Art. 23 AuG.

[169] Vgl. auch EIDGENÖSSISCHES JUSTIZ- UND POLIZEIDEPARTEMENT, STAATSSEKRETARIAT FÜR MIGRATION SEM, Weisungen und Erläuterungen Ausländerbereich (Weisungen AuG), Ziff. 4.8.2.3.

[170] EIDGENÖSSISCHES JUSTIZ- UND POLIZEIDEPARTEMENT, STAATSSEKRETARIAT FÜR MIGRATION SEM, Weisungen und Erläuterungen Ausländerbereich (Weisungen AuG), Ziff. 4.8.2.3.

[171] Art. 14 Abs. 1 VZAE.

Tätigkeit länger als ursprünglich geplant, ist vor Ablauf der Frist von acht Tagen eine Anmeldung erforderlich. Nach der Anmeldung kann die Erwerbstätigkeit bis zur Erteilung der Bewilligung weitergeführt werden, sofern die zuständige Behörde keine abweichende Verfügung trifft"[172]. Die Visumspflicht bleibt bestehen für Personen, die keinen dauerhaften Wohnsitz in der EU haben[173].

Im Bereich des Bauhaupt- und Baunebengewerbes, Gast- und Reinigungsgewerbes, Überwachungs- und Sicherheitsdienstes sowie Reisenden- und Erotikgewerbes besteht die Bewilligungspflicht ab dem ersten Arbeitstag[174].

6.5.2 Dienstleistungserbringung bis 120 Tage

Für kurzfristige Projekte, welche nicht länger als vier Monate dauern, kann eine Kurzaufenthaltsbewilligung erteilt werden[175]. Die Höchstzahlen für Kurzaufenthaltsbewilligungen tangieren Drittstaatenangehörige nicht, wenn es sich um kurzfristige Projekte bis zu vier Monaten handelt[176].

---

172 Art. 14 Abs. 2 VZAE.

173 EIDGENÖSSISCHES JUSTIZ- UND POLIZEIDEPARTEMENT, STAATSSEKRETARIAT FÜR MIGRATION SEM, Weisungen und Erläuterungen Ausländerbereich (Weisungen AuG), Ziff. 4.8.2.6.1.

174 Art. 14 Abs. 3 VZAE.

175 Art. 19 Abs. 4 lit. a VZAE; EIDGENÖSSISCHES JUSTIZ- UND POLIZEIDEPARTEMENT, STAATSSEKRETARIAT FÜR MIGRATION SEM, Weisungen und Erläuterungen Ausländerbereich (Weisungen AuG), Ziff. 4.8.2.6.2.

176 Art. 19 Abs. 4 lit. a VZAE; EIDGENÖSSISCHES JUSTIZ- UND POLIZEIDEPARTEMENT, STAATSSEKRETARIAT FÜR MIGRATION SEM, Weisungen und Erläuterungen Ausländerbereich (Weisungen AuG), Ziff. 4.8.2.6.2.

6.5.3 Dienstleistungserbringung über 120 Tage

Auch für längere Projekte werden primär Kurzaufenthaltsbewilligungen bis zu einem Jahr gemäss Art. 19 Abs. 1 VZAE erteilt[177]. Aufenthaltsbewilligungen gemäss Art. 20 Abs. 1 VZAE, welche länger als ein Jahr dauern, werden nur in seltenen Ausnahmefällen erteilt[178].

7. Nicht-erwerbstätige EU-/EFTA-Bürger

7.1 Der nicht-erwerbstätige EU-/EFTA-Bürger

Will sich ein nicht-erwerbstätiger EU-/EFTA-Bürger länger als drei Monate in der Schweiz aufhalten, benötigt er hierfür eine Bewilligung. Die zuständigen Behörden erteilen eine Bewilligung, sofern die dafür notwendigen Voraussetzungen erfüllt sind, d.h. der Antragsteller über **genügend finanzielle Mittel** verfügt, damit er nicht fürsorgeabhängig wird, und einen **Versicherungsschutz** nachweisen kann, welcher sämtliche Risiken aus Krankheit und Unfall abdeckt[179].

Die **finanziellen Mittel** sind ausreichend, wenn sie den Ansatz überschreiten, welcher nach schweizerischem Recht Anspruch auf Fürsorgeleistungen gibt[180]. Massgebend hierfür sind die Ansätze der schweizerischen Konferenz für Sozial-

---

177 EIDGENÖSSISCHES JUSTIZ- UND POLIZEIDEPARTEMENT, STAATSSEKRETARIAT FÜR MIGRATION SEM, Weisungen und Erläuterungen Ausländerbereich (Weisungen AuG), Ziff. 4.8.2.6.3.

178 EIDGENÖSSISCHES JUSTIZ- UND POLIZEIDEPARTEMENT, STAATSSEKRETARIAT FÜR MIGRATION SEM, Weisungen und Erläuterungen Ausländerbereich (Weisungen AuG), Ziff. 4.8.2.6.4.

179 Art. 24 Abs. 1 Anhang I FZA.

180 Art. 24 Abs. 2 Anhang I FZA; Art. 16 Abs. 1 VEP.

hilfe[181]. Bei der Berechnung der finanziellen Mittel werden auch Renten und Leistungen von Sozialversicherungsträgern angerechnet. **Rentner** müssen zusätzlich nachweisen, dass ihre finanziellen Mittel diejenigen überschreiten, welche einen Schweizer zum Bezug von Ergänzungsleistungen zur Alters-, Hinterlassenen- und Invalidenversicherung berechtigen[182].

Hinsichtlich des **Krankenversicherungsschutzes** wird regelmässig verlangt, dass eine entsprechende Versicherung bei einer schweizerischen Krankenkasse abgeschlossen wird. Besteht schon ein ausländischer Versicherungsschutz, welcher den schweizerischen Mindestanforderungen entspricht, kann die schweizerische Behörde vom Abschluss einer schweizerischen Police absehen. Die Erfahrung lehrt jedoch, dass dies ein relativ aufwendiges Prozedere darstellt.

Regelmässig wird für nicht-erwerbstätige EU/EFTA-Bürger eine Aufenthaltsbewilligung ausgestellt, welche für mindestens fünf Jahre gültig ist[183] und in der ganzen Schweiz gilt[184]. Sie wird nach deren Ablauf automatisch um mindestens fünf Jahre verlängert, wenn die Bewilligungsvoraussetzungen zum Verlängerungszeitpunkt weiterhin erfüllt sind[185].

Stellen die Behörden zu einem späteren Zeitpunkt fest, dass keine genügenden finanziellen Mittel mehr vorhanden sind,

---

[181] Art. 16 Abs. 1 VEP; EIDGENÖSSISCHES JUSTIZ- UND POLIZEIDEPARTEMENT, STAATSSEKRETARIAT FÜR MIGRATION SEM, Weisungen und Erläuterungen zur Verordnung über die Einführung des freien Personenverkehrs (Weisungen VEP), Ziff. 8.2.1 und Ziff. 8.2.3.

[182] Art. 16 Abs. 2 VEP.

[183] Art. 24 Abs. 1 Anhang I FZA.

[184] Art. 24 Abs. 7 Anhang I FZA.

[185] Art. 24 Abs. 5 Anhang I FZA.

kann die Bewilligung widerrufen oder nicht mehr verlängert werden[186].

7.2 Studenten mit EU-/EFTA-Staatsangehörigkeit

Schüler und Studenten, welche sich zwecks Ausbildung in der Schweiz aufhalten, müssen grundsätzlich die Voraussetzungen erfüllen, welche auch für den Aufenthalt eines Nicht-Erwerbstätigen gelten[187]. Zusätzlich muss der Nachweis erfolgen, dass die betreffenden Personen in einer anerkannten Lehranstalt in der Schweiz eingeschrieben sind und dort eine allgemeine oder eine auf die Ausübung eines Berufes vorbereitende Ausbildung besuchen[188]. Die Dauer, für welche eine Aufenthaltsbewilligung zum Zwecke der Ausbildung ausgestellt wird, hängt von der Dauer der Ausbildung ab[189]. Handelt es sich um eine mehrjährige Ausbildung, wird die Bewilligung für ein Jahr ausgestellt; sie kann allerdings verlängert werden, sofern die Voraussetzungen im Verlängerungszeitpunkt noch gegeben sind[190].

---

186 Art. 24 Abs. 1 und 8 Anhang I FZA; EIDGENÖSSISCHES JUSTIZ- UND POLIZEIDEPARTEMENT, STAATSSEKRETARIAT FÜR MIGRATION SEM, Weisungen und Erläuterungen zur Verordnung über die Einführung des freien Personenverkehrs (Weisungen VEP), Ziff. 8.2.4.

187 Art. 24 Abs. 4 Anhang I FZA.

188 Art. 24 Abs. 4 Anhang I FZA.

189 Art. 24 Abs. 4 Anhang I FZA.

190 Art. 24 Abs. 5 Anhang I FZA; EIDGENÖSSISCHES JUSTIZ- UND POLIZEIDEPARTEMENT, STAATSSEKRETARIAT FÜR MIGRATION SEM, Weisungen und Erläuterungen zur Verordnung über die Einführung des freien Personenverkehrs (Weisungen VEP), Ziff. 8.2.4.

Zu beachten bleibt, dass der Zugang zu Lehranstalten nicht garantiert wird und im Einzelfall konkret überprüft werden muss[191].

Studenten dürfen bewilligungslos eine teilzeitliche Erwerbstätigkeit von maximal 15 Stunden pro Woche ausüben[192]. Sie haben dies der kantonalen Arbeitsbehörde lediglich vor Stellenantritt mitzuteilen[193]. Möchte ein Studierender in grösserem Umfang arbeiten, gilt er als Erwerbstätiger und braucht eine entsprechende Arbeitsbewilligung.

Für Studenten aus Bulgarien und Rumänien gilt, dass die Aufnahme einer Nebenbeschäftigung bewilligt werden muss. Die Bewilligung wird erteilt, wenn die Lehranstalt bestätigt, dass die Ausbildung dadurch nicht verzögert wird. Auch für Studenten aus diesen beiden EU-Mitgliedstaaten gilt im Übrigen, dass das wöchentliche Arbeitspensum während des Semesters 15 Stunden nicht überschreiten darf[194]. Wird ein solcher Nebenerwerb ausgeübt, so erhalten die Studenten eine Aufenthaltsbewilligung, die nicht auf die Höchstzahlen angerechnet wird. Gibt die entsprechende Lehranstalt ihr schriftliches Einverständnis, kann während

---

191 Vgl. Art. 24 Abs. 4 Anhang I FZA.

192 EIDGENÖSSISCHES JUSTIZ- UND POLIZEIDEPARTEMENT, STAATSSEKRETARIAT FÜR MIGRATION SEM, Weisungen und Erläuterungen zur Verordnung über die Einführung des freien Personenverkehrs (Weisungen VEP), Ziff. 4.7.1.

193 EIDGENÖSSISCHES JUSTIZ- UND POLIZEIDEPARTEMENT, STAATSSEKRETARIAT FÜR MIGRATION SEM, Weisungen und Erläuterungen zur Verordnung über die Einführung des freien Personenverkehrs (Weisungen VEP), Ziff. 4.7.1.

194 Vgl. Art. 38 VZAE.

der Semesterferien eine vollzeitliche Erwerbstätigkeit bewilligt werden[195].

Für Studenten, die eine Aufenthaltsbewilligung besitzen, vor dem Abschluss ihres Studiums stehen und Zugang zum Arbeitsmarkt haben wollen, gelten die Bestimmungen über die Höchstzahlen. Zudem findet eine Kontrolle der arbeitsmarktlichen Voraussetzungen wie Inländervorrang, Lohn- und Arbeitsbedingungen statt[196].

7.3 Die Familie des nicht-erwerbstätigen EU-/EFTA-Bürgers

Auch der aufenthaltsberechtigte nicht-erwerbstätige EU-/ EFTA-Angehörige hat das Recht, seine Familienangehörigen in die Schweiz nachzuziehen[197]. Dabei gelten grundsätzlich die gleichen Voraussetzungen wie beim Bewilligungsnachzug eines erwerbstätigen EU-/EFTA-Bürgers. Allerdings muss der nicht-erwerbstätige EU-/EFTA-Bürger zusätzlich nachweisen, dass er über die **notwendigen finanziellen Mittel zum Unterhalt seiner Familie** verfügt und **ausreichend krankenversichert** ist[198].

---

[195] Vgl. zum Ganzen EIDGENÖSSISCHES JUSTIZ- UND POLIZEIDEPARTEMENT, STAATSSEKRETARIAT FÜR MIGRATION SEM, Weisungen und Erläuterungen zur Verordnung über die Einführung des freien Personenverkehrs (Weisungen VEP), Ziff. 5.4.5.

[196] EIDGENÖSSISCHES JUSTIZ- UND POLIZEIDEPARTEMENT, STAATSSEKRETARIAT FÜR MIGRATION SEM, Weisungen und Erläuterungen zur Verordnung über die Einführung des freien Personenverkehrs (Weisungen VEP), Ziff. 5.4.5.

[197] Art. 24 Anhang I FZA.

[198] Art. 24 Abs. 1 Anhang I FZA; EIDGENÖSSISCHES JUSTIZ- UND POLIZEIDEPARTEMENT, STAATSSEKRETARIAT FÜR MIGRATION SEM, Weisungen

8. Niederlassungsbewilligung für EU-/EFTA-Bürger

Bürger der EU-17-/EFTA-Staaten (ausser Zypern und Malta) erhalten aufgrund von Niederlassungsverträgen oder aus Gegenrechtsüberlegungen nach einem ordnungsgemässen und ununterbrochenen Aufenthalt von fünf Jahren die Niederlassungsbewilligung[199]. Für Zypern, Malta, die EU-8 Staaten, Rumänien und Bulgarien bestehen dagegen keine solchen Vereinbarungen[200].

Niederlassungsbewilligungen können bei strafrechtlichen Verfehlungen[201], einem schwerwiegenden Verstoss gegen die öffentliche Sicherheit und Ordnung in der Schweiz oder im Ausland[202], bei Gefährdung der inneren oder äusseren Sicherheit[203], bei Fürsorgeabhängigkeit[204] oder bei falschen Angaben zur Erschleichung der Bewilligung widerrufen werden[205].

---

und Erläuterungen zur Verordnung über die Einführung des freien Personenverkehrs (Weisungen VEP), Ziff. 9.5.

199 Eidgenössisches Justiz- und Polizeidepartement, Staatssekretariat für Migration SEM, Personenfreizügigkeit mit der Europäischen Union, S. 3, abrufbar unter https://www.bfm.admin.ch/dam/data/bfm/eu/fza/personenfreizuegigkeit/factsheets/fs-uebersicht-fza-d.pdf (zuletzt abgerufen im März 2015).

200 Eidgenössisches Justiz- und Polizeidepartement, Staatssekretariat für Migration SEM, Personenfreizügigkeit mit der Europäischen Union, S. 3, abrufbar unter https://www.bfm.admin.ch/dam/data/bfm/eu/fza/personenfreizuegigkeit/factsheets/fs-uebersicht-fza-d.pdf (zuletzt abgerufen im März 2015); Art. 34 Abs. 1 AuG.

201 Art. 63 Abs. 1 lit. a i.V.m. Art. 62 lit. b AuG.

202 Art. 63 Abs. 1 lit. b AuG.

203 Art. 63 Abs. 1 lit. b AuG.

204 Art. 63 Abs. 1 lit. c AuG.

205 Art. 63 Abs. 1 lit. a i.V.m. Art. 62 lit. a AuG.

Im Übrigen erlischt die Niederlassungsbewilligung nach sechs Monaten, falls ein EU-/EFTA-Bürger die Schweiz verlässt, ohne sich abzumelden[206].

9. Nicht-erwerbstätige Drittstaatenbürger

9.1 Allgemeines

An nicht-erwerbstätige Drittstaatenbürger werden unter restriktiv gehandhabten Voraussetzungen Aufenthaltsbewilligungen erteilt. Die Voraussetzungen für verschiedene Personengruppen unterscheiden sich[207].

9.1.1 Aufenthalte von Personen in Aus- und Weiterbildung

Ausländer können für eine Aus- oder Weiterbildung zugelassen werden, sofern die Schulleitung bestätigt, dass die Aus- oder Weiterbildung aufgenommen werden kann, eine bedarfsgerechte Unterkunft zur Verfügung steht, die notwendigen finanziellen Mittel vorhanden sind und die persönlichen und bildungsmässigen Voraussetzungen für die vorgesehene Aus- oder Weiterbildung erfüllt werden[208].

Handelt es sich bei der Ausbildung nicht um einen Sprachkurs, hat der Gesuchsteller des Weiteren zu belegen, dass er über ausreichende Sprachkenntnisse verfügt[209].

---

206 Art. 61 Abs. 2 AuG.

207 Vgl. Art. 27-29 AuG.

208 Art. 27 Abs. 1 AuG.

209 Art. 24 Abs. 3 VZAE.

9.1.2 Aufenthalte von Rentnern

Rentnern können unter folgenden Voraussetzungen Aufenthaltsbewilligungen erteilt werden:

- Alter über 55 Jahre[210];
- Vorliegen von besonderen persönlichen Beziehungen zur Schweiz[211];
- keine Erwerbstätigkeit, weder in der Schweiz noch im Ausland[212];
- Vorhandensein der notwendigen finanziellen Mittel[213]; und
- Versicherungsschutz, der sämtliche Risiken aus Krankheit und Unfall abdeckt.

9.1.3 Aufenthalte zu medizinischen Zwecken

Ausländer können zu medizinischen Behandlungen zugelassen werden, sofern die Finanzierung und die Wiederausreise gesichert sind[214].

---

210 Art. 28 lit. a AuG i.V.m. Art. 25 Abs. 1VZAE.

211 Art. 28 lit. b AuG; Art. 25 Abs. 2 VZAE: „Besondere persönliche Beziehungen zur Schweiz liegen insbesondere vor, wenn: a) längere frühere Aufenthalte in der Schweiz, namentlich Ferien, Ausbildung oder Erwerbstätigkeit, nachgewiesen werden; b) enge Beziehungen zu nahen Verwandten in der Schweiz bestehen (Eltern, Kinder, Enkelkinder oder Geschwister)“. Betreffend notwendiger Länge früherer Aufenthalte ist die kantonale Praxis bislang uneinheitlich: Teilweise wird ein Mindestaufenthalt von 20 Wochen während fünf Jahren vorausgesetzt, teilweise wird auf den Zweck früherer Aufenthalte abgestellt.

212 Art. 25 Abs. 3 VZAE, wobei die Verwaltung des eigenen Vermögens zulässig ist.

213 Art. 28 lit. c AuG.

214 Art. 29 AuG.

9.1.4 Aufenthalte aufgrund einer gesetzlichen Ausnahmeregelung

Anderen nicht-erwerbstätigen Drittstaatenbürgern können Aufenthaltsbewilligungen erteilt werden, sofern die Voraussetzungen einer der im Gesetz abschliessend geregelten Ausnahmegründe vorliegen[215]. Von den üblichen Zulassungsvoraussetzungen (Aus- oder Weiterbildung, Rentner oder medizinische Behandlung) kann aus einigen anderen Gründen unter anderem abgewichen werden, um:

- „schwerwiegenden persönlichen Härtefällen oder wichtigen öffentlichen Interessen[216] Rechnung zu tragen[217]";
- „Aufenthalte im Rahmen von Hilfs- und Entwicklungsprojekten über die wirtschaftliche und technische Zusammenarbeit zu ermöglichen[218]";
- „den internationalen wirtschaftlichen, wissenschaftlichen und kulturellen Austausch sowie die berufliche Weiterbildung zu erleichtern[219]".

---

215 Art. 30 AuG; Art. 31 f. VZAE.

216 Art. 32 Abs. 1 VZAE: „Zur Wahrung wichtiger öffentlicher Interessen kann eine Kurzaufenthalts- oder Aufenthaltsbewilligung erteilt werden. Bei der Beurteilung sind insbesondere zu berücksichtigen:
a. bedeutende kulturelle Anliegen;
b. staatspolitische Gründe;
c. erhebliche kantonale fiskalische Interessen;
d. die Notwendigkeit der Anwesenheit einer Ausländerin oder eines Ausländers im Rahmen eines Strafverfahrens."

217 Art. 30 Abs. 1 lit. b AuG.

218 Art. 30 Abs. 1 lit. f AuG.

219 Art. 30 Abs. 1 lit. g AuG.

9.2 Die Familie des nicht-erwerbstätigen Drittstaatenbürgers

Personen, die sich nicht zu Erwerbszwecken in der Schweiz aufhalten, wird ein Familiennachzug in der Regel nicht gestattet. Falls genügend finanzielle Mittel vorliegen oder es sich um einen besonderen Härtefall handelt, sind Ausnahmen zulässig.

9.3 Niederlassungsbewilligung nach fünf bis zehn Jahren

Drittstaatenbürger haben keinen Anspruch auf Erteilung einer Niederlassungsbewilligung. Dennoch werden Niederlassungsbewilligungen regelmässig erteilt, sofern ein Gesuchsteller nachweisen kann, dass er sich für die erforderliche Zeitdauer in der Schweiz aufgehalten hat und sich keinerlei grobe Verfehlungen hat zuschulden kommen lassen[220].

Bürger der USA, Kanada, Andorra, Monaco, San Marino und Vatikan-Stadt können nach fünf Jahren ordnungsgemässem und ununterbrochenem Aufenthalt in der Schweiz gemäss speziellen Vereinbarungen Antrag auf eine Niederlassungsbewilligung stellen[221]. Für Bürger anderer Drittstaaten beträgt diese Frist zehn Jahre[222].

---

220 Art. 34 AuG.

221 EIDGENÖSSISCHES JUSTIZ- UND POLIZEIDEPARTEMENT, STAATSSEKRETARIAT FÜR MIGRATION SEM, Weisungen und Erläuterungen Ausländerbereich (Weisungen AuG), Ziff. 3.4.3.3.

222 Vgl. Art. 34 Abs. 2 lit. a AuG.

10. Masseneinwanderungs-Initaitive

Am 9. Februar 2014 hat die schweizerische Bevölkerung die sogenannte Volksinitiative „Gegen Masseneinwanderung" angenommen. Die neue Verfassungsbestimmung sieht u.a. vor, dass die Zahl der Bewilligungen für den Aufenthalt von Ausländern in der Schweiz durch jährliche Höchstzahlen und Kontingente begrenzt wird[223]. Diese Höchstzahlen gelten für sämtliche Bewilligungen des Ausländerrechts.

Am 20. Juni 2014 präsentierte die schweizerische Regierung ein Konzept zur Umsetzung dieser Verfassungsbestimmung. Bis zur Inkraftsetzung der entsprechenden Ausführungsgesetzgebung gilt die Personenfreizügigkeit zwischen den Mitgliedstaaten der EU, der EFTA und der Schweiz weiter.

---

[223] Art. 121a Abs. 2 BV: Steuerung der Zuwanderung

„[1] Die Schweiz steuert die Zuwanderung von […] Ausländern eigenständig.

[2] Die Zahl der Bewilligungen für den Aufenthalt von […] Ausländern in der Schweiz wird durch jährliche Höchstzahlen und Kontingente begrenzt. Die Höchstzahlen gelten für sämtliche Bewilligungen des Ausländerrechts unter Einbezug des Asylwesens. Der Anspruch auf dauerhaften Aufenthalt, auf Familiennachzug und auf Sozialleistungen kann beschränkt werden.

[3] Die jährlichen Höchstzahlen und Kontingente für erwerbstätige […] Ausländer sind auf die gesamtwirtschaftlichen Interessen der Schweiz unter Berücksichtigung eines Vorranges für […] Schweizer auszurichten; die […] Grenzgänger sind einzubeziehen. Massgebende Kriterien für die Erteilung von Aufenthaltsbewilligungen sind insbesondere das Gesuch eines Arbeitgebers, die Integrationsfähigkeit und eine ausreichende, eigenständige Existenzgrundlage.

[4] Es dürfen keine völkerrechtlichen Verträge abgeschlossen werden, die gegen diesen Artikel verstossen.

[5] Das Gesetz regelt die Einzelheiten."

III. Erwerb von Grundeigentum

1. Allgemeines

Die Gesetzgebung auf dem Gebiet des Grundstückerwerbs durch Personen im Ausland enthält eine Reihe von Einschränkungen des Erwerbs von Eigentum und ähnlichen Rechten an Grundstücken durch Personen im Ausland, das heisst durch Personen, die nicht das Recht haben, sich in der Schweiz niederzulassen[224], oder durch Staatsangehörige der EG und der EFTA, welche ihren rechtmässigen und tatsächlichen Wohnsitz nicht in der Schweiz haben[225].

2. Bewilligungspflicht

Der Erwerb von Grundstücken in der Schweiz durch **Personen im Ausland** unterliegt grundsätzlich einer Bewilligungspflicht[226].

Keiner Bewilligung bedarf der Erwerb eines Grundstückes, wenn:

- das Grundstück als ständige Betriebsstätte eines Handels-, Fabrikations- oder eines anderen nach kaufmännischer Art geführten Gewerbes, eines Handwerksbetriebes oder eines freien Berufes dient;

224 Art. 5 Abs. 1 lit. a^{bis} BewG.

225 Art. 5 Abs. 1 lit. a BewG.

226 Art. 2 Abs. 1 BewG.

- das Grundstück dem Erwerber als natürlicher Person als **Hauptwohnung am Ort seines rechtmässigen und tatsächlichen Wohnsitzes** dient; oder
- eine andere Ausnahme[227] vorliegt.

3. Betroffene Grundstücksarten und andere Rechte

Als **Erwerb eines Grundstückes** gilt:

- der Erwerb des **Eigentums**, eines Baurechts, eines Wohnrechts oder der Nutzniessung an einem Grundstück[228];
- die Beteiligung an einer vermögensfähigen Gesellschaft ohne juristische Persönlichkeit, deren tatsächlicher Zweck der Erwerb von Grundstücken ist[229];
- der Erwerb des Eigentums oder der Nutzniessung an einem Anteil eines Immobilienfonds, dessen Anteilscheine auf dem Markt nicht regelmässig gehandelt werden, oder an einem ähnlichen Vermögen[230];
- der Erwerb des Eigentums oder der Nutzniessung an einer Aktie einer Immobilien-SICAV, deren Aktien auf dem Markt nicht regelmässig gehandelt werden, oder an einem ähnlichen Vermögen[231];
- der Erwerb des Eigentums oder der Nutzniessung an einem Anteil an einer juristischen Person, deren tatsächli-

---

227 Art. 7 BewG.
228 Art. 4 Abs. 1 lit. a BewG.
229 Art. 4 Abs. 1 lit. b BewG.
230 Art. 4 Abs. 1 lit. c BewG.
231 Art. 4 Abs. 1 lit. c^{bis} BewG.

cher Zweck der Erwerb von Grundstücken ist, sofern die Anteile dieser juristischen Person nicht an einer Börse in der Schweiz kotiert sind[232];

- die Begründung und Ausübung eines Kaufs-, Vorkaufs- oder Rückkaufsrechts an einem Grundstück oder an einem Anteil[233];
- der Erwerb anderer Rechte, die dem Erwerber eine ähnliche Stellung wie dem Eigentümer eines Grundstückes verschaffen[234].

Zudem gelten als **Erwerb von Grundstücken**:

- die Beteiligung an der Gründung und, sofern der Erwerber damit seine Stellung verstärkt, an der Kapitalerhöhung von juristischen Personen, deren tatsächlicher Zweck der Erwerb von Grundstücken ist, die nicht ohne Bewilligung erworben werden können[235];
- die Übernahme eines Grundstückes, das nicht ohne Bewilligung erworben werden kann, zusammen mit einem Vermögen oder Geschäft oder durch Fusion, Spaltung, Umwandlung oder Vermögensübertragung, sofern sich dadurch die Rechte des Erwerbers an diesem Grundstück vermehren[236];
- der Erwerb von Anteilen an einer Gesellschaft, der eine Wohnung gehört, die dem Erwerber der Anteile als Haupt-, Zweit- oder Ferienwohnung dient[237].

232 Art. 4 Abs. 1 lit. e BewG.
233 Art. 4 Abs. 1 lit. f BewG.
234 Art. 4 Abs. 1 lit. g BewG.
235 Art. 1 Abs. 1 lit. a BewV.
236 Art. 1 Abs. 1 lit. b BewV.
237 Art. 1 Abs. 1 lit. c BewV.

Als **andere Rechte**, die dem Erwerber eine **ähnliche Stellung wie dem Eigentümer eines Grundstückes verschaffen**, gelten insbesondere:

- die langfristige Miete oder Pacht eines Grundstückes, wenn die Abreden den Rahmen des gewöhnlichen oder kaufmännischen Geschäftsverkehrs sprengen und den Vermieter oder Verpächter in eine besondere Abhängigkeit vom Mieter oder Pächter bringen[238];
- die Finanzierung des Kaufes oder der Überbauung eines Grundstückes, wenn die Abreden, die Höhe der Kredite oder die Vermögensverhältnisse des Schuldners den Käufer oder Bauherrn in eine besondere Abhängigkeit vom Gläubiger bringen[239];
- die Begründung von Bauverboten und ähnlichen Eigentumsbeschränkungen mit dinglicher oder obligatorischer Wirkung, welche ein Nachbargrundstück betreffen[240].

4. Betroffene Personen

Wenn **„Personen im Ausland"** Grundeigentum in der Schweiz erwerben wollen, besteht **grundsätzlich eine Bewilligungspflicht**[241]. Als Personen im Ausland im Sinne des schweizerischen Bewilligungsgesetzes gelten:

- Staatsangehörige der Mitgliedstaaten der Europäischen Gemeinschaft oder der Europäischen Freihandelsassozia-

---

238 Art. 1 Abs. 2 lit. a BewV.
239 Art. 1 Abs. 2 lit. b BewV.
240 Art. 1 Abs. 2 lit. c BewV.
241 Art. 2 Abs. 1 BewG.

tion, die ihren rechtmässigen und tatsächlichen Wohnsitz **nicht** in der Schweiz haben[242];

- Staatsangehörige anderer ausländischer Staaten, die nicht das Recht haben, sich in der Schweiz niederzulassen[243];
- juristische Personen oder vermögensfähige Gesellschaften ohne juristische Persönlichkeit, die ihren statutarischen oder tatsächlichen Sitz im Ausland haben[244];
- juristische Personen oder vermögensfähige Gesellschaften ohne juristische Persönlichkeit, die ihren statutarischen und tatsächlichen Sitz in der Schweiz haben und in denen Personen im Ausland eine beherrschende Stellung innehaben[245];
- natürliche und juristische Personen sowie vermögensfähige Gesellschaften ohne juristische Persönlichkeit, die nicht Personen im Ausland (...) sind, wenn sie ein Grundstück für Rechnung von Personen im Ausland erwerben[246].

Keiner Bewilligungspflicht für den Erwerb von Grundeigentum in der Schweiz unterstehen somit:

- Schweizer und Doppelbürger mit Wohnsitz in der Schweiz oder im Ausland;
- Staatsangehörige der EG- und EFTA-Mitgliedstaaten, die ihren rechtmässigen und auch tatsächlichen **Wohnsitz**[247]

---

242 Art. 5 Abs. 1 lit. a BewG.

243 Art. 5 Abs. 1 lit. a^{bis} BewG.

244 Art. 5 Abs. 1 lit. b BewG.

245 Art. 5 Abs. 1 lit. c BewG.

246 Art. 5 Abs. 1 lit. d BewG.

247 D.h. der Mittelpunkt der Lebensverhältnisse.

in der Schweiz haben und über eine gültige Aufenthaltsbewilligung verfügen, sowie;

- Staatsangehörige anderer ausländischer Staaten, die eine gültige **Niederlassungsbewilligung C** besitzen und auch tatsächlich in der Schweiz **Wohnsitz** haben[248].

Nach den Art. 23 ff. ZGB befindet sich der Wohnsitz dort, „wo sich die Person mit der Absicht des dauernden Verbleibens aufhält, sich der Schwerpunkt ihrer persönlichen Lebensbeziehungen befindet, sie sich in der arbeitsfreien Zeit regelmässig aufhält, familiäre und freundschaftliche Beziehungen pflegt und am gesellschaftlichen Leben teilnimmt“[249]. „Ausländer, die sich für einen bewilligungsfreien Grundstückerwerb auf ihren tatsächlichen Wohnsitz in der Schweiz berufen, müssen einen entsprechenden Nachweis erbringen. Eine fremdenpolizeiliche Aufenthaltsbewilligung und eine Bestätigung der Gemeinde über die erfolgte Anmeldung genügen für sich allein nicht. Anhaltspunkt für einen tatsächlichen Wohnsitz ist der gemeinsame Haushalt mit dem Ehegatten oder Lebenspartner und den minderjährigen Kindern. Weitere Anhaltspunkte sind beispielsweise das Arbeitsverhältnis, die Immatrikulation eines Fahrzeugs, die volle Steuerpflicht oder die regelmässige Mitwirkung in einem Verein in der Schweiz“[250].

---

[248] Eidgenössisches Justiz- und Polizeidepartement, Bundesamt für Justiz, Erwerb von Grundstücken durch Personen im Ausland, Wegleitung für die Grundbuchämter, Bern 2009, S. 7.

[249] Eidgenössisches Justiz- und Polizeidepartement, Bundesamt für Justiz, Erwerb von Grundstücken durch Personen im Ausland, Merkblatt, Bern 2009, S. 3.

[250] Eidgenössisches Justiz- und Polizeidepartement, Bundesamt für Justiz, Erwerb von Grundstücken durch Personen im Ausland, Merkblatt, Bern 2009, S. 3.

Weitere **Ausnahmen von der Bewilligungspflicht** bestehen u.a. für[251]:

- gesetzliche Erben[252] im Sinne des schweizerischen Rechts im Erbgang[253];
- Verwandte des Veräusserers in gerader Linie, aufsteigend oder absteigend, sowie den Ehegatten oder eingetragenen Partner des Veräusserers[254];
- Erwerber, die bereits Mit- oder Gesamteigentum am Grundstück haben[255];
- Stockwerkeigentümer für den Tausch ihrer Stockwerke im selben Objekt oder in derselben Überbauung[256];
- Grundstückeigentümer für den Erwerb einer geringfügigen zusätzlichen Fläche zum ihnen bereits gehörenden Grundstück[257];

---

[251] Vgl. dazu Art. 7 und Art. 7a BewG; siehe auch EIDGENÖSSISCHES JUSTIZ- UND POLIZEIDEPARTEMENT, BUNDESAMT FÜR JUSTIZ, Erwerb von Grundstücken durch Personen im Ausland, Merkblatt, Bern 2009, S. 7 f.

[252] Umfasst werden allerdings nicht nur die „gesetzlichen Erben" (in der Regel Kinder, Ehegatte, eingetragene Partner), sondern auch eingesetzte Erben und Vermächtnisnehmer, die als Verwandte des Erblassers auch nur möglicherweise, d.h. bei Vorversterben aller näheren Verwandten des Erblassers, als gesetzliche Erben in Betracht fallen könnten. Vgl. EIDGENÖSSISCHES JUSTIZ- UND POLIZEIDEPARTEMENT, BUNDESAMT FÜR JUSTIZ, Erwerb von Grundstücken durch Personen im Ausland, Merkblatt, Bern 2009, S. 7.

[253] Art. 7 lit. a BewG.

[254] Art. 7 lit. b BewG.

[255] Art. 7 lit. c BewG.

[256] Art. 7 lit. d BewG.

[257] Art. 7 lit. g BewG.

- Staatsangehörige der Mitgliedstaaten der Europäischen Gemeinschaft und der Europäischen Freihandelsassoziation, die als Grenzgänger in der Region des Arbeitsorts eine Zweitwohnung erwerben[258].

5. Betroffene Erwerbsarten

Nicht alle Erwerbsarten von Grundstücken bedürfen einer Bewilligung. Es wird unterschieden nach dem **Nutzungszweck der zu erwerbenden Immobilien**. Folgende **Ausnahmen zur Bewilligungspflicht** bestehen:

- **Hauptwohnung bei Wohnsitz in der Schweiz**: Nicht-EU-/EFTA-Bürger mit Wohnsitz in der Schweiz dürfen an ihrem Wohnort bewilligungsfrei eine Wohneinheit (ein Einfamilienhaus oder eine Eigentumswohnung) einer beliebigen Grösse auf ihren eigenen Namen erwerben. Auch der Erwerb von Bauland zum Bau einer solchen Wohneinheit ist bewilligungsfrei möglich. Die Wohneinheit muss aber vom Erwerber selber bewohnt werden und darf nicht – auch nicht teilweise – vermietet werden[259].
- **Zweitwohnung für Grenzgänger**: EU-/EFTA-Bürger, die als Grenzgänger in der Schweiz arbeiten, dürfen in der Region ihres Arbeitsortes bewilligungsfrei eine Zweitwohnung erwerben. Für die Bedingungen und

---

258 Art. 7 lit. j BewG.

259 Art. 2 Abs. 2 lit. b BewG; Eidgenössisches Justiz- und Polizeidepartement, Bundesamt für Justiz, Erwerb von Grundstücken durch Personen im Ausland, Wegleitung für die Grundbuchämter, Bern 2009, S. 12.

Voraussetzungen kann auf diejenigen für eine Hauptwohnung verwiesen werden[260].

- **Betriebsstätte-Grundstücke**: Grundstücke, die für einen wirtschaftlichen Zweck genutzt werden, können bewilligungsfrei erworben werden. Es ist unbeachtlich, ob der Erwerber selber oder ein Mieter oder Pächter das Grundstück für die Ausübung einer wirtschaftlichen Tätigkeit nutzt. Unter gewissen Voraussetzungen und mit Einschränkungen dürfen auf diesen Betriebsstätten auch Wohnungen vorhanden sein[261].
- **Bauland** zu einem der obgenannten Ausnahmezwecke: Unbebautes Land in der Bauzone darf bewilligungsfrei erworben werden, wenn innert eines Jahres nach dem Erwerb mit dem Bau eines Gebäudes begonnen wird, dessen Erwerb bewilligungsfrei wäre[262].

6. Bewilligungsgründe

Ist ein geplanter Erwerb eines Grundstückes bewilligungspflichtig, muss eine Bewilligung beantragt werden. Eine solche wird erteilt, sofern der Gesuchsteller einen gesetzlich

---

260 Art. 7 lit. j BewG; EIDGENÖSSISCHES JUSTIZ- UND POLIZEIDEPARTEMENT, BUNDESAMT FÜR JUSTIZ, Erwerb von Grundstücken durch Personen im Ausland, Wegleitung für die Grundbuchämter, Bern 2009, S. 15.

261 EIDGENÖSSISCHES JUSTIZ- UND POLIZEIDEPARTEMENT, BUNDESAMT FÜR JUSTIZ, Erwerb von Grundstücken durch Personen im Ausland, Wegleitung für die Grundbuchämter, Bern 2009, S. 9 f.

262 EIDGENÖSSISCHES JUSTIZ- UND POLIZEIDEPARTEMENT, BUNDESAMT FÜR JUSTIZ, Erwerb von Grundstücken durch Personen im Ausland, Wegleitung für die Grundbuchämter, Bern 2009, S. 13.

vorgesehenen Grund nachweisen kann. Folgende Gründe für die Erteilung einer Bewilligung sind gesetzlich vorgesehen:

- Erwerb von Grundstücken durch Banken und Versicherungsgesellschaften (unter gewissen Voraussetzungen), wenn dieser mit ihrer Geschäftstätigkeit zusammenhängt;
- Erwerb von Grundstücken, die inländischen Betrieben zur Personalvorsorge für in der Schweiz beschäftigtes Personal dienen;
- Grundstückerwerb für gemeinnützige Zwecke;
- Grundstückerwerb durch eingesetzte Erben oder Vermächtnisnehmer (unter gewissen Voraussetzungen);
- Erwerb von **Ferienwohnungen** und **Wohneinheiten in Apparthotels**, sofern der **Kanton**, in dem sich die Wohnung befindet, **dies vorsieht**;
- Härtefälle im Zusammenhang mit Ferienwohnungen;
- Erwerb von **Zweitwohnungen** am Ort, zu dem der Erwerber aussergewöhnlich enge, schutzwürdige Beziehungen unterhält, sofern der **Kanton**, in dem sich die Wohnung befindet, **diesen Grund vorsieht**. Eine solche Zweitwohnung darf vermietet werden, ist allerdings innert zwei Jahren zu veräussern, wenn sie der Erwerber nicht mehr verwendet;
- Erwerb von Grundstücken zum Zweck des sozialen Wohnungsbaus, sofern der Kanton, in dem sich die Wohnung befindet, diesen Grund vorsieht[263].

[263] Art. 8 und Art. 9 BewG; EIDGENÖSSISCHES JUSTIZ- UND POLIZEIDEPARTEMENT, BUNDESAMT FÜR JUSTIZ, Erwerb von Grundstücken durch Personen im Ausland, Merkblatt, Bern 2009, S. 9 ff.

7. Hauptwohnungen

Weil **Staatsangehörige der EU-/EFTA-Mitgliedstaaten mit Wohnsitz in der Schweiz nicht als Personen im Ausland gelten**, sind die Bestimmungen über den Erwerb einer Hauptwohnung nur für Staatsangehörige anderer ausländischer Staaten mit Wohnsitz in der Schweiz einschlägig[264].

Ein **Ausländer mit Wohnsitz in der Schweiz** kann unter bestimmten Voraussetzungen bewilligungsfrei eine Wohnung am Ort seines tatsächlichen Wohnsitzes erwerben[265]. Unter den Begriff der Hauptwohnung fallen sowohl Einfamilienhäuser als auch Eigentumswohnungen[266]. Zulässig ist ebenfalls der Erwerb von Bauland, sofern mit dem Bau einer Hauptwohnung innert eines Jahres begonnen wird[267]. Der Erwerber muss die Wohnung selber bewohnen und darf sie nicht, auch nicht teilweise, vermieten[268]. Der bewilligungsfreie Erwerb einer Hauptwohnung kann nur unmittelbar auf den persönlichen Namen des Erwerbers erfolgen[269].

---

264 EIDGENÖSSISCHES JUSTIZ- UND POLIZEIDEPARTEMENT, BUNDESAMT FÜR JUSTIZ, Erwerb von Grundstücken durch Personen im Ausland, Wegleitung für die Grundbuchämter, Bern 2009, S. 12.

265 Art. 2 Abs. 2 lit. b BewG; Art. 5 und Art. 18a Abs. 2 BewV.

266 EIDGENÖSSISCHES JUSTIZ- UND POLIZEIDEPARTEMENT, BUNDESAMT FÜR JUSTIZ, Erwerb von Grundstücken durch Personen im Ausland, Merkblatt, Bern 2009, S. 4.

267 EIDGENÖSSISCHES JUSTIZ- UND POLIZEIDEPARTEMENT, BUNDESAMT FÜR JUSTIZ, Erwerb von Grundstücken durch Personen im Ausland, Merkblatt, Bern 2009, S. 4.

268 EIDGENÖSSISCHES JUSTIZ- UND POLIZEIDEPARTEMENT, BUNDESAMT FÜR JUSTIZ, Erwerb von Grundstücken durch Personen im Ausland, Merkblatt, Bern 2009, S. 4.

269 Art. 8 BewV.

Die Wohnfläche an sich darf beliebig gross sein, allerdings muss es sich um eine einzige Wohneinheit handeln[270].

Die Fläche des Grundstücks ist grundsätzlich nicht beschränkt; sie darf allerdings nicht so gross sein, dass der Grundstückerwerb oder zumindest ein Teil davon als blosse Kapitalanlage zu betrachten ist[271]. Deshalb trägt das Grundbuchamt in der Regel Rechtsgeschäfte mit Grundstücksflächen von über 3'000m^2 nicht direkt in das Grundbuch ein, sondern verweist den Erwerber an die Bewilligungsbehörde, welche zu entscheiden hat, ob der Erwerb als nichtbewilligungspflichtig oder als blosse Kapitalanlage zu qualifizieren ist[272].

Wechselt der Erwerber einer Hauptwohnung seinen Wohnsitz, darf er am neuen Wohnsitz erneut eine Hauptwohnung erwerben[273]. Die Wohnung am ersten Wohnsitz muss nicht veräussert werden[274]. Entsprechend darf der Erwerber die ursprüngliche Hauptwohnung weiterhin für sich als Zweit-

---

270 EIDGENÖSSISCHES JUSTIZ- UND POLIZEIDEPARTEMENT, BUNDESAMT FÜR JUSTIZ, Erwerb von Grundstücken durch Personen im Ausland, Merkblatt, Bern 2009, S. 4.

271 EIDGENÖSSISCHES JUSTIZ- UND POLIZEIDEPARTEMENT, BUNDESAMT FÜR JUSTIZ, Erwerb von Grundstücken durch Personen im Ausland, Merkblatt, Bern 2009, S. 4.

272 EIDGENÖSSISCHES JUSTIZ- UND POLIZEIDEPARTEMENT, BUNDESAMT FÜR JUSTIZ, Erwerb von Grundstücken durch Personen im Ausland, Merkblatt, Bern 2009, S. 4.

273 EIDGENÖSSISCHES JUSTIZ- UND POLIZEIDEPARTEMENT, BUNDESAMT FÜR JUSTIZ, Erwerb von Grundstücken durch Personen im Ausland, Merkblatt, Bern 2009, S. 4.

274 EIDGENÖSSISCHES JUSTIZ- UND POLIZEIDEPARTEMENT, BUNDESAMT FÜR JUSTIZ, Erwerb von Grundstücken durch Personen im Ausland, Merkblatt, Bern 2009, S. 4.

oder Ferienwohnung benutzen, diese an Dritte vermieten oder veräussern[275].

8. Zweitwohnungen

Einem **Ausländer mit Wohnsitz im Ausland** kann der Erwerb einer **Zweitwohnung** an dem Ort bewilligt werden, zu welchem er **aussergewöhnlich enge, schutzwürdige Beziehungen unterhält**[276]. „Als aussergewöhnlich enge, schutzwürdige Beziehungen, die zum Erwerb einer Zweitwohnung berechtigen […], gelten regelmässige Beziehungen, die der Erwerber zum Ort der Zweitwohnung unterhalten muss, um überwiegende wirtschaftliche, wissenschaftliche, kulturelle oder andere wichtige Interessen zu wahren[277].“ „Verwandtschaft oder Schwägerschaft mit Personen in der Schweiz und Ferien-, Kur-, Studien- oder andere vorübergehende Aufenthalte begründen für sich allein keine engen schutzwürdigen Beziehungen[278].“

Zweitwohnungen können, sofern die Bewilligungsvoraussetzungen gegeben sind, in folgenden Kantonen erworben werden: **Appenzell Ausserrhoden, Basel-Stadt, Freiburg,**

---

275 Art. 6 Abs. 1 BewV; EIDGENÖSSISCHES JUSTIZ- UND POLIZEIDEPARTEMENT, BUNDESAMT FÜR JUSTIZ, Erwerb von Grundstücken durch Personen im Ausland, Merkblatt, Bern 2009, S. 4.

276 Art. 9 Abs. 1 lit. c BewG. Vgl. zu Zweitwohnungen Verwaltungsgericht des Kantons Luzern, Verwaltungsrechtliche Abteilung, Urteil V 06 246 vom 31. März 2009; LGVE 2010 II Nr. 4 (LU), abgedruckt in ZBJV 2010 S. 399 ff., 400.

277 Art. 6 Abs. 1 BewV; EIDGENÖSSISCHES JUSTIZ- UND POLIZEIDEPARTEMENT, BUNDESAMT FÜR JUSTIZ, Erwerb von Grundstücken durch Personen im Ausland, Merkblatt, Bern 2009, S. 11.

278 Art. 6 Abs. 2 BewV.

Graubünden, Jura, Luzern, Neuenburg, St. Gallen, Solothurn, Tessin, Uri, Waadt, Wallis und **Zürich**[279].

„Eine Zweitwohnung darf nicht an Dritte vermietet werden und ist innert zweier Jahre zu veräussern, wenn der Erwerber sie nicht mehr als solche verwendet[280].“ „Zweitwohnungen können nur von natürlichen Personen unmittelbar auf deren persönlichen Namen und nicht durch eine Gesellschaft erworben werden[281].“

Für die Grundstücks- und Nettowohnfläche von Zweitwohnungen gelten – gleich wie bei Ferienwohnungen – Beschränkungen[282].

Keiner Bewilligungspflicht unterliegt der Erwerb einer Zweitwohnung durch einen EG- oder EFTA-Grenzgänger in der Region seines Arbeitsorts[283].

9. Ferienwohnungen

Unter bestimmten Voraussetzungen kann einem bewilligungspflichtigen Ausländer der Erwerb einer **Ferienwohnung** oder einer **Wohneinheit in einem Apparthotel** be-

279 EIDGENÖSSISCHES JUSTIZ- UND POLIZEIDEPARTEMENT, BUNDESAMT FÜR JUSTIZ, Erwerb von Grundstücken durch Personen im Ausland, Merkblatt, Bern 2009, S. 11.

280 EIDGENÖSSISCHES JUSTIZ- UND POLIZEIDEPARTEMENT, BUNDESAMT FÜR JUSTIZ, Erwerb von Grundstücken durch Personen im Ausland, Merkblatt, Bern 2009, S. 11.

281 Art. 8 BewV; EIDGENÖSSISCHES JUSTIZ- UND POLIZEIDEPARTEMENT, BUNDESAMT FÜR JUSTIZ, Erwerb von Grundstücken durch Personen im Ausland, Merkblatt, Bern 2009, S. 11.

282 Vgl. dazu sogleich Ziff. III.9.

283 Vgl. dazu schon oben Ziff. III.5.

willigt werden[284]. Erforderlich ist, dass sich die Wohnung in einem vom **Kanton bezeichneten Fremdenverkehrsort** befindet[285]. Die Bewilligung unterliegt der Kontingentierung im Rahmen der vom Bund dem Kanton pro Jahr für Ferienwohnungen und Wohneinheiten in Apparthotels erteilten Höchstzahlen[286], ausser der Veräusserer hat seinerzeit bereits

---

284 Art. 9 Abs. 2 und Abs. 3 BewG:

„[2] Die Kantone können ausserdem durch Gesetz bestimmen, dass einer natürlichen Person der Erwerb als Ferienwohnung oder als Wohneinheit in einem Apparthotel im Rahmen des kantonalen Kontingents bewilligt werden kann.

[3] Die Kantone bestimmen die Orte, die des Erwerbs von Ferienwohnungen oder von Wohneinheiten in Apparthotels durch Personen im Ausland bedürfen, um den Fremdenverkehr zu fördern."

Art. 10 BewG:

„Als Apparthotel gilt ein neues oder zu erneuerndes Hotel im Stockwerkeigentum des Betriebsinhabers, von Personen im Ausland und gegebenenfalls von Drittpersonen, wenn es folgende Voraussetzungen erfüllt:

a. Eigentum des Betriebsinhabers an den besonderen Anlagen und Einrichtungen für den Hotelbetrieb und an den Wohneinheiten im Umfang von insgesamt mindestens 51 Prozent der Wertquoen;
b. dauernde hotelmässige Bewirtschaftung der Wohneinheiten im Umfange von mindestens 65 Prozent der darauf entfallenden Wertquoten, einschliesslich aller dem Betriebsinhaber gehörenden Wohneinheiten;
c. angemessenes Dienstleistungsangebot, entsprechende bauliche und betriebliche Eignung sowie mutmassliche Wirtschaftlichkeit des Hotels gestützt auf ein Gutachten der Schweizerischen Gesellschaft für Hotelkredit."

285 EIDGENÖSSISCHES JUSTIZ- UND POLIZEIDEPARTEMENT, BUNDESAMT FÜR JUSTIZ, Erwerb von Grundstücken durch Personen im Ausland, Merkblatt, Bern 2009, S. 10.

286 Art. 11 BewG; Art. 9 BewV und Anhang 1 zur BewV.

eine Bewilligung für den Erwerb der Wohnung erhalten[287]. Auch nicht bewilligungspflichtige Personen können für den Verkauf solcher Wohnungen an Ausländer Kontingentseinheiten erhalten (sog. Grundsatzbewilligungen). Dabei unterliegen die einzelnen Erwerbe durch die Ausländer zwar noch einer Bewilligungspflicht, sind jedoch nicht mehr ans Kontingent anzurechnen[288]. Zudem steht es den Kantonen und den Fremdenverkehrsgemeinden frei, von sich aus Beschränkungen zu erlassen[289]. „Sie können z.B. für einen Ort eine totale Bewilligungssperre beschliessen, den Erwerb nur im Rahmen von Stockwerkeigentum und nur bis zu einer bestimmten Quote zulassen, die Anzahl Bewilligungen pro Jahr limitieren oder nur noch den Erwerb von solchen Wohnungen zulassen, die sich bereits in ausländischem Eigentum befinden[290].“

Folgende Kantone kennen einen Bewilligungsgrund für den Erwerb von Ferienwohnungen oder Wohneinheiten in Apparthotels: **Appenzell Ausserrhoden, Bern, Freiburg, Glarus, Graubünden, Jura, Luzern, Neuenburg, Nidwalden, Obwalden, St. Gallen, Schaffhausen** (nur für Wohneinhei-

---

287 EIDGENÖSSISCHES JUSTIZ- UND POLIZEIDEPARTEMENT, BUNDESAMT FÜR JUSTIZ, Erwerb von Grundstücken durch Personen im Ausland, Merkblatt, Bern 2009, S. 10.

288 EIDGENÖSSISCHES JUSTIZ- UND POLIZEIDEPARTEMENT, BUNDESAMT FÜR JUSTIZ, Erwerb von Grundstücken durch Personen im Ausland, Merkblatt, Bern 2009, S. 10.

289 EIDGENÖSSISCHES JUSTIZ- UND POLIZEIDEPARTEMENT, BUNDESAMT FÜR JUSTIZ, Erwerb von Grundstücken durch Personen im Ausland, Merkblatt, Bern 2009, S. 10.

290 Art. 13 BewG; EIDGENÖSSISCHES JUSTIZ- UND POLIZEIDEPARTEMENT, BUNDESAMT FÜR JUSTIZ, Erwerb von Grundstücken durch Personen im Ausland, Merkblatt, Bern 2009, S. 10.

ten in Apparthotels), **Schwyz, Tessin, Uri, Waadt** und **Wallis**[291].

Die Bewilligungen von Ferienwohnungen unterliegen der Auflage, wonach die ganzjährige Vermietung verboten ist[292]. Zudem muss der Erwerber stets in der Lage sein, die Wohnung für seinen Eigengebrauch bestimmungsgemäss benutzen zu können[293]. Der Hotelbetriebsinhaber hat insbesondere in der Hochsaison die Wohneinheiten der Apparthotels hotelmässig zu bewirtschaften[294]. Da diese Auflagen objektbezogen sind[295], betrifft dies auch nicht bewilligungspflichtige Personen[296]. Der Erwerb von Ferienwohnungen und Wohneinheiten in Apparthotels erfolgt auf den persönlichen Namen von natürlichen Personen; der indirekte Erwerb durch eine Gesellschaft ist ausgeschlossen[297].

Die Nettowohnfläche (dazu zählen sämtliche bewohnbare Räume wie Küche, Hausflur, Badezimmer, Toilette, geschlossenes Schwimmbad, Sauna, Hobbyraum, nicht aber Balkon, Treppenhaus, Keller und Estrich) darf $200m^2$ und

291 EIDGENÖSSISCHES JUSTIZ- UND POLIZEIDEPARTEMENT, BUNDESAMT FÜR JUSTIZ, Erwerb von Grundstücken durch Personen im Ausland, Merkblatt, Bern 2009, S. 10.

292 Art. 11 Abs. 2 lit. f BewV.

293 EIDGENÖSSISCHES JUSTIZ- UND POLIZEIDEPARTEMENT, BUNDESAMT FÜR JUSTIZ, Erwerb von Grundstücken durch Personen im Ausland, Merkblatt, Bern 2009, S. 10.

294 Art. 10 lit. b BewG.

295 Art. 7 Abs. 2 i.V.m. Art. 11 Abs. 2 lit. g BewV.

296 EIDGENÖSSISCHES JUSTIZ- UND POLIZEIDEPARTEMENT, BUNDESAMT FÜR JUSTIZ, Erwerb von Grundstücken durch Personen im Ausland, Merkblatt, Bern 2009, S. 10.

297 Art. 8 BewV; EIDGENÖSSISCHES JUSTIZ- UND POLIZEIDEPARTEMENT, BUNDESAMT FÜR JUSTIZ, Erwerb von Grundstücken durch Personen im Ausland, Merkblatt, Bern 2009, S. 10.

die Grundstücksfläche 1'000m^2 grundsätzlich nicht übersteigen[298]. Jedoch werden in der Praxis bei erfolgreichem Nachweis eines Mehrbedarfs Nettowohnflächen von bis zu 250m^2 und Grundstücksflächen von bis 1'500m^2 bewilligt, und in besonderen Ausnahmefällen sogar noch in weiterem Umfang[299].

In Fällen, in denen dem Erwerber einer Ferienwohnung oder Wohneinheit in einem Apparthotel, seinem Ehegatten, seinem eingetragenen Partner oder einem Kind unter 18 Jahren bereits eine solche Wohnung oder eine Zweitwohnung in der Schweiz gehört, wird die Bewilligung verweigert, es sei denn, diese Wohnung wird zuvor veräussert[300].

10. Betriebsstätte-Grundstücke

Der Erwerb eines Grundstücks, das als ständige Betriebsstätte eines Handels-, Fabrikations- oder eines anderen nach kaufmännischer Art geführten Gewerbes, eines Handwerksbetriebes oder eines freien Berufes dient (z.B. Lagerhalle und -platz, Büro, Einkaufscenter, Verkaufsladen, Hotel, Restaurant, Handwerkstatt, Arztpraxis), unterliegt keiner Bewilligungspflicht[301]. Dem Erwerber steht es frei, das Grundstück für die eigenen wirtschaftlichen Tätigkeiten zu gebrau-

---

298 Art. 10 Abs. 2 und 3 BewV; EIDGENÖSSISCHES JUSTIZ- UND POLIZEIDEPARTEMENT, BUNDESAMT FÜR JUSTIZ, Erwerb von Grundstücken durch Personen im Ausland, Merkblatt, Bern 2009, S. 10 f.

299 EIDGENÖSSISCHES JUSTIZ- UND POLIZEIDEPARTEMENT, BUNDESAMT FÜR JUSTIZ, Erwerb von Grundstücken durch Personen im Ausland, Merkblatt, Bern 2009, S. 11.

300 Art. 12 lit. d BewG i.V.m. Art. 11 Abs. 1 BewV.

301 Art. 2 Abs. 2 lit. a BewG; EIDGENÖSSISCHES JUSTIZ- UND POLIZEIDEPARTEMENT, BUNDESAMT FÜR JUSTIZ, Erwerb von Grundstücken durch Personen im Ausland, Merkblatt, Bern 2009, S. 5.

chen oder es an einen Dritten zu unternehmerischen Zwecken zu verpachten oder zu vermieten, das heisst, es ist durchaus legal, solche Grundstücke lediglich als Kapitalanlage zu erwerben[302]. Ferner bedarf auch der Erwerb anderer Rechte wie die Begründung eines Kaufs-, Vorkaufs- oder Rückkaufsrechts, die Finanzierung des Grundstückerwerbs oder der Erwerb eines Schuldbriefs keiner Bewilligung[303].

Zu beachten ist, dass die Erstellung, Verpachtung oder Vermietung von Wohnraum, sofern dieser nicht zu einem Hotel oder Apparthotel gehört, nicht als wirtschaftliche Tätigkeit gilt und somit keine Betriebsstätte begründet[304]. Daher ist der Erwerb eines Grundstücks zu solchen Zwecken bewilligungspflichtig und zudem grundsätzlich ausgeschlossen[305].

In Fällen, in denen Unternehmen Wohnungen benötigen (zu denken ist hierbei an Personal, dessen Anwesenheit in der Nähe der Betriebsstätte wichtig ist, wie z.B. ein Abwart oder Technikpersonal), besteht jedoch die Möglichkeit, solche Wohnungen ohne Bewilligung mitzuerwerben[306]. Ferner können auch Wohnungen, welche durch raumplanerische Wohnanteilvorschriften vorgeschrieben sind, miterworben

---

302 EIDGENÖSSISCHES JUSTIZ- UND POLIZEIDEPARTEMENT, BUNDESAMT FÜR JUSTIZ, Erwerb von Grundstücken durch Personen im Ausland, Merkblatt, Bern 2009, S. 5.

303 EIDGENÖSSISCHES JUSTIZ- UND POLIZEIDEPARTEMENT, BUNDESAMT FÜR JUSTIZ, Erwerb von Grundstücken durch Personen im Ausland, Merkblatt, Bern 2009, S. 5.

304 Art. 3 BewV.

305 EIDGENÖSSISCHES JUSTIZ- UND POLIZEIDEPARTEMENT, BUNDESAMT FÜR JUSTIZ, Erwerb von Grundstücken durch Personen im Ausland, Merkblatt, Bern 2009, S. 5.

306 EIDGENÖSSISCHES JUSTIZ- UND POLIZEIDEPARTEMENT, BUNDESAMT FÜR JUSTIZ, Erwerb von Grundstücken durch Personen im Ausland, Merkblatt, Bern 2009, S. 5.

werden[307]. In der Praxis können Wohnungen, welche vom betrieblich genutzten Teil eines Grundstücks nicht oder nur unter erschwerten und unverhältnismässigen Bedingungen abgetrennt werden können (z.B. ein Wohnhaus inmitten einer Fabrikanlage, einzelne Wohnungen auf einem Fabrik- oder mehrstöckigen Gewerbegebäude, insbesondere wenn der Zugang nur durch betrieblich genutzte Räume möglich ist), mitsamt dem Betriebsstätte-Grundstück miterworben werden[308]. Bestehen Zweifel, ob eine Bewilligungspflicht besteht, so kann eine diesbezügliche Feststellungsverfügung der kantonalen Bewilligungsbehörde eingeholt werden[309].

Der Erwerb von Landreserven im Umfang von einem Drittel, in bestimmten Fällen bis zur Hälfte der gesamten Fläche, ist ebenfalls bewilligungsfrei[310]. Konkret müssen zwei Drittel des gesamten Baulands innerhalb eines Jahres überbaut werden, während das übrige Drittel sodann als Landreserve mittelfristig ungenutzt bleiben kann[311]. Falls der ungenutzt bleibende Anteil der gesamten Fläche das besagte Drittel

---

307 Art. 2 Abs. 3 BewG; EIDGENÖSSISCHES JUSTIZ- UND POLIZEIDEPARTEMENT, BUNDESAMT FÜR JUSTIZ, Erwerb von Grundstücken durch Personen im Ausland, Merkblatt, Bern 2009, S. 5.

308 EIDGENÖSSISCHES JUSTIZ- UND POLIZEIDEPARTEMENT, BUNDESAMT FÜR JUSTIZ, Erwerb von Grundstücken durch Personen im Ausland, Merkblatt, Bern 2009, S. 5.

309 EIDGENÖSSISCHES JUSTIZ- UND POLIZEIDEPARTEMENT, BUNDESAMT FÜR JUSTIZ, Erwerb von Grundstücken durch Personen im Ausland, Merkblatt, Bern 2009, S. 5.

310 EIDGENÖSSISCHES JUSTIZ- UND POLIZEIDEPARTEMENT, BUNDESAMT FÜR JUSTIZ, Erwerb von Grundstücken durch Personen im Ausland, Merkblatt, Bern 2009, S. 5.

311 EIDGENÖSSISCHES JUSTIZ- UND POLIZEIDEPARTEMENT, BUNDESAMT FÜR JUSTIZ, Erwerb von Grundstücken durch Personen im Ausland, Merkblatt, Bern 2009, S. 5.

übersteigt, muss die kantonale Bewilligungsbehörde über die Zulässigkeit entscheiden[312].

11. Zweitwohnungsinitiative

Anlässlich einer Volksabstimmung vom 11. März 2012 wurde ein neuer Artikel betreffend Zweitwohnungen in die schweizerische Bundesverfassung aufgenommen. Neu gilt, dass der Anteil von Zweitwohnungen am Gesamtbestand der Wohneinheiten und der für Wohnzwecke genutzten Bruttogeschossfläche einer Gemeinde auf höchstens 20 Prozent beschränkt ist[313]. Die Ausführungsgesetzgebung hierzu ist noch nicht in Kraft getreten. Im Sinn einer Übergangsregelung[314] wurde am 22. August 2012 eine Verordnung über Zweitwohnungen erlassen, welche am 1. Januar 2013 in Kraft trat.

In **Gemeinden mit einem Anteil von mehr als 20 Prozent an Zweitwohnungen** dürfen Bewilligungen für den **Bau von Wohnungen** nur noch erteilt werden, wenn diese als **Erstwohnungen** genutzt werden[315] oder nicht individuell ausgestaltet sind sowie dauerhaft und ausschliesslich zur kurzzeitigen Nutzung durch Gäste zu marktüblichen Bedingungen angeboten werden[316], sofern sie im Rahmen strukturierter Beherbergungsformen bewirtschaftet werden[317] oder

---

312 EIDGENÖSSISCHES JUSTIZ- UND POLIZEIDEPARTEMENT, BUNDESAMT FÜR JUSTIZ, Erwerb von Grundstücken durch Personen im Ausland, Merkblatt, Bern 2009, S. 5.

313 Art. 75b BV.

314 Art. 9 Verordnung über Zweitwohnungen.

315 Art. 4 lit. a Verordnung über Zweitwohnungen.

316 Art. 4 lit. b Verordnung über Zweitwohnungen.

317 Art. 4 lit. b Ziff. 1 Verordnung über Zweitwohnungen.

der Eigentümer im selben Haus wohnt[318]. Als Zweitwohnungen im Kontext dieser Verordnung gelten **Wohnungen, die nicht dauernd durch Personen mit Wohnsitz in der Gemeinde**[319] oder durch **Personen zu Erwerbs- oder Ausbildungszwecken** genutzt werden[320].

12. Bundesgesetz über Zweitwohnungen

12.1 Allgemeines

Am 20. März 2015 hat das schweizerische Parlament das Bundesgesetz über Zweitwohnungen (Zweitwohnungsgesetz, ZWG) angenommen[321]. Sofern gegen das Zweitwohnungsgesetz bis zum 9. Juli 2015 kein Referendum ergriffen wird, wird das Gesetz zu einem noch zu bestimmenden Zeitpunkt in Kraft treten[322].

Das Zweitwohnungsgesetz regelt die **Zulässigkeit des Baus neuer Wohnungen** sowie der baulichen und nutzungsmässigen **Änderung bestehender Wohnungen** in **Gemeinden** mit einem **Zweitwohnungsanteil** von **über 20 Prozent**[323].

12.2 Erst- und Zweitwohnungen

Als **Erstwohnung** gilt eine Wohnung, die von mindestens einer Person genutzt wird, welche in der Gemeinde, in der

---

318 Art. 4 lit. b Ziff. 2 Verordnung über Zweitwohnungen.
319 Art. 2 lit. a Verordnung über die Zweitwohnungen.
320 Art. 2 lit. b Verordnung über die Zweitwohnungen.
321 BBl 2015, 2753 ff.
322 Art. 28 ZWG.
323 Art. 1 ZWG.

die Wohnung liegt, **niedergelassen** ist[324]. Niedergelassen ist eine Person in der Gemeinde, in welcher sie sich mit der Absicht dauernden Verbleibens aufhält, um dort, auch für Dritte erkennbar, den Mittelpunkt ihres Lebens zu begründen[325].

Erstwohnungen gleichgestellt sind Wohnungen, die zu Erwerbs- oder Ausbildungszwecken dauernd bewohnt werden[326], die von einem Privathaushalt dauernd bewohnt werden, der im gleichen Gebäude eine andere Wohnung dauernd bewohnt[327], die seit höchstens zwei Jahren leer stehen, bewohnbar sind und zur Dauermiete oder zum Kauf angeboten werden (Leerwohnungen)[328], die zu landwirtschaftlichen Zwecken genutzt werden und wegen der Höhenlage nicht ganzjährig für landwirtschaftliche Zwecke zugänglich sind[329], die durch Unternehmen zur kurzzeitigen Unterbringung von Personal genutzt werden[330], die als Dienstwohnungen für Personen, die insbesondere im Gastgewerbe, in Spitälern und in Heimen tätig sind, genutzt werden[331], oder die rechtmässig vorübergehend anders als zum Wohnen genutzt werden[332].

Als **Zweitwohnung** gelten sämtliche Wohnungen, die weder eine Erstwohnung sind noch einer Erstwohnung gleichgestellt werden[333].

---

324 Art. 2 Abs. 2 ZWG.
325 Art. 2 Abs. 2 ZWG i.V.m. Art. 3 lit. b RHG i. V. m. Art. 23 ZGB.
326 Art. 2 Abs. 3 lit. a ZWG.
327 Art. 2 Abs. 3 lit. b ZWG.
328 Art. 2 Abs. 3 lit. d ZWG.
329 Art. 2 Abs. 3 lit. 3 ZWG.
330 Art. 2 Abs. 3 lit. f ZWG.
331 Art. 2 Abs. 3 lit. g ZWG.
332 Art. 2 Abs. 3 lit. h ZWG.
333 Art. 2 Abs. 4 ZWG.

12.3 Grundsatz: Verbot neuer Zweitwohnungen in Gemeinden mit einem Zweitwohnungsanteil von über 20 Prozent

In Gemeinden, in denen der Zweitwohnungsanteil über 20 Prozent liegt, dürfen grundsätzlich keine neuen Zweitwohnungen bewilligt werden[334]. Liegt der Anteil der Zweitwohnungen unter 20 Prozent und hätte die Erteilung einer Baubewilligung zur Folge, dass die Gemeinde den Zweitwohnungsanteil von 20 Prozent überschreiten würde, darf ebenfalls keine Bewilligung erteilt werden[335].

12.4 Ausnahmen vom Verbot neuer Zweitwohnungen in Gemeinden mit einem Zweitwohnungsanteil von über 20 Prozent

12.4.1 Neue Wohnungen mit Nutzungsbeschränkung

In Gemeinden mit einem Zweitwohnungsanteil von über 20 Prozent dürfen neue Wohnungen **mit Nutzungsbeschränkung** nur bewilligt werden, wenn sie entweder als **Erstwohnung** oder als Wohnung, die einer **Erstwohnung gleichgestellt** ist[336], oder als **touristisch bewirtschaftete Wohnung,** genutzt werden[337].

Eine Wohnung gilt als touristisch bewirtschaftet, wenn sie dauerhaft zur ausschliesslich kurzzeitigen Nutzung durch Gäste zu markt- und ortsüblichen Bedingungen angeboten wird und sie entweder im selben Haus liegt, in dem der Ei-

---

[334] Art. 6 Abs. 1 ZWG.

[335] Art. 6 Abs. 1 ZWG.

[336] Art. 7 Abs. 1 lit. a ZWG. Vgl. dazu Ziff. III.12.2.

[337] Art. 7 Abs. 1 lit. b ZWG.

gentümer oder die Eigentümerin seinen Hauptwohnsitz hat (Einliegerwohnung)[338], oder nicht auf die persönlichen Bedürfnisse des Eigentümers zugeschnitten ist und im Rahmen eines strukturierten Beherbergungsbetriebs bewirtschaftet wird[339].

12.4.2 Neue Wohnungen ohne Nutzungsbeschränkung

Ohne Nutzungsbeschränkungen dürfen Wohnungen erstellt werden, wenn es sich um Wohnungen im Zusammenhang mit **strukturierten Beherbergungsbetrieben**, insbesondere Hotels und Betriebe mit einem hotelähnlichen Betriebskonzept[340], oder **Wohnungen in geschützten Bauten** handelt[341].

---

338 Art. 7 Abs. 2 lit. a ZWG.

339 Art. 7 Abs. 2 lit. b ZWG.

340 Art. 8 ZWG:

„[1] In Gemeinden mit einem Zweitwohnungsanteil von über 20 Prozent darf strukturierten Beherbergungsbetrieben die Erstellung von Wohnungen ohne Nutzungsbeschränkung [...] bewilligt werden, wenn:

a. der Betrieb nur mit dem Ertrag aus der Erstellung solcher Wohnungen wirtschaftlich geführt oder weitergeführt werden kann;
b. [...] der Eigentümer beziehungsweise [...] der Betreiber auf Verlangen den Nachweis erbringt, dass der Ertrag aus den Wohnungen in den Bau oder Betrieb der strukturierten Beherbergung investiert wird;
c. die Hauptnutzfläche dieser Wohnungen einen Anteil von 20 Prozent der gesamten Hauptnutzfläche der Zimmer und der Wohnungen nicht übersteigt;
d. die Wohnungen mit dem strukturierten Beherbergungsbetrieb eine bauliche und funktionale Einheit bilden, es sei denn, Gründe des Ortsbild- oder Denkmalschutzes stehen dem entgegen; und e. keine überwiegenden Interessen entgegenstehen.

[2] Für Wohnungen nach Absatz 1, die dauerhaft im Eigentum des strukturierten Beherbergungsbetriebs bleiben und von diesem ver-

---

mietet werden, darf die gesamte Hauptnutzfläche nach Absatz 1 Buchstabe c höchstens 33 Prozent betragen. Im Grundbuch ist eine entsprechende Veräusserungsbeschränkung anzumerken […].

3 Erstellt der Betrieb sowohl Wohnungen nach Absatz 1 wie auch solche nach Absatz 2, so wird der Höchstanteil von 33 Prozent reduziert um den Wert, der sich daraus ergibt, dass der Quotient aus der Fläche der Wohnungen nach Absatz 1 und der Summe der Flächen der Wohnungen nach den Absätzen 1 und 2 mit 13 Prozent multipliziert wird.

4 Ein strukturierter Beherbergungsbetrieb, der am 11. März 2012 schon bestanden hat, kann zu maximal 50 Prozent der Hauptnutzfläche zu Wohnungen ohne Nutzungsbeschränkung […] umgenutzt werden, wenn:

a. er eine minimale Bewirtschaftungsdauer von 25 Jahren aufweist;
b. er nicht mehr wirtschaftlich weitergeführt und auch nicht in touristisch bewirtschaftete Wohnungen umgenutzt werden kann;
c. die Tatsache, dass der betreffende Beherbergungsbetrieb nicht mehr wirtschaftlich weitergeführt werden kann, nicht durch ein Fehlverhalten […] des Eigentümers beziehungsweise […] des Betreibers verursacht worden ist; und
d. keine überwiegenden Interessen entgegenstehen.

5 Zum Nachweis, dass die Voraussetzungen nach Absatz 1 oder 4 erfüllt sind, ist ein unabhängiges Gutachten erstellen zu lassen […].".

341 Art. 9 ZWG:

„1 In Gemeinden mit einem Zweitwohnungsanteil von über 20 Prozent dürfen innerhalb der Bauzonen in geschützten oder ortsbildprägenden Bauten neue Wohnungen ohne Nutzungsbeschränkung […] bewilligt werden, wenn:

a. die Baute in ihrem Schutzwert nicht beeinträchtigt wird, insbesondere die äussere Erscheinung und die bauliche Grundstruktur des Gebäudes im Wesentlichen unverändert bleiben;
b. eine dauernde Erhaltung der Baute nicht anders sichergestellt werden kann; und
c. keine überwiegenden Interessen entgegenstehen.

2 Ausserhalb der Bauzonen beurteilt sich die Zulässigkeit von neuen Wohnungen ohne Nutzungsbeschränkungen […] nach den Bestimmungen der Raumplanungsgesetzgebung".

12.5 Altrechtliche Wohnungen

Unter einer altrechtlichen Wohnung ist eine Wohnung zu verstehen, die am 11. März 2012 rechtmässig bestand oder rechtskräftig bewilligt war[342]. Altrechtliche Wohnungen sind in der **Art der Wohnnutzung** – unter Vorbehalt bestehender oder künftiger Nutzungsbeschränkungen des kantonalen oder kommunalen Rechts – **frei**[343]. Entsprechend dürfen solche Wohnungen im Rahmen der vorbestandenen Hauptnutzfläche erneuert, umgebaut und wieder aufgebaut werden[344]. Werden hierbei zusätzliche Wohnungen geschaffen, können diese bewilligt werden, ohne dass eine Nutzungsbeschränkung auferlegt werden muss[345].

Altrechtliche Wohnungen dürfen innerhalb der Bauzonen zudem um maximal 30 Prozent der am 11. März 2012 vorbestehenden Hauptnutzfläche erweitert werden, sofern keine zusätzlichen Wohnungen geschaffen werden[346]. Ausserhalb der Bauzonen bleiben Erweiterungen im Rahmen der Vorschriften über das Bauen ausserhalb der Bauzonen zulässig[347].

---

[342] Art. 10 ZWG.
[343] Art. 11 Abs. 1 ZWG.
[344] Art. 11 Abs. 2 ZWG.
[345] Art. 11 Abs. 2 ZWG, Art. 7 Abs. 1 ZWG.
[346] Art. 11 Abs. 3 ZWG.
[347] Art. 11 Abs. 4 ZWG.

IV. Sozialversicherungs- und Vorsorgesystem

1. Übersicht

Das engmaschige Netz von Sozialversicherungen in der Schweiz bietet den hier lebenden und arbeitenden Personen und deren Angehörigen einen weitreichenden Schutz vor finanziell folgereichen Risiken. Das schweizerische Sozialversicherungssystem ist in fünf Bereiche eingeteilt:

- die Alters-, Hinterlassenen- und Invalidenvorsorge (Dreisäulenprinzip);
- der Schutz vor Folgen einer Krankheit oder eines Unfalls;
- der Erwerbsersatz für Dienstleistende und bei Mutterschaft;
- die Arbeitslosenversicherung;
- die Familienzulagen.

2. Das Dreisäulenprinzip

2.1 Erste Säule: Alters-, Hinterlassenen- und Invalidenversicherung (AHV/IV)

Die AHV ist der Grundpfeiler der schweizerischen Sozialversicherung. Sie finanziert sich vorwiegend über Arbeitgeber- und Arbeitnehmer-Beiträge[348].

Beitragspflichtig ist grundsätzlich jedermann – also auch Ausländer –, und zwar ab dem 1. Januar nach Vollendung des 17. Altersjahrs bis hin zum Erreichen des ordentlichen

348 Art. 5, Art. 12 f. und Art. 102 Abs. 1 lit. a AHVG.

Rentenalters[349]. Erwerbstätige leisten ihre Beiträge aufgrund ihres Einkommens, Nichterwerbstätige haben nach Vollendung des 20. Altersjahres[350] einen Sockelbetrag zu entrichten[351]. Die an die Erste Säule geleisteten Beiträge können vollumfänglich vom steuerbaren Einkommen abgezogen werden[352].

Begünstigt aus der AHV sind einerseits Personen, die das ordentliche Rentenalter[353] erreicht haben, und andererseits Personen, die ihren Ehegatten, einen Elternteil oder beide Eltern verloren haben[354].

Die Höhe der Rente bemisst sich nach der Höhe der einbezahlten Beträge sowie nach der Dauer, während der Einzahlungen getätigt wurden[355]. Andere, personenunabhängige Komponenten spielen bei der Berechnung ebenfalls eine Rolle. Zudem sind die Renten nach oben und nach unten hin plafoniert[356].

Ausländer, die mindestens ein Jahr in der Schweiz gearbeitet hatten und Wohnsitz im Ausland haben, kommen ebenfalls in den Genuss einer AHV-Rente.

Obligatorisch gegen Invalidität versichert ist unter anderem, wer in der Schweiz Wohnsitz hat oder in der Schweiz erwerbstätig ist[357]. Erwerbstätige sind im Umfang von 1,4%

349 Art. 3 Abs. 1 und Abs. 2 lit. a AHVG.
350 Art. 3 Abs. 1 AHVG.
351 Art. 10 AHVG.
352 Art. 33 Abs. 1 lit. d DBG.
353 Art. 21 ff. AHVG.
354 Art. 23 ff. AHVG.
355 Art. 29 und Art. 29bis AHVG.
356 Art. 34 AHVG.
357 Art. 1b IVG i.V.m. Art. 1a und Art. 2 AHVG.

ihres Einkommens beitragspflichtig[358], Nichterwerbstätige haben einen Sockelbetrag zu entrichten[359].

Wird ein IV-Versicherter invalid, bezahlt ihm die IV je nach den Umständen Eingliederungsmassnahmen[360] und/oder Geldleistungen[361]. Damit ein Anspruch entsteht, ist allerdings erforderlich, dass eine Person bei Eintritt des Versicherungsfalles mindestens drei volle Jahre Versicherungsbeiträge geleistet hat.

2.1.1 Zweite Säule: Berufliche Alters-, Hinterlassenen- und Invalidenvorsorge (BVG)

Die Zweite Säule stellt die berufliche Vorsorge (BVG) dar und deckt einerseits als Versicherung die Risiken von Tod und Invalidität ab und ermöglicht andererseits das Vorsorgesparen[362]. Die berufliche Vorsorge ist in der Schweiz für Arbeitnehmer mit einem Jahreseinkommen von über CHF 21'150 im Jahr obligatorisch[363]. Der obligatorisch maximal zu versichernde Verdienst, der sog. obere Grenzlohn, beträgt CHF 84'600 im Jahr[364].

Der Arbeitnehmer ist über die Pensionskasse seines Arbeitgebers oder einer Sammelstiftung, welcher der Arbeitgeber angeschlossen ist, versichert[365]. Deren Bedingungen unterscheiden sich je nach Institution erheblich.

358 Art. 3 Abs. 1 IVG.
359 Art. 3 Abs. 1bis IVG.
360 Art. 8 ff. IVG und Art. 4quater ff. IVV.
361 Art. 22 ff. IVG und Art. 17 ff. IVV.
362 Art. 1 BVG.
363 Art. 2 Abs. 1 und Art. 7 BVG i.V.m. Art. 5 BVV 2.
364 Art. 8 Abs. 1 BVG i.V.m. Art. 5 BVV 2.
365 Art. 11 BVG.

Der Arbeitgeber hat mindestens 50% des nach dem konkreten Pensionskassenreglement geschuldeten Beitrages zu entrichten[366]. Als Lohnnebenleistung ist es aber nicht unüblich, dass der Arbeitgeber höhere Beiträge entrichtet.

Die an die Zweite Säule geleisteten Beiträge können vollumfänglich vom steuerbaren Einkommen abgezogen werden[367].

Das angesparte Kapital ist für die berufliche Vorsorge gebunden. Vor dem Eintritt ins Rentenalter gibt es nur wenige Gründe, um sich das BVG-Kapital auszahlen lassen zu können, beispielsweise wenn ein Versicherter endgültig die Schweiz verlässt[368], wenn er eine selbständige Erwerbstätigkeit aufnimmt[369] oder wenn die Austrittsleistung weniger als ein Jahresbeitrag beträgt[370]. In diesen Fällen ist eine Barauszahlung zulässig.

Unter gewissen Voraussetzungen besteht auch die Möglichkeit, für den Erwerb von Wohneigentum zum eigenen Bedarf Gelder aus der Pensionskasse vorzubeziehen[371].

Nach dem Eintritt ins Rentenalter erhalten die der beruflichen Vorsorge unterstehenden Personen eine monatliche Rente[372]. Deren Höhe ist abhängig von der Höhe des angesparten Betrages auf dem individuell geführten Beitragskonto und hängt somit von der Einzahlungsdauer und der Höhe des Einkommens während der Erwerbstätigkeit ab[373]. In

366 Art. 66 Abs. 1 BVG.
367 Art. 81 Abs. 2 BVG.
368 Art. 5 Abs. 1 lit. a FZG.
369 Art. 5 Abs. 1 lit. b FZG.
370 Art. 5 Abs. 1 lit. c FZG.
371 Art. 30c BVG.
372 Art. 38 BVG.
373 Vgl. Art. 14 f. BVG.

bestimmten Fällen ist auch eine einmalige Kapitalleistung anstelle der monatlichen Rente möglich[374].

Ausländer, die vor dem Pensionierungsalter aufhören, in der Schweiz zu arbeiten, sind nicht mehr einer Pensionskasse angeschlossen. Sofern keine Mitteilung an die Pensionskasse stattfindet, wird das gesamte Alterskapital nach frühestens sechs Monaten und nach spätestens zwei Jahren auf ein Freizügigkeitskonto der „Stiftung Auffangeinrichtung BVG" überwiesen. Als Alternative bietet sich die Eröffnung eines Freizügigkeitskontos an mit einer entsprechenden Mitteilung an die Pensionskasse.

Tritt ein Todesfall oder ein Fall von Invalidität ein, richtet die Pensionskasse bereits vor Eintritt des Rentenalters im Rahmen des geltenden Reglements Zahlungen aus[375].

2.1.2 Dritte Säule: Selbstvorsorge

Die Dritte Säule wird unterteilt in:

- gebundene Selbstvorsorge (Säule 3a),
- freie Selbstvorsorge (Säule 3b).

Mit Blick auf den Sinn und Zweck des Dreisäulenprinzips ist vor allem die steuerlich privilegierte gebundene Selbstvorsorge relevant. Arbeitnehmer und selbständig Erwerbende, die einer BVG-Einrichtung angeschlossen sind, können momentan (d.h. im Jahr 2015) jährlich ihre Beiträge in der Höhe von maximal CHF 6'768 von den Steuern abziehen[376].

---

374 Art. 37 BVG.

375 Art. 18 ff. und Art. 23 ff. BVG.

376 Art. 7 Abs. 1 Bst. a BVV 3; EIDGENÖSSISCHES DEPARTEMENT DES INNERN, BUNDESAMT FÜR SOZIALVERSICHERUNGEN, Gebundene Selbst-

Für Arbeitnehmer und selbständig Erwerbende ohne Anschluss an eine Pensionskasse beträgt die abziehbare Summe momentan bis 20 % vom Einkommen[377], maximal aber CHF 33'840[378].

Die an die Säule 3a geleisteten Beiträge können im Rahmen dieser Maximalbeiträge vom steuerbaren Einkommen abgezogen werden[379].

Eine Auflösung der Konten der Säule 3a ist nur möglich, wenn ein gesetzlich vorgesehener Fall eintritt, beispielsweise Erreichen des 60. Altersjahres[380], Aufnahme einer selbständigen Erwerbstätigkeit[381], endgültiges Verlassen der Schweiz[382], Erwerb oder Erstellung von Wohneigentum zum Eigenbedarf[383], Eintritt von Invalidität[384] oder Tod.

---

vorsorge (Säule 3a), abrufbar unter http://www.bsv.admin.ch/themen/vorsorge/00039/00419/index.html?lang=de (zuletzt abgerufen im März 2015).

377 Art. 7 Abs. 1 lit. b BVV 3.

378 Eidgenössisches Departement des Innern, Bundesamt für Sozialversicherungen, Gebundene Selbstvorsorge (Säule 3a), abrufbar unter http://www.bsv.admin.ch/themen/vorsorge/00039/00419/index.html?lang=de (zuletzt abgerufen im März 2015).

379 Eidgenössisches Departement des Innern, Bundesamt für Sozialversicherungen, Gebundene Selbstvorsorge (Säule 3a), abrufbar unter http://www.bsv.admin.ch/themen/vorsorge/00039/00419/index.html?lang=de (zuletzt abgerufen im März 2015).

380 Art. 3 Abs. 1 BVV 3.

381 Art. 3 Abs. 2 lit. c BVV 3 i.V.m. Art. 5 Abs. 1 lit. b FZG.

382 Art. 3 Abs. 2 lit. d BVV 3 i.V.m. Art. 5 Abs. 1 lit. a FZG.

383 Art. 3 Abs. 3 lit. a BVV 3.

384 Art. 3 Abs. 2 lit. a BVV 3.

3. Kranken- und Unfallversicherung

Das schweizerische Krankenversicherungsgesetz sieht ein Krankenversicherungsobligatorium vor[385]. Dieses gilt für alle Personen mit Wohnsitz in der Schweiz[386] oder mit Aufenthalt von mehr als drei Monaten in der Schweiz. Eine Anmeldung bei einer schweizerischen Krankenkasse hat innert dreier Monate nach Wohnsitznahme oder Geburt zu erfolgen[387].

Die Versicherungsdeckung umfasst einen Grundkatalog von krankheitsbedingten medizinischen Massnahmen[388]. Bei Spitalaufenthalten wird in der Regel nur der Aufenthalt in der sog. „allgemeinen Abteilung" der Klinik im Wohnkanton übernommen[389]. Je nach Versicherungsmodell ist keine beliebige Arztwahl möglich. Einen erweiterten Leistungskatalog sowie die Möglichkeit von Aufenthalten in privaten Klinik-Abteilungen sowie die Betreuung durch selbst gewählte Ärzte wird durch den Abschluss einer privaten Zusatzversicherung[390] möglich.

Arbeitnehmer müssen vom Arbeitgeber zusätzlich obligatorisch gegen Unfall versichert werden[391]. Selbständig Erwerbende können auf freiwilliger Basis eine solche Versicherung abschliessen[392]. Gedeckt sind medizinische Massnahmen und Spitalaufenthalte in der Folge von Berufsunfällen,

---

385 Art. 3 Abs. 1 KVG.

386 Art. 3 Abs. 1 KVG.

387 Art. 3 Abs. 1 KVG.

388 Art. 24 ff. KVG.

389 Art. 25 Abs. 2 lit. e i.V.m. Art. 41 Abs. 1bis KVG.

390 Art. 12 Abs. 2 KVG.

391 Vgl. Art. 1a und Art. 91 UVG.

392 Art. 4 Abs. 1 UVG.

Nichtberufsunfällen und Berufskrankheiten[393]. Geleistet werden zusätzlich Taggelder in beschränktem Umfang sowie allenfalls Invaliditäts- oder Hinterlassenenrenten[394]. Nicht versichert gegen Unfall sind nicht erwerbstätige Personen wie Hausfrauen, Studierende, Kinder und Rentner. Diese Personen müssen sich im Rahmen der obligatorischen Krankenversicherung gegen Unfälle versichern[395].

4. Arbeitslosenversicherung (ALV)

Die ALV ist eine obligatorische Versicherung[396]. Versicherungspflichtig sind mit wenigen Ausnahmen alle Arbeitnehmerinnen und Arbeitnehmer[397]. Selbständig Erwerbende sind nicht versichert[398]. Auf dem Erwerbseinkommen bis zu CHF 126'000 pro Jahr wird ein Betrag von 2,2% erhoben[399], für Lohnteile über CHF 126'000 pro Jahr 1%[400].

Versichert sind in der Schweiz wohnhafte Personen, die in den letzten zwei Jahren (Rahmenfrist) vor der Erstanmeldung zur Arbeitslosigkeit mindestens zwölf Monate (Beitragszeit) Beiträge an die ALV entrichtet haben[401]. Unter

---

393 Art. 6 ff. i.V.m. Art. 10 ff. UVG.

394 Art. 16 f., Art. 18 ff. und Art. 28 ff. UVG.

395 Art. 1a Abs. 2 lit. b i.V.m. Art. 28 KVG.

396 Bundesgesetz vom 25. Juni 1982 über die obligatorische Arbeitslosenversicherung und die Insolvenzentschädigung (AVIG), SR 837.0.

397 Art. 2 AVIG.

398 Art. 2 AVIG e contrario.

399 Art. 3 Abs. 2 und Art. 23 AVIG i.V.m. Art. 22 UVV.

400 Eidgenössisches Departement des Innern, Bundesamt für Sozialversicherungen, Beiträge an die AHV, die IV, die EO und die ALV, abrufbar unter http://www.bsv.admin.ch/praxis/02504/?lang=de #sprungmarke0_1 (zuletzt abgerufen im März 2015).

401 Art. 8 Abs. 1 lit. c und e i.V.m. Art. 9 i.V.m. Art. 13 AVIG.

gewissen Umständen sieht das Gesetz eine Befreiung von der Beitragszeit vor[402]. Nicht-Erwerbstätige und selbständig Erwerbende sind der ALV nicht angeschlossen[403]. Sie haben weder Beiträge zu entrichten noch haben sie in der Regel einen Anspruch auf Leistungen.

Bei Eintritt von Arbeitslosigkeit werden dem Versicherungsnehmer 70-80% seines bisherigen Monatslohns[404] (als maximal versicherter Verdienst pro Monat wird der Betrag von CHF 10'500 betrachtet[405]) ausbezahlt. Die Dauer, während der das Arbeitslosengeld ausbezahlt wird, variiert – je nach den konkreten Umständen – zwischen 260 und 520 Arbeitstagen[406].

Eine Arbeitslosenentschädigung wird nur ausgerichtet, sofern der Arbeitslose sich beim Arbeitsamt seiner Wohngemeinde meldet[407]. Ab wann eine Entschädigung ausbezahlt wird, ist von den konkreten Umständen abhängig[408]. Wer Arbeitslosengeld bezieht, ist verpflichtet, sich gemäss den Instruktionen des Arbeitsamtes um eine neue Stelle zu bemühen[409]. Grundsätzlich ist jede Arbeit anzunehmen, die zumutbar ist[410].

---

402 Art. 14 AVIG.

403 Art. 2 AVIG e contrario.

404 Art. 22 AVIG.

405 Art. 23 AVIG i.V.m. Art. 22 UVV.

406 Art. 27 AVIG.

407 Art. 17 Abs. 2 AVIG.

408 Art. 18 AVIG; wobei gemäss Abs. 1 der genannten Bestimmung grundsätzlich eine Wartezeit von fünf Tagen besteht.

409 Art. 17 Abs. 1 AVIG.

410 Art. 16 f. AVIG.

V. Eherecht

1. Eheschliessung

1.1 Internationale Verhältnisse

1.1.1 Zuständigkeit

Hat einer der Eheleute das Schweizer Bürgerrecht oder Wohnsitz in der Schweiz, sind die schweizerischen Behörden für die Eheschliessung zuständig[411].

1.1.2 Anwendbares Recht

Sind die schweizerischen Behörden für die Eheschliessung zuständig, kommen die Bestimmungen des schweizerischen Rechts zur Anwendung[412].

1.1.3 Eheschliessung im Ausland

Eine im Ausland gültig geschlossene Ehe wird in der Schweiz anerkannt[413].

1.2 Schweizerische Rechtslage

1.2.1 Trauung

Vor der eigentlichen Trauung findet ein Vorbereitungsverfahren statt[414]. Danach können sich die Verlobten im Trau-

---

411 Vgl. Art. 43 Abs. 1 IPRG.
412 Vgl. Art. 44 Abs. 1 IPRG.
413 Art. 45 Abs. 1 IPRG.
414 Art. 98 ff. ZGB.

ungslokal des Zivilstandskreises ihrer Wahl trauen lassen[415]. Bei der Trauung müssen zwei mündige und urteilsfähige Zeugen anwesend sein[416].

1.2.2 Eheungültigkeit

Die Ehe kann unbefristet oder befristet ungültig sein. Ein unbefristeter Ungültigkeitsgrund liegt vor, wenn einer der Ehegatten bereits verheiratet ist und die frühere Ehe nicht durch Scheidung oder Tod des Partners aufgelöst worden ist, bei Urteilsunfähigkeit eines der Ehegatten, bei Verwandtschaft unter den Ehegatten sowie bei einer Eheschliessung zur Umgehung der Bestimmungen über Zulassung und Aufenthalt von Ausländern[417]. Ein befristeter Ungültigkeitsgrund liegt unter anderem vor, wenn einer der Ehegatten bei der Trauung aus einem vorübergehenden Grund nicht urteilsfähig war, sich irrtümlich hat trauen lassen oder bedroht wurde[418]. Die Ungültigkeit der Ehe wird erst wirksam, wenn das Gericht diese auf erhobene Klage hin für ungültig erklärt hat[419].

[415] Art. 101 Abs. 1 ZGB.
[416] Art. 102 Abs. 1 ZGB.
[417] Vgl. Art. 105 ZGB.
[418] Vgl. Art. 107 ZGB.
[419] Art. 109 Abs. 1 ZGB. Zur Klagelegitimation siehe Art. 106 und Art. 107 f. ZGB.

2. Wirkungen der Ehe im Allgemeinen

2.1 Internationale Verhältnisse

2.1.1 Zuständigkeit

Die schweizerischen Gerichte oder Behörden am Wohnsitz oder, wenn ein solcher fehlt, diejenigen am gewöhnlichen Aufenthalt eines der Ehegatten sind zuständig für Klagen oder Massnahmen betreffend die ehelichen Rechte und Pflichten[420].

2.1.2 Anwendbares Recht

Haben die Ehegatten Wohnsitz in der Schweiz, so unterstehen die ehelichen Rechte und Pflichten dem schweizerischen Recht[421].

Wenn nicht beide Ehegatten ihren Wohnsitz in der Schweiz haben, so unterstehen die ehelichen Rechte und Pflichten dem Recht des Wohnsitzstaates, mit dem der Sachverhalt in engerem Zusammenhang steht[422].

Für die Unterhaltspflicht zwischen Ehegatten gilt das Haager Übereinkommen vom 2. Oktober 1973 über das auf die Unterhaltspflichten anzuwendende Recht[423].

420 Art. 46 Abs. 1 IPRG.
421 Vgl. Art. 48 Abs. 1 IPRG.
422 Vgl. Art. 48 Abs. 2 IPRG.
423 Art. 49 IPRG.

2.2 Schweizerische Rechtslage

2.2.1 Eheliche Gemeinschaft

Sind die Ehegatten getraut, bilden sie eine eheliche Gemeinschaft. Dadurch verpflichten sie sich, das Wohl der Gemeinschaft in einträchtigem Zusammenwirken zu wahren und gemeinsam für die Kinder zu sorgen. Zudem schulden sie einander Treue und Beistand[424].

2.2.2 Familienname

Als Grundsatz gilt, dass jeder Ehegatte seinen Namen behält[425]. Allerdings können die Brautleute gegenüber dem Zivilstandsbeamten erklären, dass sie den Ledignamen der Braut oder des Bräutigams als gemeinsamen Familiennamen tragen wollen[426]. Behalten die Brautleute ihren Namen, bestimmen sie, welchen ihrer Ledignamen ihre Kinder tragen sollen[427].

2.2.3 Unterhalt der Familie

Für den gebührenden Unterhalt der Familie kommen beide Ehegatten gemeinsam auf, ein jeder nach seinen Kräften[428]. Der jeweilige Beitrag kann durch Geldzahlungen, Besorgen des Haushaltes, Betreuen der Kinder oder durch Mithilfe im Beruf oder Gewerbe des andern erfolgen[429]. Der Ehegatte,

---

[424] Vgl. dazu Art. 159 ZGB.
[425] Art. 160 Abs. 1 ZGB.
[426] Art. 160 Abs. 2 ZGB.
[427] Art. 160 Abs. 3 ZGB.
[428] Art. 163 Abs. 1 ZGB.
[429] Vgl. dazu Art. 163 Abs. 2 ZGB.

der den Haushalt besorgt, die Kinder betreut oder dem andern im Beruf oder Gewerbe hilft, hat Anspruch auf einen regelmässigen und angemessenen Betrag zur freien Verfügung[430].

2.2.4 Auskunftspflicht

Die Ehegatten haben gegenseitig Anspruch auf Auskunftserteilung über Einkommen, Vermögen und Schulden[431].

2.2.5 Schutz der ehelichen Gemeinschaft

Ein Ehegatte allein oder beide gemeinsam können das Gericht anrufen und um Vermittlung ersuchen, wenn der eine Ehegatte seine Pflichten gegenüber der Familie nicht erfüllt oder sie sich in einer wichtigen Angelegenheit nicht einigen können[432]. Das Gericht kann die Ehegatten nötigenfalls an eine Ehe- oder Familienberatungsstelle verweisen[433].

Das Gericht kann unter anderem auf Begehren eines Ehegatten die Geldbeiträge an den Familienunterhalt festsetzen[434]. Ist ein Zusammenleben nicht mehr zumutbar, weil die Persönlichkeit oder die wirtschaftliche Sicherheit eines der Ehegatten oder das Wohl der Familie dadurch gefährdet ist, so ist ein Ehegatte berechtigt, den gemeinsamen Haushalt für eine bestimmte Zeit aufzuheben[435]. Diesfalls setzt das Gericht die Geldbeiträge fest, die der eine Ehegatte dem anderen schuldet, regelt die Benützung der Wohnung und des

430 Art. 164 ZGB.
431 Art. 170 ZGB.
432 Art. 172 Abs. 1 ZGB.
433 Art. 172 Abs. 2 ZGB.
434 Art. 173 Abs. 1 ZGB.
435 Art. 175 ZGB.

Hausrates und ordnet notfalls die Gütertrennung an[436]. Haben die Ehegatten noch unmündige Kinder, so trifft es die nötigen Massnahmen, wie insbesondere die Regelung des persönlichen Verkehrs des nicht obhutsberechtigten Ehegatten[437].

3. Ehegüterrecht

3.1 Einleitung

Das Güterrecht regelt die vermögensrechtlichen Aspekte einer Ehe. So bestimmt es, wem während und bei Auflösung der Ehe welche Vermögenswerte gehören, wie allfällige Vermögenszuwachse zwischen den Ehegatten und ihren Vermögensmassen aufzuteilen sind, wie sie ihre gegenseitigen Schulden zu tilgen haben und wie die bei Auflösung der Ehe vorhandenen Vermögensobjekte zuzuweisen sind.

3.2 Internationale Verhältnisse

3.2.1 Zuständigkeit

Für Klagen und Massnahmen betreffend die güterrechtlichen Verhältnisse der Ehegatten sind allgemein zuständig:

- für die güterrechtliche Auseinandersetzung im Falle des Todes eines Ehegatten die schweizerischen Gerichte oder Behörden, die für die erbrechtliche Auseinandersetzung zuständig sind;

---

436 Art. 176 Abs. 1 ZGB.

437 Vgl. Art. 176 Abs. 3 und Art. 273 ZGB.

- für die güterrechtliche Auseinandersetzung im Falle einer gerichtlichen Auflösung oder Trennung der Ehe die schweizerischen Gerichte, die hierfür zuständig sind;
- in den übrigen Fällen die schweizerischen Gerichte oder Behörden, die für Klagen oder Massnahmen betreffend die Wirkungen der Ehe zuständig sind.[438]

3.2.2 Anwendbares Recht

Die Ehegatten haben die Möglichkeit, selber zu bestimmen, welches Recht auf ihre güterrechtlichen Verhältnisse anwendbar sein soll. Dabei können sie zwischen dem Recht ihres Wohnsitzstaates und dem Recht eines ihrer Heimatstaaten wählen[439].

Für den Fall, dass die Ehegatten kein Recht gewählt haben, kommt das Rechts jenes Staates zur Anwendung, in dem beide Ehegatten ihren Wohnsitz haben, oder, bei Fehlen eines gemeinsamen Wohnsitzes, das Recht des Staates ihres letzten gemeinsamen Wohnsitzes[440]. Für den Fall, dass die Ehegatten nie gleichzeitig Wohnsitz im gleichen Staat hatten, ist das Recht ihres gemeinsamen Heimatstaates anwendbar[441]. Fehlt auch ein gemeinsamer Heimatstaat, kommt schliesslich das schweizerische Recht zur Anwendung und es gilt die Gütertrennung[442].

---

438 Art. 51 IPRG.
439 Art. 52 IPRG.
440 Art. 54 Abs. 1 IPRG.
441 Art. 54 Abs. 2 IPRG.
442 Art. 54 Abs. 3 IPRG.

3.3 Schweizerische Rechtslage[443]

3.3.1 Ordentlicher Güterstand der Errungenschaftsbeteiligung

3.3.1.1 Allgemeines

Nach schweizerischem Recht ist die sogenannte Errungenschaftsbeteiligung der ordentliche Güterstand. Der Güterstand der Errungenschaft gilt immer dann, wenn die Ehegatten nicht durch einen Ehevertrag den Güterstand der Gütergemeinschaft[444] oder der Gütertrennung[445] vereinbart haben oder der ausserordentliche Güterstand eingetreten ist[446].

Beim Güterstand der Errungenschaftsbeteiligung sind vier Vermögensmassen vorhanden, nämlich die **Errungenschaft** sowie das **Eigengut** *jedes* Ehegatten[447]. Jeder Ehegatte kann während der Ehe seine Errungenschaft und sein Eigengut selber nutzen, verwalten und, im Grundsatz, darüber auch nach Belieben verfügen[448]. Die Unterscheidung zwischen den verschiedenen Vermögensmassen ist deshalb in erster Linie bei der güterrechtlichen Auseinandersetzung relevant.

---

443 Nachfolgende Ausführungen folgen im wesentlichen ARTER, OLIVER: Der Ehevertrag – Gestaltungsmittel für Unternehmer, Der Schweizer Treuhänder 12/2008, S. 1034 ff.

444 Vgl. dazu hinten Ziff. V.3.3.2.

445 Vgl. dazu hinten Ziff. V.3.3.3.

446 Vgl. dazu Art. 181 ZGB.

447 Art. 196 ZGB.

448 Art. 201 ZGB; WISSMANN, KURT: Das neue Ehegüterrecht: Vom altrechtlichen zum neurechtlichen Ehevertrag, ZBGR 1986, S. 321, 332.

3.3.1.2 Errungenschaft

Die Errungenschaft jedes Ehegatten setzt sich aus Vermögenswerten zusammen, die dieser während der Dauer des Güterstandes entgeltlich[449] erwirbt[450]. Dazu gehört insbesondere der **Arbeitserwerb**, die Leistungen von Personalfürsorgeeinrichtungen, Sozialversicherungen und Sozialfürsorgeeinrichtungen, die Entschädigungen wegen Arbeitsunfähigkeit, die **Erträge seines Eigengutes** und **seiner Errungenschaft**[451] sowie Ersatzanschaffungen für Errungenschaft[452]. Zur Errungenschaft gehören zudem[453] Geldbeträge im Rahmen des ehelichen Unterhaltes[454], Beträge zur freien Verfügung an den Ehegatten, welcher den Haushalt besorgt, die Kinder betreut oder dem anderen Ehegatten im Beruf oder Gewerbe hilft[455], Entschädigungen an einen Ehegatten für ausserordentliche Mitarbeit im Beruf oder Gewerbe des anderen[456] sowie Entschädigungen, die geschuldet sind, wenn ein Ehegatte aus seinem Einkommen oder Vermögen bedeutend mehr an den Familienunterhalt beigetragen hat, als er

449 Darunter fallen insbesondere Rechtsgeschäfte mit Gegenseitigkeitscharakter. Nicht darunter fallen hingegen Schenkungen, da bei diesen kein Austauschverhältnis vorliegt.

450 Art. 197 Abs. 1 ZGB.

451 Vgl. dazu HONSELL, HEINRICH/VOGT, NEDIM PETER/GEISER, THOMAS (Hrsg.) (BasK-BEARBEITER): Basler Kommentar zum Schweizerischen Privatrecht, Zivilgesetzbuch I (Art. 1-456 ZGB), Basel/Genf/München 2010, BasK-HAUSHEER/AEBI-MÜLLER, N 42 zu Art. 197 ZGB.

452 Art. 197 Abs. 2 ZGB.

453 Auch wenn dies im Gesetz nicht erwähnt wird.

454 Art. 163, Art. 173 und Art. 176 ZGB.

455 Art. 164 Abs. 1 ZGB.

456 Art. 165 Abs. 1 ZGB.

verpflichtet war[457], und schliesslich Unterhaltsleistungen Dritter[458].

Ganz allgemein gilt, dass alle Vermögenswerte, die gemäss Gesetz nicht Eigengut darstellen, in die Errungenschaft fallen.

3.3.1.3 Eigengut

Zum Eigengut jedes Ehegatten gehören Gegenstände, die diesem ausschliesslich zum **persönlichen Gebrauch**[459] dienen, Vermögenswerte, die er **bereits zu Beginn des Güterstandes besitzt oder später erbt oder die ihm sonst wie unentgeltlich zufallen**, Genugtuungsansprüche sowie Ersatzanschaffungen für Eigengut[460].

Vermögenswerte der Errungenschaft, die der Ausübung eines Berufes oder dem Betrieb eines Gewerbes dienen, können durch Ehevertrag zu Eigengut eines Ehegatten erklärt werden[461]. Bezweckt wird damit der Ausschluss der Vorschlagsbeteiligung auf unternehmerisch investiertem Kapital[462]. Zu Eigengut erklärt werden kann sowohl gegenwärtige als auch künftige Errungenschaft[463]. Voraussetzung ist in jedem Fall, dass es sich um Vermögenswerte handelt, die sich zur Aus-

---

457 Art. 165 Abs. 2 ZGB.

458 Art. 276 Abs. 1 ZGB i.V.m. Art. 277 ZGB, Art. 319 Abs. 1 ZGB und Art. 323 Abs. 2 ZGB.

459 Unerheblich ist, ob diese Gegenstände erst während der Ehe entgeltlich erworben worden sind.

460 Art. 198 ZGB.

461 Art. 199 Abs. 1 ZGB.

462 BasK-HAUSHEER/AEBI-MÜLLER (Fn 451), N 2 zu Art. 199 ZGB.

463 HAUSHEER, HEINZ/REUSSER, RUTH/GEISER, THOMAS (BK-HAUSHEER/REUSSER/GEISER): Berner Kommentar, Das Eherecht, 3. Teilband (Art. 196-220 ZGB), Bern 1992, N 7 zu Art. 199 ZGB.

übung eines Berufes oder zum Betrieb eines Gewerbes eignen[464]. Es können auch ganze Unternehmen dem Eigengut zugewiesen werden[465]. Voraussetzung ist aber stets, dass es sich um Kapital für die wirtschaftliche Tätigkeit des einen Ehegatten handelt und nicht um solches, welches der reinen Vermögensverwaltung dient[466]. Nicht unter diese Bestimmung fällt die eigene Arbeitsentschädigung des wirtschaftlich tätigen Ehegatten, welche in der Errungenschaft zu verbleiben hat[467].

Im Übrigen können die Ehegatten ebenfalls durch Ehevertrag vereinbaren, dass Erträge aus dem Eigengut[468] nicht in die Errungenschaft fallen[469]. Diese Gestaltungsoption steht für sämtliche Vermögenserträge offen, kann aber auch nur für einen Teil davon, beispielsweise für Erträge einer bestimmten zeitlichen Periode, für bestimmte Sachen oder Vermögenswerte oder in summenmässiger Beschränkung, vorgesehen werden[470]. Bei unternehmerischer Tätigkeit gilt: Zum Eigengut erklärt werden kann wohl der Unternehmensertrag, nicht aber das, was als angemessene Entschädigung für die unternehmerische Tätigkeit zu qualifizieren ist[471].

---

[464] BK-Hausheer/Reusser/Geiser (Fn 463), N 6 zu Art. 199 ZGB.
[465] BK-Hausheer/Reusser/Geiser (Fn 463), N 6 zu Art. 199 ZGB.
[466] BasK-Hausheer/Aebi-Müller (Fn 451), N 10 zu Art. 199 ZGB.
[467] BasK-Hausheer/Aebi-Müller (Fn 451), N 13 zu Art. 199 ZGB; BK-Hausheer/Reusser/Geiser (Fn 463), N 23 zu Art. 199 ZGB.
[468] Vgl. Art. 197 Abs. 2 Ziff. 4 ZGB.
[469] Art. 199 Abs. 2 ZGB.
[470] BasK-Hausheer/Aebi-Müller (Fn 451), N 12 ff. zu Art. 199 ZGB.
[471] BGE 131 III 559 ff. Vgl. dazu auch Ziff. V.3.3.1.4.2.3.

3.3.1.4 Errungenschaft und Eigengut bei unternehmerischer Tätigkeit

3.3.1.4.1 *Lohn, Unternehmensgewinn und Kapitalertrag*

Zum Arbeitserwerb gehören Einkünfte sowohl aus selbständiger als auch aus unselbständiger Erwerbstätigkeit. Der Arbeitserwerb fällt – wie gezeigt – in die Errungenschaft[472]. Dasselbe gilt für den Arbeitserwerb, der aus der unternehmerischen Tätigkeit eines Ehegatten resultiert. Zu diesem zu zählen ist sämtliches Entgelt aus der beruflichen Tätigkeit wie zum Beispiel die Einkünfte als Lohn, Provisionen oder allfällige weitere Lohnbestandteile[473]. Im Übrigen fällt auch der Unternehmensgewinn als Arbeitserwerb in die Errungenschaft des Ehegatten, soweit er auf unternehmerische Tätigkeit zurückzuführen ist[474]. Auch wenn die Entschädigung im Unternehmen investiert bleibt und damit ein Zuwachs des Wertes des Geschäftsvermögens einhergeht, fällt sie in die Errungenschaft des Ehegatten[475]. Der auf Kapitalertrag zurückzuführende Geschäftsgewinn gehört als Ertrag des Eigengutes[476] oder der Errungenschaft ebenfalls zur Errungenschaft[477]. Erfolgt die Geldleistung ausschliesslich für die Hingabe von Kapital, so handelt es sich um auf Kapitalertrag zurückzuführenden Geschäftsgewinn; ist die Geldleistung

---

472 Art. 197 Abs. 2 Ziff. 1 ZGB.

473 HAUSHEER, HEINZ/GEISER, THOMAS/AEBI-MÜLLER, REGINA E.: Das Familienrecht des Schweizerischen Zivilgesetzbuches, Bern 2010, N 12.12; BasK-HAUSHEER/AEBI-MÜLLER (Fn 451), N 14 zu Art. 197 ZGB.

474 BK-HAUSHEER/REUSSER/GEISER (Fn 463), N 36 zu Art. 197 ZGB.

475 HAUSHEER/GEISER/AEBI-MÜLLER (Fn 473), N 12.14.

476 Art. 197 Abs. 2 Ziff. 4 ZGB.

477 BK-HAUSHEER/REUSSER/GEISER (Fn 463), N 36 zu Art. 197 ZGB.

hingegen mit einer wirtschaftlichen Tätigkeit verbunden, so handelt es sich um Unternehmensgewinn[478].

3.3.1.4.2 *Wertsteigerungen als Kapitalgewinn*

3.3.1.4.2.1 Mehrwert

Ein Ehegatte kann Arbeit und Kapital in sein Unternehmen investieren, welche zu einer Wertsteigerung führen können. Der so erzielte Mehrwert stellt nicht Vermögensertrag dar, sondern Kapitalgewinn. Dieser kann entweder durch persönlichen Arbeitseinsatz eines Ehegatten geschaffen werden oder aber auf marktbedingten Wertschwankungen beruhen[479]. Wenn das in das Unternehmen investierte Kapital aus dem Eigengut[480] stammt, muss zwischen dem sog. konjunkturellen und dem industriellen Mehrwert unterschieden werden.

3.3.1.4.2.2 Konjunktureller Mehrwert

Resultiert der Mehrwert eines Unternehmens aufgrund von Angebot und Nachfrage und somit „ohne jedes Zutun" des unternehmerisch tätigen Ehegatten, so handelt es sich dabei um konjunkturellen Mehrwert[481]. Hierzu zu zählen sind Wertschwankungen von Wertschriften, die einem Unternehmen gehören, aber nicht der unternehmerischen Tätigkeit dienen[482] und im Rahmen derselben auch nicht besonders

---

478 BK-HAUSHEER/REUSSER/GEISER (Fn 463), N 36 zu Art. 197 ZGB.

479 BK-HAUSHEER/REUSSER/GEISER (Fn 463), N 37 zu Art. 197 ZGB.

480 Stammt das Kapital hingegen aus der Errungenschaft, so fällt auch der Wertzuwachs in die Errungenschaft.

481 HAUSHEER/GEISER/AEBI-MÜLLER (Fn 473), N 12.13.

482 HAUSHEER/GEISER/AEBI-MÜLLER (Fn 473), N 12.13.

bewirtschaftet werden[483]. Um einen konjunkturellen Mehrwert handelt es sich sodann bei einem marktbedingten Wertzuwachs einer Geschäftsliegenschaft[484]. Schliesslich gehört auch sämtlicher Zuwachs darunter, der im Rahmen der gewöhnlichen oder ordentlichen Verwaltung bei der unternehmerischen Tätigkeit eines Ehegatten entstanden ist[485].

Mit anderen Worten handelt es sich dann um konjunkturellen Mehrwert, wenn dieser resultiert, ohne dass der Ehegatte aktiv in seinem Unternehmen tätig gewesen ist und somit mit seinem Arbeitseinsatz massgeblich zum Erfolg des Unternehmens beigetragen hat; seine Tätigkeit hat sich auf blosse Vermögensverwaltung zu beschränken[486]. In diesem Fall verbleibt der konjunkturelle Mehrwert in derjenigen Gütermasse, welcher er zuzurechnen ist. Stammt somit beispielsweise das in ein Unternehmen investierte Kapital aus dem Eigengut, so fällt auch der konjunkturelle Mehrwert in das Eigengut[487]. Erbt deshalb ein Ehegatte etwa ein Unternehmen, in dem er selber nicht tätig ist, muss er die vom Unternehmen stammenden Wertsteigerungen nicht teilen.

3.3.1.4.2.3 Industrieller Mehrwert

Der industrielle Mehrwert eines Unternehmens resultiert im Gegensatz zum konjunkturellen Mehrwert aufgrund des besonderen Einsatzes des unternehmerisch tätigen Ehegatten,

---

483 BK-Hausheer/Reusser/Geiser (Fn 463), N 40 zu Art. 197 ZGB.

484 BK-Hausheer/Reusser/Geiser (Fn 463), N 40 zu Art. 197 ZGB.

485 Jörg, Florian S.: Wertveränderungen einer Aktiengesellschaft bei Auflösung des ordentlichen Güterstandes, Bern/Stuttgart/Wien 1997, S. 20.

486 Vgl. BGer., Urteil vom 14. März 2005, 5C.74/2004. Siehe dazu auch Hausheer/Geiser/Aebi-Müller (Fn 473), N 12.13.

487 BK-Hausheer/Reusser/Geiser (Fn 463), N 37 zu Art. 197 ZGB.

der über die ordentliche Verwaltung hinausgeht[488]. Der industrielle Mehrwert stellt mithin den Arbeitserwerb des Ehegatten dar und ist folglich als solcher auch seiner Errungenschaft zuzurechnen[489]. Nicht nur die üblichen Lohnbestandteile[490] stellen Arbeitserwerb des unternehmerisch tätigen Ehegatten dar. Vielmehr gehört auch der unternehmerisch geschaffene Goodwill dazu, sofern er auf den Arbeitseinsatz des Ehegatten zurückzuführen ist[491].

Allerdings gilt es gemäss bundesgerichtlicher Rechtsprechung folgendes zu beachten: Verkauft der unternehmerisch tätige Ehegatte die Aktien seines Unternehmens, welche sein Eigengut waren, so bewirkt deren Veräusserung einen Wertersatz, weshalb der Erlös aus dem Verkauf von Gesetzes wegen ebenfalls dem Eigengut zufällt[492]. Wird beim Verkauf der Unternehmensaktien ein Mehrwert realisiert, so kann dieser nicht ohne weiteres zum Bestandteil seiner Errungenschaft erklärt werden, wenn die Wertsteigerung der Aktien auf den beruflichen Einsatz des Ehegatten zurückgeht. Dies insbesondere dann nicht, wenn dieser „für seinen Arbeitseinsatz bereits durch seiner Errungenschaft zugefallene Bezüge aus dem Unternehmen angemessen entschädigt wurde“[493]. Eine angemessene Entschädigung ist gemäss Bundesgericht dann zu bejahen, „wenn der aus dem eigenen Unternehmen bezogene Lohn mit der Entschädigung der entspre-

488 BasK-HAUSHEER/AEBI-MÜLLER (Fn 451), N 14 zu Art. 197 ZGB.

489 Art. 197 Abs. 2 Ziff. 1 ZGB; vgl. auch BGE 112 II 384.

490 Vgl. dazu vorne Ziff. V.3.3.1.4.1.

491 BasK-HAUSHEER/AEBI-MÜLLER (Fn 451), N 14 zu Art. 197 ZGB.

492 Art. 198 Ziff. 4 ZGB.

493 Vgl. dazu BGE 131 III 559 ff., 561. Zum Ganzen auch LÜTHE, ELISABETH: Eigengut und Errungenschaft im neuen ordentlichen Güterstand, Freiburg 1981, S. 124 ff.

chenden Arbeitsleistung durch einen Dritten vergleichbar ist und auch die Wertsteigerung des Unternehmervermögens im Rahmen dessen bleibt, was auf eine entsprechende von einem Dritten gegen Entschädigung zu leistende Tätigkeit zurückzuführen wäre[494]".

3.3.1.5 Güterrechtliche Auseinandersetzung

3.3.1.5.1 *Allgemeines*

Zur Vornahme der güterrechtlichen Auseinandersetzung sind mehrere Schritte erforderlich. Als erstes ist das Vermögen der Ehegatten zu trennen[495]. Anschliessend ist der Vorschlag[496] unter Einbezug allfälliger Mehrwertanteile[497] zu berechnen und die Beteiligung jedes Ehegatten zu ermitteln[498]. Die so entstandenen Forderungen der Ehegatten werden anschliessend gegenseitig verrechnet. Der eine Ehegatte hat schliesslich den verbleibenden Anspruch des anderen zu erfüllen. Dieser wird mit Abschluss der güterrechtlichen Auseinandersetzung fällig und ist grundsätzlich sofort zu begleichen[499].

---

494 BGE 131 III 559 ff., 565. Vgl. auch BK-HAUSHEER/REUSSER/GEISER (Fn 463), N 41 zu Art. 197 ZGB.

495 Dazu Ziff. V.3.3.1.5.2.

496 Dazu Ziff. V.3.3.1.5.4.3.

497 Dazu Ziff. V.3.3.1.5.3.

498 Dazu Ziff. V.3.3.1.5.5.

499 HAUSHEER/GEISER/AEBI-MÜLLER (Fn 473), N 12.201.

3.3.1.5.2 *Rücknahme von Vermögenswerten und Tilgung gegenseitiger Schulden*

Ist im Zeitpunkt der güterrechtlichen Auseinandersetzung, z.B. im Scheidungsfall[500], der eine Ehegatte im Besitze von Vermögenswerten des anderen, so hat er diese zurückzugeben[501]. Steht ein Vermögenswert im Miteigentum der Ehegatten, kann das Gericht auf entsprechenden Antrag eines Ehegatten diesem das Alleineigentum am entsprechenden Vermögenswert zuweisen, sofern er daran ein überwiegendes Interesse nachweist und dem anderen eine volle Entschädigung zahlt[502]. Im Weiteren muss jeder Ehegatte die Schulden, die er beim anderen hat, begleichen[503], und zwar nicht nur solche eherechtlicher Natur[504], sondern auch solche aus gewährten Darlehen.

3.3.1.5.3 *Mehrwertanteil*

Jeder Ehegatte, der zum Erwerb, zur Verbesserung oder zur Erhaltung von Vermögensgegenständen des anderen beigetragen hat, ohne dafür eine Gegenleistung zu erhalten, hat Anspruch auf einen Anteil am Mehrwert im Umfang seines Beitrages, falls im Zeitpunkt der güterrechtlichen Auseinandersetzung ein Mehrwert am entsprechenden Vermögens-

---

500 Vgl. Art. 204 ZBG. Die Vorgehensweise ist dieselbe auch im Todesfall.

501 Art. 205 ZGB.

502 Art. 205 Abs. 2 ZGB.

503 Art. 205 Abs. 3 ZGB.

504 Darunter fallen geleistete Beiträge für den Unterhalt der Familie, Beiträge zur freien Verfügung an den Ehegatten, welcher den Haushalt besorgt, die Kinder betreut oder dem anderen im Beruf oder Gewerbe hilft, und Entschädigungen an einen Ehegatten für ausserordentliche Mitarbeit im Beruf oder Gewerbe des andern Ehegatten.

gegenstand besteht; der Mehrwert berechnet sich nach dem gegenwärtigen Wert der Vermögensgegenstände[505]. Somit können Beiträge des einen Ehegatten zu einer Beteiligung am Wert der Vermögensgegenstände des anderen führen, wenn bestimmte Voraussetzungen gegeben sind[506]. Solche Beiträge können entweder als Sach- oder als Arbeitsleistung erbracht werden oder aber in Geldform[507], müssen aber einen gewissen Umfang erreichen, damit sie bei einem allfälligen Mehrwert überhaupt berücksichtigt werden.

Durch schriftliche Vereinbarung können die Ehegatten allfällige Mehrwertanteile ausschliessen oder abändern[508].

3.3.1.5.4 *Hinzurechnung, Ersatzforderung und Vorschlagsberechnung*

3.3.1.5.4.1 Hinzurechnung

Haben die Ehegatten ihre gegenseitigen Schulden getilgt und sind allfällige Mehrwertanteile bestimmt, muss in einem nächsten Schritt der sog. Vorschlag berechnet werden. Um diesen berechnen zu können, müssen zunächst sowohl Errungenschaft als auch Eigengut jedes Ehegatten ausgeschieden werden, und zwar nach ihrem Bestand im Zeitpunkt der Auflösung des Güterstandes[509]. Hat ein Ehegatte während der letzten fünf Jahre vor Auflösung des Güterstandes ohne Zustimmung des andern Ehegatten unentgeltliche Zuwen-

---

[505] Art. 206 Abs. 1 ZGB. Ein Minderwert wird nicht berücksichtigt; die Forderung entspricht dem ursprünglichen Beitrag.

[506] BGer., Urteil vom 2. März 2006, 5C.201/2005, E. 2; BGer., Urteil vom 7. Februar 2003, 5C.229/2002, E. 3.

[507] BasK-HAUSHEER/AEBI-MÜLLER (Fn 451), N 5 zu Art. 206 ZGB.

[508] Art. 206 Abs. 3 ZGB.

[509] Art. 207 Abs. 1 ZGB.

dungen vorgenommen – ausgenommen sind die üblichen Gelegenheitsgeschenke –, sind diese zur Errungenschaft hinzuzurechnen. Ebenfalls hinzugerechnet werden Vermögensentäusserungen, welche ein Ehegatte während der Dauer des Güterstandes vorgenommen hat, um den Beteiligungsanspruch des andern zu schmälern[510].

3.3.1.5.4.2 Ersatzforderungen

Hat ein Ehegatte Schulden der Errungenschaft mit Mitteln aus dem Eigengut und umgekehrt Schulden des Eigengutes mit Mitteln aus der Errungenschaft bezahlt, so hat die eine Vermögensmasse gegen die andere eine Ersatzforderung[511]. Eine Ersatzforderung besteht ebenfalls, wenn Mittel der einen Vermögensmasse zum Erwerb, zur Verbesserung oder zur Erhaltung von Vermögensgegenständen der andern Vermögensmasse beigetragen haben; ist ein Mehr- oder Minderwert eingetreten, so entspricht die Ersatzforderung dem Anteil des Beitrages und wird nach dem Wert der Vermögensgegenstände im Zeitpunkt der Auseinandersetzung oder der Veräusserung berechnet[512].

3.3.1.5.4.3 Vorschlagsberechnung

Vom so errechnetet Wert der Errungenschaft werden die darauf lastenden Schulden abgezogen. Was danach verbleibt,

[510] Art. 208 Abs. 1 ZGB.
[511] Art. 209 Abs. 1 ZGB.
[512] Art. 209 Abs. 3 ZGB.

bildet den Vorschlag; ein Rückschlag wird nicht berücksichtigt[513].

3.3.1.5.5 *Vorschlagsteilung*

Nach dispositiver Gesetzesbestimmung hat jeder Ehegatte Anspruch auf die Hälfte des Vorschlags des anderen[514]. Die Ehegatten haben allerdings die Möglichkeit, durch Ehevertrag eine andere Beteiligung am Vorschlag zu vereinbaren[515]. Solche Vereinbarungen dürfen die Pflichtteilsansprüche der nichtgemeinsamen Kinder und deren Nachkommen nicht beeinträchtigen[516]. Im Übrigen gelten Vereinbarungen über die Änderung der gesetzlichen Beteiligung am Vorschlag im Falle einer Scheidung, Trennung, Ungültigerklärung der Ehe oder gerichtlicher Anordnung der Gütertrennung nur, wenn der Ehevertrag dies ausdrücklich vorsieht[517].

3.3.2 Güterstand der Gütergemeinschaft

3.3.2.1 Allgemeines

Wollen die Ehegatten dem Güterstand der Errungenschaftsbeteiligung nicht unterstehen, können sie durch Ehevertrag den Güterstand der Gütergemeinschaft begründen. Im Unterschied zur Errungenschaftsbeteiligung und zur Gütertrennung steht bei der Gütergemeinschaft ein Teil des Vermögens den Ehegatten als Gesamteigentum zu. Die Güterge-

513 Art. 210 ZGB. Vgl. auch Art. 211 ZGB, wonach bei der güterrechtlichen Auseinandersetzung die Vermögensgegenstände zu ihrem Verkehrswert einzusetzen sind.

514 Art. 215 Abs. 1 ZGB.

515 Art. 216 Abs. 1 ZGB.

516 Art. 216 Abs. 2 ZGB.

517 Art. 217 ZGB.

meinschaft umfasst somit drei Vermögensmassen: das Gesamtgut und das Eigengut jedes Ehegatten[518]. Das Gesamtgut gehört beiden Ehegatten ungeteilt, weshalb kein Ehegatte über seinen Anteil am Gesamtgut verfügen kann[519].

Während der Ehe steht die Verwaltung des Gesamtgutes beiden Ehegatten zu. Jeder Ehegatte kann im Rahmen der ordentlichen Verwaltung die Gemeinschaft verpflichten und über das Gesamtgut verfügen[520]. Im Übrigen verwaltet jeder Ehegatte sein Eigengut selbst und verfügt darüber[521].

3.3.2.2 Gesamtgut

Das Gesetz umschreibt das Gesamtgut nicht fest; dieses ist im Ehevertrag durch die Ehegatten zu bestimmen. Die Ehegatten können im Ehevertrag zwischen der allgemeinen Gütergemeinschaft[522], der Errungenschaftsgemeinschaft[523] und „anderen Gütergemeinschaften" wählen[524].

Bei der allgemeinen Gütergemeinschaft gehören das Vermögen und die Einkünfte der Ehegatten zum Gesamtgut. Nicht dazu gehören die Gegenstände, die von Gesetzes wegen Eigengut sind[525].

---

518 Art. 221 ZGB.
519 Art. 222 Abs. 2 und Abs. 3 ZGB.
520 Vgl. Art. 227 ZGB.
521 Art. 232 Abs. 1 ZGB.
522 Art. 222 Abs. 1 ZGB.
523 Art. 223 ZGB.
524 Art. 224 ZGB.
525 Art. 222 Abs. 1 ZGB. Vgl. zum Eigengut sogleich Ziff. V.3.3.2.3.

Bei der Errungenschaftsgemeinschaft wird das Gesamtgut auf die Errungenschaft[526] beschränkt[527].

Bei anderen Gütergemeinschaften schliesslich können die Ehegatten im Ehevertrag bestimmte Vermögenswerte oder Arten von Vermögenswerten wie Grundstücke, den Arbeitserwerb eines Ehegatten oder Vermögenswerte, mit denen dieser einen Beruf ausübt oder ein Gewerbe betreibt, von der Gemeinschaft ausschliessen[528]. Ist nichts anderes vereinbart, fallen die Erträge dieser Vermögenswerte ebenfalls nicht in das Gesamtgut[529].

3.3.2.3 Eigengut

Zum Eigengut jedes Ehegatten gehören von Gesetzes wegen Gegenstände, die ihm ausschliesslich zum persönlichen Gebrauch dienen, sowie Genugtuungsansprüche[530]. Auch Ersatzanschaffungen für Eigengut werden wieder zu Eigengut[531].

3.3.2.4 Auflösung des Güterstandes und Auseinandersetzung

Bei der güterrechtlichen Auseinandersetzung sind zunächst die Eigengüter der Ehegatten und das Gesamtgut auszuscheiden. Massgebend für die Zusammensetzung dieser Vermö-

526 Im Sinne von Art. 197 ZGB. Vgl. dazu auch vorne Ziff. V.3.3.1.2.

527 Art. 223 Abs. 1 ZGB. Vgl. zur Errungenschaft Art. 197 ZGB.

528 Art. 224 Abs. 1 ZGB.

529 Art. 224 Abs. 2 ZGB.

530 Art. 225 Abs. 2 ZGB.

531 HEGNAUER, CYRIL: Die Gütergemeinschaft des neuen Eherechts, ZBGR 1986, S. 275 ff., 278.

gensmassen ist wie bei der Errungenschaftsbeteiligung der Zeitpunkt der Auflösung des Güterstandes[532].

Wie beim Güterstand der Errungenschaftsbeteiligung gilt auch hier, dass zwischen den verschiedenen Vermögensmassen Ersatzforderungen bestehen können. Hat ein Ehegatte Schulden des Gesamtgutes mit Mitteln aus dem Eigengut und umgekehrt Schulden des Eigengutes mit Mitteln aus dem Gesamtgut bezahlt, so hat die eine Vermögensmasse gegen die andere eine Ersatzforderung[533]. Im Übrigen gilt es auch hier, allfällige Mehrwertanteile der verschiedenen Vermögensmassen zu bestimmen. Hat nämlich das Eigengut eines Ehegatten oder das Gesamtgut zum Erwerb, zur Verbesserung oder zur Erhaltung eines Vermögensgegenstandes einer anderen Vermögensmasse beigetragen und besteht im Zeitpunkt der güterrechtlichen Auseinandersetzung ein Mehrwert, so steht der entsprechenden Vermögensmasse ein Anteil an diesem Mehrwert im Umfang ihres Beitrages zu. Der Mehrwert berechnet sich nach dem gegenwärtigen Wert der Vermögensgegenstände[534].

Wird die Gütergemeinschaft durch Tod eines Ehegatten oder durch Vereinbarung eines andern Güterstandes aufgelöst, so steht jedem Ehegatten oder seinen Erben die Hälfte des Gesamtgutes zu[535]. Durch Ehevertrag kann auch eine andere Teilung vereinbart werden[536]. Dadurch dürfen allerdings die Pflichtteilsansprüche der Nachkommen nicht beeinträchtigt

532 Art. 236 Abs. 3 ZGB.

533 Vgl. Art. 238 ZGB. Siehe auch vorne Ziff. V.3.3.1.5.4.2.

534 Art. 239 i.V.m. Art. 206 Abs. 1 ZGB. Ein Minderwert wird nicht berücksichtigt; die Forderung entspricht dem ursprünglichen Beitrag.

535 Art. 241 Abs. 1 ZGB.

536 Art. 241 Abs. 2 ZGB.

werden[537]. Bei Auflösung der Gütergemeinschaft durch Scheidung, Trennung, Ungültigerklärung der Ehe oder Eintritt der gesetzlichen oder gerichtlichen Gütertrennung nimmt jeder Ehegatte vom Gesamtgut zurück, was unter der Errungenschaftsbeteiligung sein Eigengut wäre[538]. Das übrige Gesamtgut wird zwischen den Ehegatten hälftig geteilt[539]. Auch hier kann eine von der gesetzlichen Regelung abweichende Teilung durch Ehevertrag vereinbart werden[540].

3.3.3 Güterstand der Gütertrennung

Entscheiden sich die Ehegatten für den Güterstand der Gütertrennung, müssen sie dies in einem Ehevertrag vereinbaren. Weil die Eheschliessung und die Auflösung der Ehe keine Wirkungen auf das Vermögen der Ehegatten haben, ist die Gütertrennung kein eigentlicher Güterstand[541]. Bei der Gütertrennung bestehen keine güterrechtlichen Ansprüche[542], weshalb die Beendigung des Güterstandes zu keiner güterrechtlichen Auseinandersetzung führt[543].

---

537 Art. 241 Abs. 3 ZGB.

538 Art. 242 Abs. 1 ZGB. Vgl. dazu Art. 198 ZGB sowie vorne Ziff. V.3.3.1.3.

539 Art. 242 Abs. 2 ZGB.

540 Art. 242 Abs. 3 ZGB.

541 HAUSHEER/GEISER/AEBI-MÜLLER (Fn 473), N 13.50.

542 Ausgenommen Art. 251 ZGB: „Steht ein Vermögenswert im Miteigentum und weist ein Ehegatte ein überwiegendes Interesse nach, so kann er bei Auflösung des Güterstandes neben den übrigen gesetzlichen Massnahmen verlangen, dass ihm dieser Vermögenswert gegen Entschädigung des andern Ehegatten ungeteilt zugewiesen wird."

543 HAUSHEER/GEISER/AEBI-MÜLLER (Fn 473), N 13, 50 f.

Im Übrigen verwaltet und nutzt jeder Ehegatte während der Ehe sein Vermögen und verfügt darüber[544].

4. Scheidung und Trennung

4.1 Internationale Verhältnisse

4.1.1 Zuständigkeit

Für Klagen auf Scheidung oder Trennung sind die schweizerischen Gerichte am Wohnsitz des Beklagten oder am Wohnsitz des Klägers, wenn dieser sich seit einem Jahr in der Schweiz aufhält oder wenn er Schweizer Bürger ist, zuständig[545].

4.1.2 Anwendbares Recht

Scheidung und Trennung unterstehen grundsätzlich schweizerischem Recht[546]. Für den Fall, dass nur ein Ehegatte Wohnsitz in der Schweiz hat, beide aber eine gemeinsame Staatsangehörigkeit haben, ist ihr gemeinsames Heimatrecht anzuwenden[547].

---

544 Art. 247 ZGB.
545 Art. 59 IPRG.
546 Art. 61 Abs. 1 IPRG.
547 Art. 61 Abs. 2 IPRG.

4.2 Schweizerische Rechtslage

4.2.1 Scheidungsrechtliche Folgen ohne Scheidungskonvention

4.2.1.1 Allgemeines

Grundsätzlich hat nach einer Scheidung jeder Ehegatte selber für seinen gebührenden Unterhalt aufzukommen[548]. Ausnahmsweise kann es aber aufgrund des Prinzips der nachehelichen Solidarität gerechtfertigt sein, dass der eine Ehegatte dem anderen nacheheliche Unterhaltsleistungen bezahlt. Ob nachehelicher Unterhalt durch einen Ehegatten dem anderen gegenüber geschuldet ist, hängt von den konkreten Umständen des Einzelfalls ab. Für die Bestimmung des gebührenden Unterhalts ist von der bisher gelebten Ehe auszugehen[549]. Art. 125 ZGB sieht vor, dass je nach gewählter „Aufgabenteilung während der Ehe"[550] und „Dauer der Ehe"[551] ein „Anspruch auf Fortführung der Lebensstellung während der Ehe"[552] besteht. Nach der Rechtsprechung des Bundesgerichts soll die Ehe nicht „einem jederzeit kündbaren Vertrag gleichgesetzt werden, nach dessen Auflösung die Ehegatten nur so zu stellen wären, wie wenn die Ehe niemals bestanden hätte. Eine langandauernde, kinderreiche oder aus anderen Gründen sog. *lebensprägende Ehe* kann Vertrauen schaffen, das nach der Scheidung nicht enttäuscht werden darf und einen grundsätzlichen Anspruch darauf gibt, die

548 Gemäss dem „clean break"-Grundsatz.

549 BGer., Urteil vom 12. April 2006, 5C.308/2005, E. 2.2.

550 Art. 125 Abs. 2 Ziff. 1 ZGB.

551 Art. 125 Abs. 2 Ziff. 2 ZGB.

552 Art. 125 Abs. 2 Ziff. 3 ZGB; BGer., Urteil vom 12. April 2006, 5C.308/2005, E. 2.2.

während der Ehe zuletzt gelebte Lebenshaltung fortzuführen"[553]. Bei Zuspruch von nachehelichem Unterhalt durch das Gericht erhält der unterhaltsberechtigte Ehegatte in der Regel eine Rente[554]. Ausnahmsweise kann das Gericht anstatt einer Rente eine einmalige Abfindung vorsehen[555].

4.2.1.2 Voraussetzungen für nachehelichen Unterhalt

Kann ein Ehegatte nicht selbst für den ihm gebührenden Unterhalt unter Einschluss einer angemessenen Altersvorsorge aufkommen, hat ihm der andere einen angemessenen Beitrag zu leisten, dies allerdings nur, wenn er selber leistungsfähig ist und diesen Beitrag zu bezahlen vermag[556]. Ob und, wenn ja, in welcher Höhe ein Beitrag zu leisten ist, hängt von verschiedenen Kriterien ab, insbesondere der Aufgabenteilung während der Ehe, der Dauer der Ehe, der Lebensstellung während der Ehe, dem Alter und der Gesundheit der Ehegatten, dem Einkommen und Vermögen der Ehegatten, dem Umfang und der Dauer der von den Ehegatten noch zu leistenden Betreuung der Kinder, der beruflichen Ausbildung und den Erwerbsaussichten der Ehegatten und dem mutmasslichen Aufwand für die berufliche Eingliederung der anspruchsberechtigten Person, den Anwartschaften aus der eidgenössischen Alters- und Hinterlassenenversicherung sowie der beruflichen oder einer anderen privaten oder staat-

553 BGer., Urteil vom 12. April 2006, 5C.308/2005, E. 2.2.
554 Art. 126 Abs. 1 ZGB.
555 Art. 126 Abs. 2 ZGB.
556 Vgl. Art. 125 Abs. 1 ZGB.

lichen Vorsorge einschliesslich des voraussichtlichen Ergebnisses der Teilung der Austrittsleistungen[557].

Das Gericht kann ausnahmsweise auf Zusprechung von nachehelichem Unterhalt ganz verzichten oder den geschuldeten Beitrag kürzen, wenn er offensichtlich unbillig wäre, insbesondere, weil die berechtigte Person ihre Pflicht, zum Unterhalt der Familie beizutragen, grob verletzt, ihre Bedürftigkeit mutwillig herbeigeführt oder gegen die verpflichtete Person oder eine dieser nahe verbundenen Person eine schwere Straftat begangen hat[558].

4.2.2 Gestaltungsmöglichkeiten

4.2.2.1 Allgemeines

Lassen sich die Ehegatten scheiden, zieht dies sowohl güter- als auch scheidungsrechtliche Folgen[559] nach sich. Sowohl in Bezug auf die güterrechtliche Auseinandersetzung als auch in Bezug auf den nachehelichen Unterhalt geniessen die Ehegatten eine gewisse Freiheit. Sie haben die Möglichkeit, einen Ehevertrag betreffend die güterrechtliche Auseinandersetzung oder eine Scheidungskonvention betreffend den nachehelichen Unterhalt abzuschliessen. Scheidungskonven-

557 Art. 125 Abs. 2 ZGB.

558 Art. 125 Abs. 3 ZGB.

559 So hinsichtlich des Namens (Art. 119 ZGB), der Aufhebung des gesetzlichen Erbrechts sowie der Unmöglichkeit, aus Verfügungen von Todes wegen, welche die Ehegatten vor der Rechtshängigkeit des Scheidungsverfahrens errichtet haben, Ansprüche zu erheben (Art. 120 ZGB), der Wohnung der Familie (Art. 121 ZGB) sowie des Anspruchs auf die Hälfte der nach dem Freizügigkeitsgesetz vom 17. Dezember 1993 für die Ehedauer zu ermittelnden Austrittsleistung des anderen Ehegatten (Art. 122 ZGB).

tionen bedürfen einer gerichtlichen Genehmigung[560]; reine Eheverträge können dagegen ohne gerichtliche Überprüfung geschlossen werden[561]. Aus diesem Grund kommt Eheverträgen eine grosse praktische Bedeutung zu, währenddessen Scheidungskonventionen eher selten geschlossen werden[562].

---

560 Vgl. Art. 140 ZGB: „Die Vereinbarung über die Scheidungsfolgen ist erst rechtsgültig, wenn das Gericht sie genehmigt hat. (...) Das Gericht spricht die Genehmigung aus, wenn es sich davon überzeugt hat, dass die Ehegatten aus freiem Willen und nach reiflicher Überlegung die Vereinbarung geschlossen haben und diese klar, vollständig und nicht offensichtlich unangemessen ist."

561 Vgl. dazu GEISER, THOMAS: Bedürfen Eheverträge der gerichtlichen Genehmigung?, in: GEISER, THOMAS/KOLLER, THOMAS/REUSSER, RUTH/WIEGAND, WOLFGANG/WALTER, HANS PETER (Hrsg.): Privatrecht im Spannungsfeld zwischen gesellschaftlichem Wandel und ethischer Verantwortung, Festschrift für Heinz Hausheer zum 65. Geburtstag, Bern 2002, S. 217 ff. Siehe auch BGE 121 III 393, Regeste: „Auch ein vor der Heirat abgeschlossener Ehevertrag kann hinsichtlich der Regelung von Nebenfolgen für den Fall der Scheidung der Genehmigungspflicht unterliegen. Der von den Parteien getroffenen Regelung ist die richterliche Genehmigung zu versagen, wenn die Vereinbarung unklar ist und die der Ehefrau zuerkannten Leistungen unbillig sind."

562 Sehr häufig finden sich in Eheverträgen aber auch Bestimmungen über den nachehelichen Unterhalt. Diesfalls gilt, dass die entsprechenden Bestimmungen einer gerichtlichen Genehmigung bedürfen, damit sie für die Vertragsparteien verbindlich sind. Vgl. BGer., Urteil vom 4. Dezember 2003, 5C.114/2003, E. 4.1.2 betreffend Genehmigung bei gleichzeitigem Abschluss eines Ehevertrages und einer Scheidungskonvention.

4.2.2.2 Der Ehevertrag im Besonderen

Ein Ehevertrag kann vor oder nach der Heirat geschlossen werden[563]. Innerhalb der gesetzlichen Schranken können die Brautleute oder Ehegatten mittels Ehevertrag ihren Güterstand wählen, aufheben oder ändern[564]. Wollen die Brautleute oder Ehegatten einen Ehevertrag schliessen, müssen sie urteilsfähig sein[565]. Sind sie unmündig oder entmündigt, brauchen sie die Zustimmung ihres gesetzlichen Vertreters[566]. Damit der Ehevertrag gültig ist, muss er öffentlich beurkundet und von den vertragschliessenden Personen sowie gegebenenfalls vom gesetzlichen Vertreter unterzeichnet werden[567].

---

563 Art. 182 Abs. 1 ZGB. Wird ein Ehevertrag unter Brautleuten geschlossen, steht dieser unter der Bedingung, dass die Ehe tatsächlich geschlossen wird.

564 Art. 182 Abs. 2 ZGB. Vgl. auch Art. 187 Abs. 1 ZGB, wonach die Ehegatten jederzeit die Möglichkeit haben, durch Ehevertrag wieder ihren früheren oder einen anderen Güterstand zu vereinbaren.

565 Art. 183 Abs. 1 ZGB.

566 Art. 183 Abs. 2 ZGB.

567 Art. 184 ZGB.

VI. Erbrecht

1. Internationale Verhältnisse

1.1 Zuständigkeit

Hatte der Erblasser seinen letzten Wohnsitz in der Schweiz, sind die schweizerischen Gerichte oder Behörden für das Nachlassverfahren und die erbrechtlichen Streitigkeiten zuständig[568]. Gehören Grundstücke zum Nachlass des Erblassers, sind allenfalls die Gerichte und Behörden des Staates zuständig, auf dessen Hoheitsgebiet sich diese Grundstücke befinden, falls dieser Staat die ausschliessliche Zuständigkeit beansprucht[569].

1.2 Anwendbares Recht

Grundsätzlich untersteht der Nachlass einer Person mit letztem Wohnsitz in der Schweiz schweizerischem Recht[570]. Einem Ausländer ist es jedoch gestattet, durch letztwillige Verfügung oder Erbvertrag seinen Nachlass einem seiner Heimatrechte zu unterstellen; allerdings gilt diese Unterstellung nur, wenn er im Zeitpunkt des Todes diese Staatsangehörigkeit noch besessen hat und wenn er nicht Schweizer Bürger geworden ist[571].

---

568 Art. 86 Abs. 1 IPRG.
569 Art. 86 Abs. 2 IPRG.
570 Art. 90 Abs. 1 IPRG.
571 Art. 90 Abs. 2 IPRG.

1.3 Staatsverträge

Allfällige Staatsverträge gehen dem schweizerischen Bundesgesetz über das Internationale Privatrecht vor[572]. Ein wichtiger Staatsvertrag ist derjenige zwischen der Schweiz und Italien[573]. Nach der herrschenden Lehre und der Rechtsprechung ist für die Bestimmung der Erbfolge bzw. der Erbberechtigung das Heimatrecht der verstorbenen Person massgebend, im Falle eines Italieners mit letztem Wohnsitz in der Schweiz somit das italienische Recht[574]. Zudem sind die Gerichte des Heimatstaates zuständig bei Streitigkeiten um die Erbberechtigung. Im Falle eines Italieners mit letztem Wohnsitz in der Schweiz bedeutet dies, dass die Gerichte des Ortes zuständig sind, an welchem der Italiener vor der Auswanderung seinen letzten Wohnsitz hatte[575].

Da der Staatsvertrag jedoch die Frage nicht regelt, welche Behörden für die Eröffnung einer Erbschaft zuständig sind, kommt bezüglich dieser Frage das schweizerische Bundesgesetz über das Internationale Privatrecht zur Anwendung[576]. Stirbt somit ein Italiener mit letztem Wohnsitz in der Schweiz, sind für die Eröffnung des Nachlasses die schweizerischen Behörden zuständig[577]. Wollen Italiener den Wirkungen des Staatsvertrags ausweichen, haben sie die Möglichkeit, in einem Testament für ihren Nachlass die schweizerische Zuständigkeit und das schweizerische Recht zu wählen.

572 Art. 1 Abs. 2 IPRG.
573 Niederlassungs- und Konsularvertrag vom 22. Juli 1868.
574 Vgl. dazu BGE 120 II 293 ff., 295.
575 BGE 120 II 293 ff., 295.
576 Und zwar die Art. 86 ff. IPRG.
577 BGE 120 II 293 ff., 295.

2. Schweizerische Rechtsfolgen

2.1 Bestimmung des Nachlasses

Verstirbt eine Person und hinterlässt sie Vermögenswerte, ist zunächst zu prüfen, ob sie allenfalls einen überlebenden Ehegatten (oder eingetragenen Partner) hinterlässt. Ist dies der Fall, hat zunächst die güterrechtliche Auseinandersetzung[578] stattzufinden[579], um danach den Umfang des Nachlasses bestimmen zu können. Was der überlebende Ehegatte kraft des Güterrechts beanspruchen kann, fällt nicht in den Nachlass. Die vorangehende güterrechtliche Auseinandersetzung bestimmt somit, was zum Nachlass des Verstorbenen gehört. Der Nachlass setzt sich zusammen aus den Aktiven des Erblassers, das heisst aus sämtlichen vererbbaren Vermögensobjekten[580]. Zu berücksichtigen sind aber auch die Passiven, das heisst sämtliche Schulden des Verstorbenen[581] oder des Nachlasses[582,583].

578 Dazu oben Ziff. V.3.3.1.5.

579 Art. 204 Abs. 1 und Art. 236 Abs. 1 ZGB.

580 Vgl. Art. 474 Abs. 1 ZGB. Dazu gehören z.B. Immobilien, Bankguthaben, Wertschriften, Autos, Schmuck etc., aber auch Forderungen.

581 Sog. Erbschaftsschulden, d.h. Schulden des Erblassers im Zeitpunkt des Todes, wie z.B. Darlehen oder Steuerschulden.

582 Sog. Erbgangsschulden, d.h. durch den Tod bedingte und somit nach dem Tod des Erblassers entstandene Schulden, wie z.B. Beerdigungskosten.

583 Vgl. dazu auch Art. 560 Abs. 2 ZGB.

2.2 Erbfolge

2.2.1 Gesetzliche Erben

Gesetzliche Erben sind diejenigen Personen, welche die Erbschaft von Gesetzes wegen erhalten, wenn der Erblasser die Erbfolge nicht selbst mittels letztwilliger Verfügung oder Erbvertrag gestaltet hat[584]. Die gesetzlichen Erben werden nach einer Rangordnung bestimmt, die sich nach ihrem Verwandtschaftsgrad richtet. Sind nähere Verwandte vorhanden, erben die weiter entfernten Verwandten nicht. Zuerst erben die direkten Nachkommen des Erblassers, das heisst dessen Kinder[585]. An die Stelle von bereits vorverstorbenen Kindern treten deren Nachkommen, das heisst die Enkel, allenfalls Urenkel des Erblassers[586]. Adoptiv- und aussereheliche Kinder erben wie eheliche Nachkommen. Danach, wenn keine Nachkommen vorhanden sind, erben die Eltern des Erblassers zu gleichen Teilen. Anstelle von vorverstorbenen Eltern treten deren Nachkommen, das heisst die Geschwister, allenfalls Nichten und Neffen des Erblassers[587]. Drittens, wenn weder Nachkommen noch Verwandte des elterlichen Stammes vorhanden sind, erben die Grosseltern, und zwar väterlicher- und mütterlicherseits, und, wenn diese vorverstorben sind, deren Nachkommen anteilsmässig. Sind auf der einen Grosselternseite keine Nachkommen vorhanden, fällt die Erbschaft an die Erben der anderen Seite[588].

---

[584] Wobei der Pflichtteil der pflichtteilsgeschützten Personen zu respektieren ist.

[585] Vgl. Art. 457 Abs. 1 ZGB.

[586] Art. 457 Abs. 3 ZGB.

[587] Art. 458 ZGB.

[588] Art. 459 ZGB.

Sind keine überlebenden Grosseltern oder deren Nachkommen vorhanden, erben weiter entfernte Verwandte nicht als gesetzliche Erben, denn mit dem Stamm der Grosseltern hört die Erbberechtigung der Verwandten auf[589]. Sie können allerdings mittels letztwilliger Verfügung oder Erbvertrag begünstigt werden. Dies bedeutet, dass wenn sowohl Angehörige des grosselterlichen Stammes als auch ein überlebender Ehegatte oder eingetragener Partner[590] fehlen, die Erbschaft an den Kanton, in dem der Erblasser seinen letzten Wohnsitz gehabt hat, fällt[591].

2.2.2 Der überlebende Ehegatte oder eingetragene Partner

Der überlebende Ehegatte oder eingetragene Partner nimmt als Erbe neben den Verwandten des Erblassers eine besondere Stellung ein, da er nicht blutsverwandt ist. Er erbt neben den Verwandten des Erblassers oder, wenn nur Angehörige der obgenannten dritten Erbenkategorie vorhanden sind, an deren Stelle. Je entfernter die Verwandten, desto grösser ist der Teil, der dem überlebenden Ehegatten oder eingetragenen Partner zufällt.

Hat er mit Nachkommen zu teilen, so erhält er die Hälfte der Erbschaft[592]. Muss er mit Erben des elterlichen Stamms teilen, erhält er drei Viertel der Erbschaft[593]. Sind auch keine

589 Vgl. Art. 460 ZGB.
590 Dazu sogleich Ziff. VI.2.2.2.
591 Art. 466 ZGB.
592 Art. 462 Ziff. 1 ZGB.
593 Art. 462 Ziff. 2 ZGB.

Erben des letztgenannten Stammes vorhanden, fällt die gesamte Erbschaft – wie soeben erwähnt – ihm alleine zu[594].

Der Erblasser hat auch die Möglichkeit, den überlebenden Ehegatten zu begünstigen. Eine Möglichkeit besteht darin, durch Verfügung von Todes wegen die Erben auf den Pflichtteil[595] zu setzen und die frei verfügbare Quote dem Ehegatten zuzuwenden. Des Weiteren kann er – ebenfalls durch Verfügung von Todes wegen – dem überlebenden Ehegatten die Nutzniessung an dem Ganzen den gemeinsamen Nachkommen zufallenden Teil der Erbschaft zuwenden[596]. Das bedeutet, dass der Ehegatte die Nutzniessung an der ganzen Erbschaft erhält anstelle seines gesetzlichen Erb- und Pflichtteilsrechts[597]. Der verfügbare Teil beträgt in diesem Fall noch einen Viertel des Nachlasses[598]. Die gemeinsamen Nachkommen haben nur das nackte Eigentum am Nutzniessungsteil anstelle ihres Erb- und Pflichtteilsrechts[599]. Der Erblasser hat aber die Möglichkeit, den gemeinsamen Nachkommen die frei verfügbare Quote von einem Viertel[600] zu Eigentum zu übertragen. Beim Tod des zweiten Elternteils erhalten sie dann den Nutzniessungsteil zu unbeschwertem Eigentum.

594 Art. 462 Ziff. 3 ZGB.
595 Zum Pflichtteilsrecht sogleich Ziff. VI.2.2.3.
596 Art. 473 Abs. 1 ZGB.
597 Art. 473 Abs. 2 Satz 1 ZGB.
598 Art. 473 Abs. 2 Satz 2 ZGB.
599 D.h., sie können nicht auf ihrem Pflichtteil beharren.
600 Vgl. Art. 473 Abs. 2 Satz 2 ZGB.

Der Pflichtteil der nichtgemeinsamen vor- und ausserehelichen Kinder darf hingegen nicht mit einer Nutzniessung belastet werden; ihr Pflichtteil ist geschützt[601].

Heiratet der begünstigte Ehegatte wieder, so entfällt die Nutzniessung auf jenem Teil der Erbschaft, welcher im Zeitpunkt des Erbgangs[602] nicht hätte mit der Nutzniessung belastet werden dürfen, weil dadurch die Pflichtteile der gemeinsamen Nachkommen verletzt wurden[603].

Eine maximale Begünstigung des überlebenden Ehegatten ist möglich, wenn der Erblasser weder Nachkommen noch Eltern hinterlässt. Dann kann er den Ehegatten in seinem Testament als Alleinerben einsetzen. Allfällige Geschwister des Erblassers sind nämlich nicht pflichtteilsgeschützt[604]. Hinterlässt der Erblasser hingegen Eltern, jedoch keine Nachkommen, so kann er den Ehegatten nicht als Alleinerben einsetzen bzw. die Eltern können auf Herabsetzung klagen, da die Hälfte ihres gesetzlichen Erbteils pflichtteilsgeschützt ist[605].

2.2.3 Pflichtteil und pflichtteilsgeschützte Erben

Der Pflichtteil ist ein Bruchteil der gesetzlichen Erbquote, das heisst des Anteils, den ein gesetzlicher Erbe erhält, wenn der Erblasser keine letztwillige Verfügung oder keinen Erbvertrag hinterlassen hat. Ausgangspunkt für die Berechnung des Pflichtteils bildet somit immer der gesetzliche Erbanspruch.

---

601 Vgl. die Formulierung in Art. 473 Abs. 1 ZGB.

602 D.h. des Todestages des Erblassers; Art. 537 ZGB.

603 Art. 473 Abs. 3 ZGB.

604 Vgl. Art. 471 ZGB.

605 Vgl. Art. 471 Ziff. 2 ZGB.

Pflichtteilsgeschützte Erben sind der überlebende Ehegatte oder eingetragene Partner, die Nachkommen sowie die Eltern des Erblassers[606]. Wer solche Erben hinterlässt, kann nur bis zu deren Pflichtteil über sein Vermögen von Todes wegen verfügen. Wer hingegen keinen der erwähnten Erben hinterlässt, darf über sein ganzes Vermögen von Todes wegen frei verfügen[607].

Für einen Nachkommen beträgt der Pflichtteil drei Viertel des gesetzlichen Erbanspruchs, für jedes der Eltern die Hälfte und für den überlebenden Ehegatten oder den eingetragenen Partner die Hälfte[608]. Die übrigen gesetzlichen Erben geniessen keinen Pflichtteilsschutz.

Der Pflichtteil darf den Erben grundsätzlich nicht entzogen werden. Allerdings besteht die Möglichkeit mit den pflichtteilsgeschützten Erben einen – entgeltlichen oder unentgeltlichen – Erbverzichts- bzw. Erbauskaufsvertrag abzuschliessen[609], wodurch diese auf ihr künftiges, pflichtteilsgeschütztes Erbe verzichten. Theoretisch ist auch eine Enterbung denkbar; hierfür bedarf es allerdings schwerwiegender Gründe[610].

[606] Vgl. Art. 470 Abs. 1 ZGB.
[607] Art. 470 ZGB.
[608] Art. 471 ZGB.
[609] Art. 495 ZGB.
[610] Vgl. dazu Art. 477 ZGB sowie hinten, Ziff. VI.2.2.5.7.

Überblick:
Gesetzlicher Erbteil / Pflichtteil / Verfügbare Quote

Verwandtschafts-verhältnis	*Gesetzlicher Erbteil*[611]	*Pflicht-teil*[612]	*Verfügbare Quote*
Erblasser mit Ehegatte und Nachkommen, mit/ohne Eltern	Ehegatte: 50% Nachkommen: 50%	Ehegatte: 25% Nach-kommen: 37.5%	37.5%
Erblasser mit Ehegatte und Eltern, aber ohne Nachkommen	Ehegatte: 75% Eltern: 25%	Ehegatte: 37.5% Eltern: 12.5%	50%
Erblasser mit Ehegatte, ohne Nachkommen oder Eltern	Ehegatte: 100%	Ehegatte: 50%	50%
Erblasser mit Nachkommen, ohne Ehegatte, mit/ohne Eltern	Nachkommen: 100%	Nachkom-men: 75%	25%
Erblasser mit Eltern, ohne Ehegatte und Nachkommen	Eltern: 100%	Eltern: 50%	50%

611 Vgl. Art. 457 f. und Art. 462 ZGB.
612 Vgl. Art. 471 ZGB.

2.2.4 Gestaltungsmöglichkeiten der Erbfolge durch den Erblasser

2.2.4.1 Überblick

Der Erblasser kann seine Erbfolge weitgehend selber regeln und die gesetzliche Erbfolge abändern. Dies erfolgt insbesondere durch Errichtung einer letztwilligen Verfügung (Testament), durch Abschluss eines Erbvertrages oder durch lebzeitige Zuwendungen.

Allerdings wird der Erblasser in seiner Verfügungsfreiheit durch das Pflichtteilsrecht beschränkt[613].

2.2.4.2 Letztwillige Verfügung (Testament)

Wer urteilsfähig ist und das 18. Altersjahr zurückgelegt hat, kann mittels Testament seinen Nachlass soweit selbst regeln, als die gesetzlichen Schranken eingehalten werden[614]. Das Testament ist eine einseitige persönliche Willenserklärung mit Wirkung auf den Tod hin. Es hat zu Lebzeiten keine Wirkung, kann somit jederzeit frei widerrufen, abgeändert oder vernichtet werden[615]. Mit Vorteil wird ein Testament an einer Stelle hinterlegt, von welcher aus es nach dem Tod des Erblassers mit Sicherheit an das Gericht weitergeleitet wird, welches für die Eröffnung des Testaments zuständig ist.

An dieser Stelle sollen zwei der möglichen Errichtungsformen erwähnt werden:

---

613 Dazu soeben Ziff. VI.2.2.3.

614 Art. 467 ZGB.

615 Art. 509 ff. ZGB.

- Einerseits besteht die Möglichkeit, ein eigenhändiges Testament zu errichten. Ein solches ist, um Gültigkeit zu erlangen, vom Testator selbst von Anfang bis zu Ende von Hand niederzuschreiben, zu datieren und zu unterzeichnen[616].
- Andererseits kann ein öffentliches Testament errichtet werden, welches in einem besonderen Verfahren bei einer öffentlichen Urkundsperson zu Protokoll gegeben und von dieser in einer besonderen Urkunde festgehalten wird[617]. Einer der Vorteile eines öffentlichen Testaments besteht darin, dass der Errichtung eine inhaltliche Beratung vorausgeht. Zudem ist eine Anfechtung des Testaments wegen Verfügungsunfähigkeit des Erblassers[618] aufgrund der Mitwirkung von Zeugen anspruchsvoller[619].

2.2.4.3 Erbvertrag

Wer urteilsfähig und mündig ist, kann als Erblasser in einem Erbvertrag mit Zustimmung der künftigen Erben frei über den Nachlass verfügen. Mittels Erbvertrag besteht die Möglichkeit, über den künftigen Nachlass bindende Abmachungen zu treffen.

Entweder verspricht der Erblasser in einem Erbvertrag eine Begünstigung[620] bei seinem Tod oder er nimmt den Verzicht[621] eines an sich Erbberechtigten entgegen. Wie das

616 Art. 505 ZGB.
617 Art. 499 ff. ZGB.
618 Vgl. Art. 519 Abs. 1 Ziff. 1 ZGB.
619 Vgl. Art. 501 Abs. 2 ZGB.
620 Sog. Erbeinsetzungsvertrag. Vgl. Art. 494 ZGB.
621 Sog. Erbverzichts- oder Erbauskaufsvertrag, je nachdem, ob der Verzicht unentgeltlich oder entgeltlich erfolgt. Vgl. Art. 495 ZGB.

öffentliche Testament ist ein Erbvertrag durch eine öffentliche Urkundsperson notariell zu beurkunden[622]. Er ist für die Beteiligten bindend und kann nur durch gegenseitige schriftliche Übereinkunft wieder aufgehoben werden[623]. Darin besteht ein markanter Unterschied des Erbvertrages zum Testament, welches keinerlei Selbstbindung des Testators erzeugt. Der Erblasser kann sich mit seinen Erben über die Regelung seines Nachlasses privatautonom verständigen, hat allerdings die Pflichtteile der am Vertrag nicht beteiligten Erben zu beachten. Zwischen Ehegatten wird häufig ein kombinierter „Ehe- und Erbvertrag" abgeschlossen.

2.2.5 Inhaltliche Gestaltungsmöglichkeiten des schweizerischen Erbrechts

2.2.5.1 Erbeinsetzung

Der Erblasser kann für die ganze oder nur einen Bruchteil der Erbschaft einen oder mehrere Erben einsetzen[624]. Jede Verfügung, nach der ein Bedachter die gesamte Erbschaft oder einen Bruchteil davon erhalten soll, stellt eine Erbeinsetzung dar[625].

Sinnvoll ist es, für den Fall des Vorversterbens eines eingesetzten Erben einen Ersatzerben zu bestimmen. Ansonsten gilt für den betreffenden Erbteil die gesetzliche Erbfolge.

---

[622] Art. 512 ZGB i.V.m. Art. 499 ff. ZGB.
[623] Vgl. Art. 513 Abs. 1 ZGB.
[624] Art. 483 Abs. 1 ZGB.
[625] Art. 483 Abs. 2 ZGB.

2.2.5.2 Vermächtnis

Will der Erblasser jemandem einen Vermögensvorteil zukommen lassen, ohne ihn aber als Erben einsetzen zu müssen, so kann er ihm einen Vermögenswert als Vermächtnis zuwenden[626]. Das Vermächtnis stellt eine reine Begünstigung dar – Erbenstellung erlangt der Bedachte dadurch nicht und wird somit nicht Mitglied der Erbengemeinschaft. Er hat folglich keinen uneingeschränkten Anspruch auf Informationen, die im Zusammenhang mit dem Nachlass stehen; nur die Erben haben einen solchen. Er erhält bei der Testamentseröffnung daher nur den ihn betreffenden Ausschnitt aus dem Testament.

Der Erblasser kann dem Vermächtnisnehmer eine einzelne Erbschaftssache oder die Nutzniessung an der gesamten Erbschaft oder an einem Teil davon vermachen. Er kann aber auch die Erben oder Vermächtnisnehmer beauftragen, ihm Leistungen aus dem Wert der Erbschaft zu machen oder ihn von Verbindlichkeiten zu befreien[627]. Auch bei der Aussetzung eines Vermächtnisses empfiehlt es sich, eine Ersatzverfügung für den Fall des Vorversterbens eines Vermächtnisnehmers zu treffen.

2.2.5.3 Einsetzung von Nachbegünstigten

Mit der Nacherbeneinsetzung oder dem Nachvermächtnis werden zwei Personen gestaffelt als Erben oder Vermächtnisnehmer bestimmt[628]. Der Vorerbe oder Vorvermächtnisnehmer erhält nicht nur den Genuss, sondern volle Eigentü-

---

626 Art. 484 Abs. 1 ZGB.

627 Art. 484 Abs. 2 ZGB.

628 Art. 488 Abs. 1 und Abs. 3 ZGB.

merstellung. Er wird das Empfangene in der Regel bis zu seinem Tod behalten können. Der Nacherbe oder Nachvermächtnisnehmer erhält einzig eine Anwartschaft. Eine entsprechende Bindung ist allerdings gegenüber dem Nacherben oder Nachvermächtnisnehmer nicht zulässig, das heisst, Letzterer kann nicht verpflichtet werden, das Empfangene wiederum an einen anderen weiterzugeben[629].

2.2.5.4 Auflagen

Will der Erblasser das künftige Verhalten der Erben oder Vermächtnisnehmer beeinflussen, kann er sich der Auflagen bedienen. Der Erblasser kann den mit einer Auflage Beschwerten zu einem bestimmten Verhalten verpflichten. Wird die Auflage durch den Beschwerten nicht erfüllt, kann jedermann, der an ihr ein Interesse hat, deren Vollziehung verlangen und notfalls gerichtlich durchsetzen[630].

Mit einer Auflage kann der Erblasser Verhaltensweisen verschiedenster Art – sowohl Tätigkeiten als auch Unterlassungen – der Erben oder Vermächtnisnehmer anordnen, beispielsweise:

- die Zuweisung von bestimmten Gegenständen an bestimmte Personen;
- Veräusserungsverbote;
- Anbietungspflichten an Miterben;
- Instruktionen über die Nutzung von Nachlassobjekten;

629 Art. 488 Abs. 2 ZGB.
630 Art. 482 Abs. 1 ZGB.

- anderweitige Instruktionen mit einem Bezug zum Nachlass, wie etwa den Zukauf von Objekten[631].

Bezüglich einzelner Sachen könnte damit beispielsweise folgendes vorgesehen werden:

- Eine Sache soll einer bestimmten Person zugewiesen werden;
- Verbot des Verkaufs einer Sache;
- Sachen dürfen verkauft werden, sind allerdings vorgängig anderen Miterben zum Kauf anzubieten;
- Instruktion, dass bestimmte Sachen der Öffentlichkeit zugänglich gemacht werden sollen.

Auflagen sind damit eine äusserst interessante Möglichkeit, um das Schicksal einzelner Sachen für die Zukunft zu gestalten.

Unsittliche oder rechtswidrige Auflagen[632] machen die Verfügung von Todes wegen ungültig[633]. Obwohl grundsätzlich die gesamte Verfügung von Todes wegen der Ungültigkeitsklage untersteht, ist es zulässig, nur den unsittlichen oder rechtswidrigen Teil der Verfügung für ungültig zu erklären, sofern es dem mutmasslichen Willen des Erblassers entspricht, die restliche Verfügung aufrechtzuerhalten. Für andere Personen lästige oder unsinnige Auflagen[634] werden

---

631 DRUEY, JEAN NICOLAS: Grundriss des Erbrechts, Bern 2002, S. 139.

632 Wie z.B.: Der Sohn erhält CHF 200'000. Im Gegenzug soll er eine arme Bekannte des Erblassers heiraten und diese unterstützen.

633 Art. 482 Abs. 2 ZGB i.V.m. Art. 519 Abs. 1 Ziff. 3 ZGB.

634 Wie z.B.: Der Sohn erhält das Haus. Im Gegenzug soll er im Garten nur Tulpen pflanzen.

einfach gestrichen, und die Verfügung von Todes wegen bleibt ohne sie bestehen[635].

2.2.5.5 Bedingungen

Anders ausgestaltet ist die Bedingung, welche ebenfalls in letztwilligen Verfügungen vorgesehen werden kann[636]. Hier wird der Vollzug einer Verfügung von bestimmten ungewissen, zukünftigen Gegebenheiten abhängig gemacht. Denkbar sind sowohl Suspensiv- als auch Resolutivbedingungen. Bei der *Suspensivbedingung* wird die Verbindlichkeit einer letztwilligen Verfügung vom Eintritt der Bedingung abhängig gemacht[637]. Bis zum Eintritt der Bedingung steht die Erbschaft den gesetzlichen Erben zu. Bei einer *Resolutivbedingung* dagegen wird die Auflösung einer Verfügung vom Eintritt der Bedingung abhängig gemacht[638]. Die Verfügung bleibt somit wirksam bis zum Eintritt der Bedingung.

Unsittliche oder rechtswidrige Bedingungen[639] machen die Verfügung von Todes wegen ungültig[640]. Obwohl grundsätzlich die gesamte Verfügung von Todes wegen der Ungültigkeitsklage untersteht, ist es zulässig, nur den unsittlichen

---

635 Art. 482 Abs. 3 ZGB.

636 Art. 482 ZGB.

637 Art. 151 OR. Beispiel: Das Patenkind erhält einen Drittel der Erbschaft, wenn es 18 Jahre alt ist.

638 Art. 154 OR.

639 Wie z.B.: Der Sohn erhält CHF 500'000, wenn er seine Freundin, mit welcher der Erblasser im Streit steht, nicht heiratet. Zulässig ist hingegen folgende Bedingung: Die Tochter soll auf den Pflichtteil gesetzt werden, falls sie die Verfügung von Todes wegen anficht, sog. Privatorische Klausel. Eine solche Klausel muss im Testament selbst enthalten sein. Eine allfällige Anfechtung des Testaments erfasst im Erfolgsfall auch die privatorische Klausel.

640 Art. 482 Abs. 2 i.V.m. Art. 519 Abs. 1 Ziff. 3 ZGB.

oder rechtswidrigen Teil der Verfügung für ungültig zu erklären, sofern es dem mutmasslichen Willen des Erblassers entspricht, die restliche Verfügung aufrechtzuerhalten. Für andere Personen lästige oder unsinnige Bedingungen[641] werden einfach gestrichen und die Verfügung von Todes wegen bleibt ohne sie bestehen[642].

2.2.5.6 Stiftung

Der Erblasser hat auch die Möglichkeit, mit dem verfügbaren Teil seines Vermögens eine Stiftung zu errichten[643]. Da es sich hierbei um ein Rechtsgeschäft von Todes wegen handelt – im Gegensatz zu einer Stiftungserrichtung zu Lebzeiten –, braucht es eine Verfügung von Todes wegen[644] oder einen Erbvertrag. Dabei hat der Erblasser den Zweck und die Organisation der Stiftung in den wesentlichen Punkten zu definieren. Rechtspersönlichkeit erlangt die Stiftung mit dem Tod des Erblassers.

2.2.5.7 Enterbung

Der Erblasser kann einem Erben durch Verfügung von Todes wegen den Pflichtteil entziehen. Eine Enterbung ist allerdings nur unter eingeschränkten Voraussetzungen möglich. So ist erforderlich, dass der Erbe gegen den Erblasser oder gegen eine ihm nahestehende Person eine schwere Straftat begangen hat oder dass er gegenüber dem Erblasser oder seinen Angehörigen seine familienrechtlichen Pflichten schwer

---

641 Wie z.B.: Ein Freund erhält CHF 30'000, wenn er jeden Tag mit roter Krawatte zur Arbeit geht.

642 Art. 482 Abs. 3 ZGB.

643 Art. 493 ZGB.

644 Art. 81 Abs. 1 ZGB.

verletzt hat[645]. Es muss sich somit um schwerwiegende Verfehlungen handeln; Kleinigkeiten sowie Unverträglichkeiten in der Familie genügen nicht.

Der Erblasser hat den Enterbungsgrund im Testament ausdrücklich zu erwähnen. Der Enterbte kann das Testament wegen Unrichtigkeit anfechten. Diesfalls hat der Erbe oder Bedachte, der aufgrund der Enterbung begünstigt wird, die Richtigkeit der Enterbung zu beweisen. Scheitert er mit diesem Nachweis, behält der Enterbte seinen Pflichtteil[646].

Zu beachten gilt, dass eine Enterbung nur gegenüber der betreffenden Person wirkt und nicht auch gegenüber den Nachkommen der enterbten Person[647].

Schliesslich ist auch die Enterbung eines zahlungsunfähigen Nachkommens möglich, allerdings auch dies nur unter restriktiven Bedingungen[648].

2.2.5.8 Teilungsvorschriften

Der Erblasser kann in einer Verfügung von Todes wegen Bestimmungen aufstellen, wie der Nachlass unter den Erben zu teilen ist[649]. Diese Teilungsvorschriften sind für die Erben grundsätzlich verbindlich, es sei denn, es bestehe eine durch den Erblasser nicht beabsichtigte Ungleichheit der Teile; diesfalls hat eine Ausgleichung unter den Erben stattzufinden[650]. Mittels Teilungsvorschrift geht keine zusätzliche

645 Art. 477 Abs. 1 ZGB.
646 Art. 479 ZGB.
647 Art. 478 ZGB.
648 Vgl. dazu Art. 480 ZGB.
649 Art. 608 Abs. 1 ZGB.
650 Art. 608 Abs. 2 ZGB.

Begünstigung eines Erben einher[651]. Dem Erblasser erlauben solche Teilungsvorschriften somit, den Erben vorzuschreiben, wer welche Gegenstände, beispielsweise Kunstobjekte, auf Anrechnung an seinen Erbteil erhalten soll. Übersteigt der Wert eines Gegenstandes den Erbteil eines Erben, so hat dieser den Überschuss selbst zu finanzieren.

2.2.5.9 Ernennung eines Willensvollstreckers

Der Erblasser kann in einer letztwilligen Verfügung[652] eine oder mehrere handlungsfähige Personen mit der Vollstreckung seines Willens beauftragen[653]. Diese Personen werden als Willensvollstrecker bezeichnet. Sie haben sich binnen 14 Tagen, von der Mitteilung des Auftrages an gerechnet, über die Annahme des Auftrages zu erklären; ein Stillschweigen gilt als Annahme[654]. Nehmen sie den Auftrag an, haben sie Anspruch auf angemessene Vergütung[655].

Hat der Erblasser einen Willensvollstrecker ernannt, so hat dieser anstelle der Erben das Testament zu vollziehen und dabei den Willen des Erblassers zu vertreten. Er darf den Nachlass nicht nach eigenem Gutdünken verteilen. Seine Aufgaben richten sich in erster Linie nach der Verfügung von Todes wegen und subsidiär nach dem Gesetz. Zu seinen Aufgaben gehört insbesondere, die Erbschaft zu verwalten, das heisst, die Substanz des Vermögens zu erhalten, die

[651] Art. 608 Abs. 3 ZGB.

[652] Die Ernennung eines Willensvollstreckers ist auch in einem Erbvertrag möglich. Bei einer solchen Ernennung handelt es sich um eine testamentarische Klausel, welche keine vertragliche Bindung hat und vom Erblasser jederzeit widerrufen werden kann.

[653] Art. 517 Abs. 1 ZGB.

[654] Vgl. Art. 517 Abs. 2 ZGB.

[655] Art. 517 Abs. 3 ZGB.

Schulden des Erblassers[656] zu begleichen, allfällige Vermächtnisse auszurichten und die Teilung nach den Anordnungen des Erblassers oder nach Vorschrift des Gesetzes auszuführen[657, 658]. Zudem hat er den Erben laufend Informationen über die Abwicklung des Nachlasses zu erteilen.

2.3 Der Erbgang

2.3.1 Testamentseröffnung

Jedermann, der im Besitz eines Testaments einer verstorbenen Person ist, hat dieses bei der zuständigen Behörde einzureichen[659]. Hinterlässt der Erblasser mehr als eine Verfügung, so sind alle der Behörde einzuliefern und von ihr zu eröffnen[660].

Die Eröffnungsbehörde, welche sich am letzten Wohnsitz des Verstorbenen befindet, hat es den gesetzlichen und eingesetzten Erben binnen eines Monats bekannt zu geben. Allfällige Vermächtnisnehmer erhalten nur Mitteilung über das Vermächtnis[661].

2.3.2 Erbschein

Um über die Erbschaft verfügen zu können – insbesondere über Bankkonten und Grundstücke der verstorbenen Person –, benötigen die Erben oft einen Erbschein. Der Erb-

[656] Sog. Erbschaftsschulden. Zu bereinigen sind aber auch die Kosten des Todesfalles, sog. Erbgangsschulden.

[657] Art. 518 Abs. 2 ZGB.

[658] Näheres dazu hinten, Ziff. VI.2.5.

[659] Art. 556 ZGB.

[660] Dazu Art. 557 ZGB.

[661] Art. 558 ZGB.

schein ist eine provisorische Bestätigung über den Kreis der Erbberechtigten und dient den Erben als Nachweis ihrer Erbenqualität und somit ihrer Berechtigung am Nachlass. Die Erben – gesetzliche und eingesetzte – haben Anspruch auf Ausstellung einer solchen Bestätigung. Diese wird von der für die Testamentseröffnung zuständigen Behörde ausgestellt. In der Regel erfolgt dies bei ausdrücklicher Annahme der Erbschaft oder nach Ablauf der Ausschlagungsfrist[662]. Zudem wird ein Erbschein erst ausgestellt, wenn die einmonatige Einsprachefrist, innert welcher die Berechtigung von eingesetzten Erben bestritten werden kann, abgelaufen ist[663].

2.3.3 Bescheinigung für Auskunft

Wissen die Erben nicht, ob eine Erbschaft überschuldet ist und sie diese folglich ausschlagen sollen, können sie bei der zuständigen Behörde eine „Bescheinigung für Auskunft“ verlangen. Damit haben sie die Möglichkeit, Auskünfte bei Banken, Behörden etc. einzuholen und sich so einen Überblick über Vermögen und Schulden der verstorbenen Person zu verschaffen. Die Beantragung eines Erbscheins empfiehlt sich deshalb erst wenn klar ist, dass der Nachlass nicht überschuldet ist.

662 Zur Ausschlagung unten, Ziff. VI.2.4.2.
663 Art. 559 Abs. 1 ZGB.

2.4 Der Erwerb der Erbschaft

2.4.1 Die Erbengemeinschaft

Mit dem Tod des Erblassers geht sein gesamtes Vermögen von Gesetzes wegen auf die Erben über[664]. Sind mehrere Erben vorhanden, so bilden sie bis zur Teilung der Erbschaft eine Erbengemeinschaft, die nur gemeinsam über den Nachlass verfügen kann[665].

Grundsätzlich gehen sämtliche Forderungen, das Eigentum, die beschränkten dinglichen Rechte und der Besitz des Erblassers ohne weiteres auf sie über. Zudem werden die Schulden des Erblassers zu persönlichen Schulden der Erben[666]. Für die Schulden des Erblassers haften die Erben solidarisch[667], und zwar mit ihrem gesamten Vermögen.

2.4.2 Ausschlagung

Wer die Rechte und Pflichten des Erblassers aufgrund der Universalsukzession nicht erwerben will – z.B. weil der Nachlass überschuldet ist –, kann die Erbschaft ausschlagen[668]. Die Ausschlagung der Erbschaft durch die Erben wird vom Gesetz vermutet, wenn der Erblasser im Zeitpunkt seines Todes zahlungsunfähig war und dies amtlich festgestellt oder offenkundig ist[669]. Wollen die Erben die Erbschaft dennoch annehmen, haben sie dies ausdrücklich zu erklären.

664 Sog. Universalsukzession, vgl. Art. 560 Abs. 1 ZGB.
665 Vgl. Art. 602 ZGB.
666 Art. 560 Abs. 2 ZGB.
667 Art. 603 Abs. 1 ZGB.
668 Art. 566 Abs. 1 ZGB.
669 Art. 566 Abs. 2 ZGB.

Die Ausschlagungsfrist beträgt drei Monate und beginnt für die gesetzlichen Erben mit dem Zeitpunkt, da sie vom Tod des Erblassers erfahren, und für die eingesetzten Erben mit dem Zeitpunkt, da sie die Testamentseröffnungsverfügung erhalten haben[670]. Diese Frist kann nur in Ausnahmefällen erstreckt bzw. wiederhergestellt werden[671]. Die Ausschlagung muss – schriftlich oder mündlich – bei der zuständigen Behörde erklärt werden und hat unbedingt und vorbehaltlos zu erfolgen[672]. So kann die Ausschlagung z.B. nicht zugunsten irgendeiner beliebigen Drittperson erfolgen.

Hat sich ein Erbe vor Ablauf der Ausschlagungsfrist in Angelegenheiten der Erbschaft eingemischt oder Handlungen vorgenommen, die über blosse Verwaltungshandlungen hinausgingen oder nicht durch den Fortgang der Geschäfte des Erblassers gefordert waren, kann er die Erbschaft nicht mehr ausschlagen. Gleiches gilt, wenn sich ein Erbe Erbschaftssachen angeeignet oder solche verheimlicht hat[673].

Wenn die Erbschaft von allen Erben ausgeschlagen wird, hat die Erbschaftsbehörde den Konkursrichter zu benachrichtigen, worauf über die Erbschaft der Konkurs eröffnet und diese liquidiert wird. Verbleibt danach ein Überschuss, wird dieser den Berechtigten ausgehändigt, wie wenn keine Ausschlagung stattgefunden hätte[674].

Sind Erben unschlüssig, ob sie eine Erbschaft ausschlagen sollen oder nicht, weil sie im Ungewissen sind, ob mehr

670 Art. 567 ZGB.
671 Art. 576 ZGB.
672 Art. 570 ZGB.
673 Art. 571 Abs. 2 ZGB.
674 Art. 573 ZGB.

Schulden zu zahlen sind, als Vermögen vorhanden ist, so bestehen verschiedene Möglichkeiten.

2.4.3 Öffentliches Inventar

Eine Möglichkeit ist die Aufnahme eines öffentlichen Inventars. Hierbei wird ein Verzeichnis mit allen Vermögenswerten und Schulden der Erbschaft angelegt, wobei alle Inventarstücke mit einer Schätzung zu versehen sind[675]. Die zuständige Behörde verbindet mit der Inventaraufnahme einen öffentlichen Aufruf, durch den die Schuldner und Gläubiger des Erblassers aufgefordert werden, innert einer bestimmten Frist ihre Schulden und Forderungen anzumelden[676]. Nach Abschluss des Inventars können die Erben die Erbschaft entweder vorbehaltlos annehmen, ausschlagen oder aber „unter öffentlichem Inventar“ annehmen[677]. In letzterem Fall haften die Erben grundsätzlich nur für die im Inventar aufgeführten Schulden[678].

Die Frist zur Beantragung eines öffentlichen Inventars beträgt einen Monat – nach Kenntnis des Todesfalls –, und das Begehren muss schriftlich bei der zuständigen Behörde gestellt werden[679].

2.4.4 Amtliche Liquidation

Eine weitere Möglichkeit ist die amtliche Liquidation des Nachlasses. In diesem Falle haften die Erben nicht für die

[675] Art. 581 Abs. 1 ZGB.
[676] Art. 582 ZGB.
[677] Vgl. Art. 588 ZGB.
[678] Art. 589 ZGB.
[679] Art. 580 ZGB.

Schulden des Erblassers[680]. Die amtliche Liquidation kann jedoch nur verlangt werden, wenn kein Erbe die Annahme der Erbschaft erklärt hat[681]. Verbleibt nach Durchführung der amtlichen Liquidation ein Überschuss, wird dieser den Erben ausgeliefert.

2.5 Die Teilung der Erbschaft

Die Erben können den Nachlass selber regeln. So dürfen sie unter anderem den Zeitpunkt und die Art der Teilung selber bestimmen. Sind sich alle einig, müssen sie sich auch nicht an allfällige testamentarische Teilungsvorschriften des Erblassers halten. Die Teilung kann real oder durch Abschluss eines schriftlichen Teilungsvertrags erfolgen. Für die Ausführung der Teilung bedarf es der Zustimmung sämtlicher Erben. Sind sich die Erben über die Teilung nicht einig, so kann jeder von ihnen zu jedem beliebigen Zeitpunkt die Teilung verlangen[682], soweit keine vertragliche oder gesetzliche Pflicht zur Gemeinschaft besteht[683]. Wird die zuständige Behörde wegen Uneinigkeit der Erben angerufen, so bildet sie – anstelle der Erben – Lose[684]. Dabei wird das Vermögen in Einzelteile aufgelöst und dann auf die Erben verteilt. Zu beachten ist, dass grundsätzlich alle den gleichen Anspruch auf die einzelnen Erbschaftsgegenstände haben, und zwar Anspruch auf Zuteilung der Erbschaftsgegenstände in natura[685].

---

680 Art. 593 Abs. 3 ZGB.
681 Art. 593 Abs. 2 ZGB.
682 Mittels Erbteilungsklage.
683 Art. 604 Abs. 1 ZGB.
684 Vgl. dazu Art. 611 ZGB.
685 Art. 610 Abs. 1 ZGB. Vgl. auch BGE 108 II 535 ff., 539.

Hat der Erblasser in seinem Testament einen Willensvollstrecker ernannt, so hat er die Teilung auszuführen. Fehlen Anordnungen des Erblassers hinsichtlich der Teilung, muss sich der Willensvollstrecker an die gesetzliche Regelung halten[686]. Das bedeutet, dass die Erben die Teilung frei vereinbaren können[687]. Der Willensvollstrecker hat diesfalls die Teilung nur vorzubereiten, das heisst, er hat den Erben einen oder mehrere Teilungsvorschläge zu unterbreiten. Dabei hat er möglichst auf die Wünsche und Interessen der Erben Rücksicht zu nehmen[688]. Können sich die Erben in einem schriftlichen Teilungsvertrag[689] einigen, so hat der Willensvollstrecker diesen zu vollziehen. Gelingt eine Einigung nicht, so hat der Willensvollstrecker – gleich wie die Teilungsbehörde – Lose zu bilden[690]. Er kann die Erbteilung somit nicht selbständig und autoritativ vornehmen.

Würde eine Erbschaftssache durch Teilung wesentlich an Wert verlieren, so soll sie einem Erben ungeteilt zugewiesen werden[691]. Demgegenüber ist eine Erbschaftssache zu verkaufen, wenn sich die Erben nicht über deren Teilung oder Zuweisung einigen können; der Erlös wird dann unter den Erben verteilt[692]. Im Übrigen sollen Gegenstände, die ihrer Natur nach zusammengehören, nicht getrennt werden, wenn einer der Erben gegen die Teilung Einspruch erhebt, und Gegenstände mit besonderem Erinnerungswert für die Fami-

---

686 Art. 518 Abs. 2 ZGB.

687 Art. 607 Abs. 2 ZGB. Vgl. dazu auch BGE 108 II 535 ff., 537 f.

688 BGE 108 II 535 ff., 537 f.

689 Dieser ist von sämtlichen Erben zu unterzeichnen, vgl. BGE 102 II 197 ff., 201.

690 Art. 611 Abs. 2 ZGB; vgl. BGE 102 II 197 ff., 202.

691 Art. 612 Abs. 1 ZGB.

692 Art. 612 Abs. 2 ZGB.

lie sollen nicht veräussert werden, wenn ein Erbe dagegen ist[693]. Grundstücke sind zum Verkehrswert, der ihnen im Zeitpunkt der Teilung zukommt, anzurechnen[694].

Mit der Aufstellung und der Entgegennahme der Lose oder mit dem Abschluss des schriftlichen Teilungsvertrags wird die Teilung für die Erben verbindlich. Mit dem Vollzug der Teilung endet die Erbengemeinschaft. Die Erben bleiben allerdings während fünf Jahren solidarisch haftbar für die Schulden des Erblassers[695].

2.6 Informationsrechte und -pflichten der Erben

Die Miterben haben unter sich eine umfassende Auskunftspflicht und sich gegenseitig alles mitzuteilen, was für die Teilung der Erbschaft von Bedeutung sein könnte[696]. Insbesondere haben sie einander Aufschluss zu geben über Erbschaftssachen, die sich in ihrem Besitze befinden, oder über allfällige Schulden gegenüber dem Erblasser[697]. Die Auskunftspflicht der Erben erstreckt sich nicht nur auf den Nachlass an sich, sondern auch auf lebzeitige Zuwendungen, die möglicherweise der Ausgleichung oder Herabsetzung unterliegen[698]. Zur Auskunftspflicht gehört auch die Pflicht zur Gewährung von Akteneinsicht[699].

Die Auskunftspflicht der Erben besteht nicht nur gegenüber den Miterben, sondern gegenüber sämtlichen Personen, die

693 Vgl. Art. 613 Abs. 1 und 2 ZGB.
694 Art. 617 ZGB.
695 Art. 639 ZGB.
696 Vgl. Art. 610 Abs. 2 ZGB.
697 Art. 607 Abs. 3 ZGB.
698 BGE 90 II 365 ff., 372.
699 BGE 90 II 365 ff., 372.

bei der Nachlassabwicklung mitzuwirken haben, wie namentlich der Willensvollstrecker[700]. Der Willensvollstrecker hat allerdings nicht nur ein Auskunftsrecht, sondern seinerseits eine Auskunftspflicht gegenüber den Erben, so über den Stand des Nachlasses, über allfällige Vorbezüge, über sein aufgelaufenes Honorar etc. Zudem hat er die Erben regelmässig und unaufgefordert über wichtige Tatsachen zu informieren, damit die Erben in der Lage sind, ihre Erbansprüche zu bestimmen und geltend zu machen. So hat er zum Beispiel über eine allfällige Ungültigkeit des Testaments oder über die Verletzung von Pflichtteilsrechten zu informieren[701].

Die Erben haben nicht nur untereinander Informationsansprüche, sondern auch gegenüber Dritten. Einerseits erlangen sie aufgrund Universalsukzession[702] die *vertraglichen Auskunftsrechte* des Erblassers gegen Dritte[703]. Andererseits haben sie eigene erbrechtliche Auskunftsansprüche, die sich aus ihrer eigenen Erbenstellung ergeben. Um einen solchen Anspruch handelt es sich dort, wo der Erblasser mit dem Dritten in keiner vertraglichen Beziehung stand, wo zwar eine solche bestand, der Erblasser den Dritten jedoch von der Auskunftspflicht befreit hat oder wo die Auskunftspflicht aufgrund der Höchstpersönlichkeit des Rechtsgeschäfts nicht auf die Erben übergegangen ist[704]. Die *erbrechtlichen Auskunftsansprüche* bestehen immer dann, wenn Dritte Empfänger letztwilliger Zuwendungen des Erblassers geworden sind[705].

---

700 BGE 90 II 365 ff., 372 f.

701 Dazu BGE 90 II 365 ff., 373.

702 Vgl. Art. 560 Abs. 2 ZGB.

703 So z.B. aus Auftragsrecht, Art. 400 OR.

704 BGE 132 III 677 ff., 687.

705 BGE 132 III 677 ff., 687.

2.7 Ausgleichung und Herabsetzung

Es kann vorkommen, dass der Erblasser bereits zu Lebzeiten Zuwendungen aus seinem Vermögen an seine Erben vorgenommen hat. Dies kann sinnvoll sein, wenn ein Nachkomme zum Beispiel Starthilfe für die Eröffnung eines eigenen Unternehmens oder für den Bau eines Hauses benötigt.

Hat der Verstorbene zu seinen Lebzeiten Zuwendungen an einen Erben vorgenommen, hat dieser den Vorbezug bei der späteren Erbteilung zur Ausgleichung zu bringen, wenn die Zuwendung auf Anrechnung an seinen Erbanteil erfolgt ist[706]. Übersteigt die Zuwendung den Betrag des Erbanteils des betreffenden Erben, hat dieser den Überschuss grundsätzlich nicht auszugleichen, sofern der Erblasser den Erben begünstigen wollte[707].

Hat der Erblasser den Erben von der Ausgleichungspflicht befreit, bedeutet dies nicht zwingend, dass der Vorempfang nicht dennoch bei der erbrechtlichen Auseinandersetzung berücksichtigt würde. Werden nämlich Pflichtteile von Miterben verletzt, können diese auf Herabsetzung und Herstellung ihres Pflichtteilsanspruchs klagen[708]. Mit der Herabsetzung wird die Zuwendung an den Begünstigten bis zur Herstellung der Pflichtteile herabgesetzt, nicht aber bis zur Wiederherstellung der vollen Erbanteile der betroffenen Erben.

Nachkommen haben stets auszugleichen, wenn die Zuwendungen des Erblassers als Heiratsgut, Ausstattung, durch Vermögensabtretung oder Schulderlass und dergleichen er-

706 Vgl. Art. 626 Abs. 1 ZGB.
707 Vgl. Art. 629 Abs. 1 ZGB.
708 Vgl. dazu Art. 628 Abs. 2 ZGB und Art. 629 Abs 1 ZGB.

folgen[709], es sei denn, der Erblasser hat in seiner Verfügung von Todes wegen ausdrücklich von der Ausgleichungspflicht befreit[710]. Die Begünstigung eines Nachkommen und eine Befreiung von der Ausgleichungspflicht wird hingegen vermutet bei der Zuwendung von Heiratsausstattung in üblichem Umfang[711].

Für übliche Gelegenheitsgeschenke[712] besteht keine Ausgleichungspflicht[713]. Der Erblasser kann jedoch auch für diese eine Ausgleichungspflicht anordnen.

Zuwendungen für die Erziehung und Ausbildung der Kinder sind nur der Ausgleichungspflicht unterworfen, wenn sie das übliche Mass übersteigen, es sei denn, der Erblasser hat etwas anderes angeordnet. Das übliche Mass bestimmt sich unter anderem nach der Gesellschaftsschicht des Erblassers sowie seinen persönlichen Verhältnissen.

Die Ausgleichung kann entweder in natura[714] erfolgen oder durch Anrechnung dem Werte nach[715,716]. Bei der ersten Variante wird der vorempfangene Vermögenswert in natura in die Erbmasse eingeworfen. Bei letzterer Variante wird der

709 Bei diesen Zuwendungen handelt es sich um solche mit Ausstattungscharakter, d.h. sie haben den Zweck, dem Empfänger eine Existenz zu verschaffen, diese zu sichern oder zu verbessern, vgl. dazu BGE 116 II 667 ff., 673, sowie BGE 131 III 49 ff., 55.

710 Art. 626 Abs. 2 ZGB.

711 Art. 629 Abs. 2 ZGB.

712 Wie zum Beispiel zu Weihnachten, zum bestandenen Examen oder zum Geburtstag.

713 Art. 632 ZGB.

714 Sog. Realausgleichung.

715 Sog. Idealausgleichung.

716 Art. 628 Abs. 1 ZGB. Die Wahl zwischen Real- und Idealausgleichung steht den Ausgleichungspflichtigen zu, nicht aber den Miterben, vgl. BGE 118 II 264 ff., 272.

vorempfangene Vermögenswert hingegen behalten, es wird aber dessen Wert zur Erbmasse angerechnet. Der Vorempfang wird nach dem Verkehrswert zur Zeit des Erbgangs[717] bewertet oder – wenn die Sache vorher veräussert worden ist – nach dem dafür erzielten Erlös[718].

2.8 Erbrechtliche Klagen

2.8.1 Die Herabsetzungsklage

Verletzt eine Verfügung von Todes wegen den Pflichtteil eines Erben, kann dieser mittels Herabsetzungsklage verlangen, dass die Verfügung auf das erlaubte Mass herabgesetzt wird[719]. Der Herabsetzung unterliegen wie die Verfügungen von Todes wegen die Zuwendungen auf Anrechnung an den Erbteil, als Heiratsgut, Ausstattung oder Vermögensabtretung, wenn sie nicht der Ausgleichung unterworfen sind[720], die Erbabfindungen und Auskaufsbeträge[721], die Schenkungen, die der Erblasser frei widerrufen konnte oder die er während der letzten fünf Jahre vor seinem Tode ausgerichtet hat, mit Ausnahme der üblichen Gelegenheitsgeschenke[722], sowie die Entäusserung von Vermögenswerten, die der Erblasser offenbar zum Zwecke der Umgehung der Verfügungsbeschränkung vorgenommen hat[723].

[717] D.h. des Todestages des Erblassers; Art. 537 ZGB.
[718] Art. 630 Abs. 1 ZGB.
[719] Art. 522 Abs. 1 ZGB.
[720] Art. 527 Ziff. 1 ZGB.
[721] Art. 527 Ziff. 2 ZGB.
[722] Art. 527 Ziff. 3 ZGB
[723] Art. 527 Ziff. 4 ZGB.

Ein Pflichtteilserbe hat die Herabsetzungsklage innert eines Jahres seit Kenntnis der Verletzung seiner Rechte zu erheben, spätestens innert zehn Jahren seit der Testamentseröffnung[724]. Unterlässt es der in seinem Pflichtteil verletzte Erbe zu klagen, bleibt die Verfügung von Todes wegen wirksam. Wird die Klage rechtzeitig erhoben, werden die Zuwendungen an andere Erben, an Vermächtnisnehmer und an Beschenkte gekürzt, bis der Pflichtteil wiederhergestellt ist. Hat ein Erbe in einem Erbvertrag[725] gültig auf seinen Pflichtteil verzichtet[726], ist er nicht mehr zur Klageerhebung legitimiert.

2.8.2 Die Ungültigkeitsklage

Weist eine Verfügung von Todes wegen[727] schwerwiegende Mängel auf, kann sie auf erhobene Klage hin teilweise oder ganz für ungültig erklärt werden. Das Gesetz enthält eine abschliessende Aufzählung der Klagegründe. Klage erhoben werden kann, wenn der Erblasser zur Zeit der Testamentserrichtung nicht verfügungsfähig war, wenn sein Wille mangelhaft war oder die Verfügung rechtswidrig oder unsittlich ist[728]. Zudem kann Klage erhoben werden, wenn die Verfügung Formmängel aufweist[729]. Schliesslich kann eine Verfügung angefochten werden, die eine ungültige Enterbung enthält[730]. Die Klage ist innert eines Jahres seit Kenntnis der Verfügung und des Ungültigkeitsgrundes zu erheben, spätes-

[724] Art. 533 Abs. 1 ZGB.
[725] Und zwar in einem Erbverzichts- oder Erbauskaufsvertrag.
[726] Vgl. Art. 495 ZGB.
[727] Oder ein Erbvertrag.
[728] Vgl. Art. 519 Abs. 1 ZGB.
[729] Art. 520 f. ZGB.
[730] Art. 479 f. ZGB.

tens innert zehn Jahren[731] seit der Testamentseröffnung[732]. Wird keine Klage erhoben, bleibt die Verfügung von Todes wegen wirksam. Zur Ungültigkeitsklage ist jedermann legitimiert, der als Erbe oder Bedachter ein Interesse daran hat, dass die Verfügung für ungültig erklärt werde[733]. Zu beachten gilt, dass das Urteil nur zwischen den an der Klage beteiligten Personen gilt.

2.8.3 Die Erbschaftsklage

Befindet sich die Erbschaft oder einzelne Erbschaftssachen im Besitz eines Dritten[734], kann jeder Erbe, der glaubt, ein besseres Recht daran zu haben, auf Herausgabe klagen[735]. Die Klage ist innert eines Jahres seit Kenntnis vom Besitz des Dritten und vom eigenen besseren Recht zu erheben, spätestens innert zehn Jahren[736] seit dem Tod des Erblassers oder der Testamentseröffnung[737].

2.9 Steuerliche Folgen eines Erbanfalles

In der Schweiz sind die Kantone berechtigt, Erbschafts- und Schenkungssteuern zu erheben. Das Recht dazu steht dem Kanton des letzten Wohnsitzes des Erblassers zu. Derzeit er-

---

731 Bei Bösgläubigkeit eines Bedachten innert 30 Jahren; dies gilt aber nur bei Verfügungsunfähigkeit des Erblassers oder bei Rechts- oder Sittenwidrigkeit der Verfügung, vgl. Art. 521 Abs. 2 ZGB.

732 Art. 521 Abs. 1 ZGB.

733 Art. 519 Abs. 2 ZGB.

734 Gegenüber Miterben ist eine Erbschaftsklage ausgeschlossen.

735 Art. 598 ZGB.

736 Bei Bösgläubigkeit des unberechtigten Dritten innert 30 Jahren, Art. 600 Abs. 2 ZGB.

737 Art. 600 Abs. 1 ZGB.

hebt nur der Kanton Schwyz keine Erbschaftssteuern. In den anderen Kantonen besteht grundsätzlich eine Erbschaftssteuer. In den meisten Kantonen sind jedoch Erbanfälle an den Ehegatten und/oder an Nachkommen von der Erbschaftssteuer befreit. Die kantonalen Unterschiede bezüglich der Ausgestaltung der Erbschaftssteuer variieren stark und sind bei einer Steuer- und Nachlassplanung im Einzelfall zu berücksichtigen.

Nebst dem Kanton Luzern, der weitgehend auf die Schenkungssteuer verzichtet, sind Schenkungen nur im Kanton Schwyz schenkungssteuerfrei. Eine Anzahl Kantone hat allerdings direkte Nachkommen und Ehegatten von den Schenkungssteuern befreit.

Im internationalen Verhältnis bestehen mit einigen Ländern Abkommen zur Vermeidung der Doppelbesteuerung.

VII. Das schweizerische Steuersystem

1. Grundlegendes zum Steuersystem der Schweiz

1.1 Allgemeine Bemerkungen

Das schweizerische Steuersystem widerspiegelt die föderalistische Staatsstruktur der Schweiz. Kennzeichnend ist in erster Linie, dass sowohl der **Bund** wie auch die **26 Kantone** und die rund **2'800 Gemeinden Steuern** erheben[738].

Neben der **Steuergesetzgebung des Bundes**[739] kennt jeder **Kanton seine eigene Steuergesetzgebung** und belastet Einkommen, Vermögen, Erbschaften, Schenkungen, Kapital- und Grundstückgewinne sowie andere Steuerobjekte unterschiedlich[740]. Die **Gemeinden** erheben ihre Steuern, indem sie entweder am kantonalen Steuerertrag partizipieren oder

---

738 MÄUSLI-ALLENSPACH, PETER/OERTLI, MATHIAS: Das schweizerische Steuerrecht. Ein Grundriss mit Beispielen, Bern 2013, S. 54.

739 Wichtigste steuerrechtliche Erlasse auf Bundesebene sind das Bundesgesetz vom 14.12.1990 über die direkte Bundessteuer (DBG, SR 642.11), das Bundesgesetz vom 14.12.1990 über die Harmonisierung der direkten Steuern der Kantone und Gemeinden (StHG, SR 642.14; dazu sogleich VII.1.2), das Bundesgesetz über die Verrechnungssteuer vom 13.10.1965 (VStG, SR 642.21), das Bundesgesetz über die Stempelabgaben vom 27.6.1973 (StG, SR 641.10) sowie das Bundesgesetz über die Mehrwertsteuer vom 12.6.2009 (MWStG, SR 641.20).

740 EIDGENÖSSISCHE STEUERVERWALTUNG, Informationsstelle für Steuerfragen (ESTV-System): Steuerinformationen. Teil C, Steuersystem. Die geltenden Steuern von Bund, Kantonen und Gemeinden, Bern 2014, S. 1, abrufbar unter http://www.estv.admin.ch/dokumentation/0079/00080/00736/index.html#sprungmarke0_76.

gestützt auf ein Gemeindereglement eigene Steuern als Zuschläge zu den kantonalen Steuern erheben[741].

Diese Ausgestaltung des schweizerischen Steuersystems basiert auf der föderalistischen Staatsordnung der Schweiz[742]. Ein föderalistisch aufgebauter Staat zeichnet sich primär durch die Stärkung seiner Gliedstaaten aus[743]. Dies zeigt sich besonders im Gedanken des Subsidiaritätsprinzips, nach welchem in einem stufenförmig aufgebauten Staat primär die kleineren Einheiten ihre Angelegenheiten selbständig besorgen und die grössere (zentrale) Einheit nur dort zuständig ist, wo übergeordnete Interessen betroffen oder die Gliedstaaten zu einer Lösung nicht fähig sind. Auf die Schweiz als föderalistischen Bundesstaat übertragen, bedeutet dies, dass der Bund nur dort eine Zuständigkeit beanspruchen darf, wo die Kantone eine Aufgabe selber nicht bewältigen können oder eine zentrale, einheitliche Lösung für die ganze Schweiz vonnöten ist[744].

---

741 ESTV-System (Fn 740), S. 4; MÄUSLI-ALLENSPACH/OERTLI (Fn 738), S. 54.

742 Zum Begriff des Föderalismus HALLER, WALTER/KÖLZ, ALFRED/GÄCHTER, THOMAS: Allgemeines Staatsrecht, Zürich 2013, Rz. 527 ff.; zum Ganzen auch HÄFELIN, ULRICH/HALLER, WALTER/KELLER, HELEN: Schweizerisches Bundesstaatsrecht, Zürich 2012, Rz. 930 ff., Rz. 941 ff.

743 Dies im Gegensatz zum Zentralismus oder Unitarismus; vgl. HALLER/KÖLZ/GÄCHTER (Fn 742), RZ. 528.

744 Vgl. HALLER/ KÖLZ/GÄCHTER (Fn 742), RZ. 531. Die erwähnte Staatsordnung zeigt sich auch in den zwei für den föderalistischen Staatsaufbau zentralen Verfassungsbestimmungen:
Art. 3 BV:
„Die Kantone sind souverän, soweit ihre Souveränität nicht durch die Bundesverfassung beschränkt ist; sie üben alle Rechte aus, die nicht dem Bund übertragen sind."

Der föderalistische Staatsaufbau der Schweiz führt im Bereich des Steuerrechts zu einer Vielzahl an Gemeinwesen, welche in der Schweiz Steuern erheben, da der Bund zur Erhebung von Steuern nur befugt ist, wenn ihm die Bundesverfassung eine entsprechende Kompetenz zuspricht[745]. Ansonsten sind die Kantone in der Wahl der zu erhebenden Steuern grundsätzlich frei[746].

1.2 Die Steuerharmonisierung

Die Kantone geniessen in der Ausgestaltung ihrer Steuerordnung grosse Freiheiten. Naturgemäss ergeben sich dadurch grosse Unterschiede in den kantonalen Steuergesetzen: Variieren können etwa das Steuerobjekt (z.B. Einkommen, Erbschaften, Schenkungen), die Steuerberechnungsgrundlage, das Steuersubjekt oder das Steuermass[747]. Dies wurde in der Schweiz seit jeher kritisiert, weshalb der Ruf nach einer Harmonisierung der Steuern laut wurde[748]. Es dauerte bis ins Jahr 1977, als Volk und Stände in einer Abstimmung einen Verfassungsartikel betreffend Harmonisierung der direk-

---

Art. 42 BV:
„[1] Der Bund übernimmt die Aufgaben, die ihm die Bundesverfassung zuweist.
[2] Er übernimmt die Aufgaben, die einer einheitlichen Regelung bedürfen.“

745 Vgl. Art. 42 Abs. 1 BV.

746 Ausser im Fall, dass die Bundesverfassung die Erhebung gewisser Steuern verbietet oder sie dem Bund bestimmte Steuern vorbehält; EIDGENÖSSISCHE STEUERVERWALTUNG, Informationsstelle für Steuerfragen (ESTV-Harmonisierung): Steuerinformationen. Teil F, Steuerprobleme. Die Steuerharmonisierung, Bern 2010, S. 1.

747 Vgl. ESTV-Harmonisierung (Fn 746), S. 1.

748 BLUMENSTEIN, ERNST/LOCHER, PETER: System des Schweizerischen Steuerrechts, Zürich 2002, S. 89 f.

ten Steuern guthiessen[749]. Nach langwieriger Kommissionsarbeit trat am 14. Dezember 1990 das Bundesgesetz über die Harmonisierung der direkten Steuern der Kantone und Gemeinden (StHG) in Kraft. Bei diesem Gesetz handelt es sich um einen Rahmenerlass, welcher sich an die kantonalen und kommunalen Gesetzgeber richtet.

Den **Kantonen** wird heute **vorgeschrieben**, nach welchen **Prinzipien** diese ihre **Steuerordnungen** hinsichtlich Steuerpflicht, Gegenstand und zeitlicher Bemessung, Verfahrensrecht und Steuerstrafrecht auszugestalten haben[750]. Explizit **von der Harmonisierung ausgenommen** bleiben aber Bestimmungen über **Steuertarife**, **Steuersätze** und **Steuerfreibeträge**[751]. Aus diesem Grund geht mit dem Steuerharmonisierungsgesetz keine materielle Steuerharmonisierung einher[752].

Das StHG setzte den kantonalen und kommunalen Gesetzgebern eine Frist von acht Jahren, innerhalb derer die jeweili-

---

[749] Am 12.6.1977 wurde Art. 42[quinquies] aBV angenommen, welcher in Art. 129 BV überführt wurde und folgendermassen lautet:
Art. 129 BV:
„[1] Der Bund legt Grundsätze fest über die Harmonisierung der direkten Steuern von Bund, Kantonen und Gemeinden; er berücksichtigt die Harmonisierungsbestrebungen der Kantone.
[2] Die Harmonisierung erstreckt sich auf Steuerpflicht, Gegenstand und zeitliche Bemessung der Steuern, Verfahrensrecht und Steuerstrafrecht. Von der Harmonisierung ausgenommen bleiben insbesondere die Steuertarife, die Steuersätze und die Steuerfreibeträge.
[3] Der Bund kann Vorschriften gegen ungerechtfertigte steuerliche Vergünstigungen erlassen."

[750] Vgl. soeben Fn 749, Art. 129 Abs. 2 BV.

[751] Art. 129 Abs. 2 zweiter Satz BV.

[752] ESTV-System (Fn 740), S. 3.

gen Steuerordnungen anzupassen waren[753]. Diese Frist lief bis Ende des Jahres 2000. Seither findet das StHG direkt Anwendung, sofern ein kantonales oder kommunales Steuergesetz dem Bundesrecht widerspricht[754].

1.3 Das Steuerrechtsverhältnis und seine Elemente

Damit Steuern erhoben werden dürfen, müssen verschiedene Voraussetzungen erfüllt sein: Sämtliche erhobenen Steuern müssen auf einer gesetzlichen Grundlage basieren, die Steuererhebungskompetenz des jeweiligen Gemeinwesens muss durch die Verfassung begründet sein und Voraussetzungen sowie Umfang der Steuerleistungspflicht sind in einem formellen Gesetz zu regeln. Diese notwendige gesetzliche Regelung begründet zwischen dem Gemeinwesen und jedem betroffenen Individuum ein sog. Steuerrechtsverhältnis. Folgendes wird in diesem Steuerrechtsverhältnis geregelt[755]:

- die Frage, welche Person zur Steuerleistung verpflichtet ist (**Steuersubjekt**);
- das Gemeinwesen, an welches die Steuer zu entrichten ist (**Träger der Steuerhoheit**);
- der Tatbestand, welcher die Pflicht zur Steuerleistung auslöst (**Steuerobjekt**);
- die Grundlage, auf welcher die Steuer berechnet wird (**Steuerberechnungsgrundlage**);

753 Art. 72 Abs. 1 StHG.

754 Art. 72 Abs. 2 StHG.

755 HÖHN, ERNST/WALDBURGER, ROBERT: Steuerrecht, Bern 2002, § 2 N 14 ff.; MÄUSLI-ALLENSPACH/OERTLI (Fn 738), S. 65 f.

- das Mass, nach welchem der Steuerbetrag im Verhältnis zur Berechnungsgrundlage errechnet wird (**Steuermass**[756]).

1.4 Die derzeit erhobenen Steuern im Überblick

Die derzeit in der Schweiz erhobenen Steuern lassen sich grob unterteilen in (I) Steuern auf dem (A.1) Einkommen und (A.2) Vermögen bei natürlichen Personen / (B.1) Gewinn und (B.2) Kapital bei juristischen Personen (II) sowie andere direkte Steuern auf der einen Seite sowie in (III) Verbrauchs- und Besitzes- oder Aufwandsteuern auf der anderen Seite[757]. Sie können im Überblick wie folgt gegliedert werden[758]:

[756] Das Steuermass besteht in den meisten Kantonen aus zwei Teilen: dem gesetzlich festzulegenden Steuersatz und dem periodisch (meist durch die Legislative) festzusetzenden Steuerfuss. Die so genannte einfache Steuer wird anhand des Steuersatzes bestimmt; die effektiv zu entrichtende Steuer ergibt sich erst aus der Multiplikation dieser einfachen Steuer mit dem Steuerfuss (vgl. § 2 StG-ZH). Die direkte Bundessteuer hingegen kennt keinen Steuerfuss; bei ihr ist der gesetzlich festgelegte Steuertarif unmittelbar massgebend für die Höhe der zu leistenden Steuer; s. auch ESTV-System (Fn 740), S. 16.

[757] ESTV-System (Fn 740), S. 3.

[758] ESTV-System (Fn 740), S. 4 f.

Auf Bundesebene:

Steuern auf dem Einkommen sowie andere direkte Steuern	*Verbrauchssteuern*
Direkte Bundessteuer	Mehrwertsteuer
Eidgenössische Verrechnungssteuer	Eidgenössische Stempelabgabe
Eidgenössische Spielbankenabgabe	Biersteuer
Wehrpflichtersatzabgabe	Tabaksteuer
	Steuer auf Spirituosen
	Mineralölsteuer
	Automobilsteuer
	Nationalstrassenabgabe
	Schwerverkehrsabgabe

Auf kantonaler und/oder kommunaler Ebene:

Steuern auf Einkommen und Vermögen sowie andere direkte Steuern	*Besitz- und Aufwandsteuern*
Einkommens- und Vermögenssteuer	Hundesteuer
Gewinn- und Kapitalsteuer	Motor- und Wasserfahrzeugsteuer
Erbschafts- und Schenkungssteuer	Vergnügungssteuer
Kopf-, Personal- oder Haushaltssteuer	Lotteriesteuer
Grundstückgewinnsteuer	Stempelsteuern und Registerabgaben
Handänderungssteuer	Beherbergungsabgaben und Kurtaxen
Liegenschaftssteuer	diverse weitere Steuern
Lotteriegewinnsteuer	

Auf den ersten Blick mag die grosse Anzahl an verschiedenen Steuern erstaunen. Im internationalen Vergleich zeigt sich aber, dass die Schweiz nicht durch die Vielzahl an erhobenen Steuern hervorsticht, sondern vielmehr durch deren Vielfalt. Dies liegt am Fehlen einer bundesweit einheitlichen Steuerordnung[759].

2. Die geltenden Steuern von Bund, Kantonen und Gemeinden

2.1 Die vom Bund erhobenen Steuern

2.1.1 Steuern auf Einkommen und Gewinn sowie andere direkte Steuern

2.1.1.1 Die direkte Bundessteuer

Mittels direkter Bundessteuer wird bei natürlichen Personen deren Einkommen, bei juristischen Personen deren Gewinn besteuert[760]. Die Veranlagung und der Bezug der Steuer wird von den Kantonen unter Aufsicht des Bundes durchgeführt[761].

---

[759] Vgl. oben Ziff. VII.1.1.

[760] Art. 1 DBG:
„Der Bund erhebt als direkte Bundessteuer nach diesem Gesetz:
a. eine Einkommenssteuer von den natürlichen Personen;
b. eine Gewinnsteuer von den juristischen Personen;
c. eine Quellensteuer auf dem Einkommen von bestimmten natürlichen und juristischen Personen."
Zur Quellensteuer unten Ziff. VII.2.1.1.1.3. Zum Ganzen auch ESTV-System (Fn 740), S. 6.

[761] Art. 2 DBG. Vgl. dazu BGE 127 II 113 ff.; BGE 121 II 473 ff.

2.1.1.1.1 *Die Besteuerung der natürlichen Personen*

2.1.1.1.1.1 Die Steuerpflicht

Bei der Bestimmung des *Steuersubjektes*[762] ist zwischen der unbeschränkten und der beschränkten Steuerpflicht zu unterscheiden.

Unbeschränkt steuerpflichtig sind diejenigen Personen, deren Steuerpflicht sich durch die persönliche Anwesenheit im Hoheitsgebiet begründet. Persönlich zugehörig sind natürliche Personen, welche in der Schweiz ihren *Wohnsitz*[763] oder ihren *Aufenthalt* haben[764]. Nicht jeder noch so kurze Aufenthalt in der Schweiz ist steuerrechtlich relevant; erforderlich ist, dass sich eine Person entweder während mindestens 30

---

762 Vgl. Art. 3 DBG.

763 Einen Wohnsitz im Sinne des Steuerrechts hat eine Person in der Schweiz, wenn sie sich hier mit der Absicht dauernden Verbleibens aufhält oder ihr das Bundesrecht einen besonderen gesetzlichen Wohnsitz zuweist; vgl. Art. 3 Abs. 2 DBG. Aller Regel nach deckt sich der steuerrechtliche Wohnsitz mit dem zivilrechtlichen, auch wenn das Steuerrecht den Wohnsitzbegriff eigenständig definiert; MÄUSLI-ALLENSPACH/OERTLI (Fn 738), S. 73. Massgeblich ist letzten Endes der *Mittelpunkt* der *Lebensinteressen;* MÄUSLI-ALLENSPACH/OERTLI (Fn 738), S. 73.

764 Art. 3 Abs. 1 DBG. Hinzuweisen ist aber an dieser Stelle sogleich auf die Ausnahme des Art. 3 Abs. 4 DBG: Nach dieser Bestimmung wird dann kein steuerrechtlicher Wohnsitz oder Aufenthalt begründet, wenn sich eine Person, die ihren Wohnsitz im Ausland hat, in der Schweiz lediglich zum Besuch einer Lehranstalt oder zur Pflege in einer Heilstätte aufhält. Besonderheiten bestehen schliesslich auch für Auslandsbeamte des Bundes sowie für bestimmte andere im Ausland tätige Personen; dazu Art. 3 Abs. 5 DBG; LOCHER, PETER: Kommentar zum DBG. Bundesgesetz über die direkte Bundessteuer. I. Teil, Art. 1-48 DBG, Allgemeine Bestimmungen, Besteuerung der natürlichen Personen, Therwil 2001, N 53 ff. zu Art. 3 DBG.

Tagen in der Schweiz aufhält und einer Erwerbstätigkeit[765] nachgeht[766] oder dass die Aufenthaltsdauer mindestens 90 Tage beträgt, ohne dass einer Erwerbstätigkeit nachgegangen wird[767].

Einer *beschränkten Steuerpflicht* unterliegen diejenigen Personen, welche weder Wohnsitz noch Aufenthalt in der Schweiz haben, bei denen aber eine *wirtschaftliche Beziehung*[768] zum Hoheitsgebiet besteht. In diesen Fällen be-

---

765 Diese Erwerbstätigkeit kann selbständig oder unselbständig sein. Wesentlich ist aber, dass sie in der Schweiz ausgeübt wird; dies bedeutet, dass sich der massgebliche Arbeitsvorgang physisch auf dem Gebiet der Schweiz abwickeln muss. Nicht relevant ist, wo sich allfällige Resultate verwirklichen. Zum Ganzen LOCHER (Fn 764), N 36 ff. zu Art. 3 DBG.

766 Art. 3 Abs. 3 lit. a DBG.

767 Art. 3 Abs. 3 lit. b DBG.

768 Folgende Fälle begründen eine wirtschaftliche Beziehung zum schweizerischen Steuerwesen und damit die beschränkte Steuerpflicht:
- Eine Person ist Inhaber, Teilhaber oder Nutzniesser von Geschäftsbetrieben in der Schweiz (Art. 4 Abs. 1 lit. a DBG);
- eine Person unterhält Betriebsstätten in der Schweiz, wobei eine Betriebsstätte dann vorliegt, wenn eine Person eine feste Geschäftseinrichtung unterhält, in welcher die Geschäftstätigkeit eines Unternehmens oder ein freier Beruf ganz oder teilweise ausgeübt wird. Insbesondere gelten als Betriebsstätten Zweigniederlassungen, Fabrikationsstätten, Werkstätten, Verkaufsstellen, ständige Vertretungen, Bergwerke und andere Stätten der Ausbeutung von Bodenschätzen sowie Bau- oder Montagestellen von mindestens zwölf Monaten Dauer (Art. 4 Abs. 1 lit. b und Art. 4 Abs. 2 DBG);
- eine Person hat an Grundstücken in der Schweiz Eigentum, dingliche oder diesen wirtschaftlich gleichkommende persönliche Nutzungsrechte (Art. 4 Abs. 1 lit. c DBG);
- eine Person vermittelt oder handelt mit in der Schweiz gelegenen Grundstücken (Art. 4 Abs. 1 lit. d DBG);
- eine Person übt in der Schweiz eine Erwerbstätigkeit aus (Art. 5 Abs. 1 lit. a DBG);

schränkt sich die Steuerpflicht auf diejenigen Einkommensteile, welche die wirtschaftliche Beziehung zur Schweiz begründen[769].

- eine Person bezieht als Mitglied der Verwaltung oder Geschäftsführung einer juristischen Person mit Sitz oder Betriebsstätte in der Schweiz Tantiemen, Sitzungsgelder, feste Entschädigungen oder ähnliche Vergütungen (Art. 5 Abs. 1 lit. b DBG);
- eine Person ist Gläubiger oder Nutzniesser von Forderungen, die durch Grund- oder Faustpfand auf Grundstücken in der Schweiz gesichert sind (Art. 5 Abs. 1 lit. c DBG);
- eine Person erhält Pensionen, Ruhegehälter oder andere Leistungen, die aufgrund eines früheren öffentlich-rechtlichen Arbeitsverhältnisses von einem Arbeitgeber oder einer Vorsorgeeinrichtung mit Sitz in der Schweiz ausgerichtet werden (Art. 5 Abs. 1 lit. d DBG);
- eine Person erhält Leistungen aus schweizerischen privatrechtlichen Einrichtungen der beruflichen Vorsorge oder aus anerkannten Formen der gebundenen Selbstvorsorge (Art. 5 Abs. 1 lit. e DBG);
- eine Person erhält Lohn oder andere Vergütungen für Arbeit im internationalen Verkehr an Bord eines Schiffes oder eines Luftfahrzeuges oder bei einem Transport auf der Strasse von einem Arbeitgeber mit Sitz oder Betriebsstätte in der Schweiz (Art. 5 Abs. 1 lit. f DBG).

Zu bemerken bleibt, dass in all jenen Fällen, in denen diese Vergütungen nicht den genannten Personen, sondern Dritten zukommen, diese Dritten dafür steuerpflichtig sind (Art. 5 Abs. 2 DBG).

769 Vgl. Art. 6 Abs. 2 DBG: „Bei wirtschaftlicher Zugehörigkeit beschränkt sich die Steuerpflicht auf die Teile des Einkommens, für die nach den Artikeln 4 und 5 eine Steuerpflicht in der Schweiz besteht. Es ist mindestens das in der Schweiz erzielte Einkommen zu versteuern."

2.1.1.1.1.2 Beginn und Ende der Steuerpflicht

Mit dem Tag, an dem Steuerpflichtige in der Schweiz steuerrechtlichen Wohnsitz oder Aufenthalt nehmen oder in der Schweiz steuerbare Werte erwerben, beginnt die Steuerpflicht[770]. Sie endet mit dem Tode oder dem Wegzug des Steuerpflichtigen aus der Schweiz oder mit dem Wegfall der in der Schweiz steuerbaren Werte[771].

2.1.1.1.1.3 Besondere Verhältnisse bei der Einkommenssteuer

Familien werden in der Schweiz folgendermassen besteuert: Nach dem Grundsatz der Familienbesteuerung werden die Einkommen von Eheleuten, welche in rechtlich und tatsächlich ungetrennter Ehe leben, zusammengerechnet[772]; beide Ehegatten bleiben zwar je für sich Steuersubjekte, sie werden aber steuerrechtlich als Einheit behandelt[773]. Das Einkommen von Kindern unter elterlicher Sorge wird bis zum 18. Lebensjahr dem Inhaber der elterlichen Sorge zugerechnet, sofern das Einkommen der Kinder nicht aus einer Erwerbstätigkeit der Kinder stammt.

---

770 Art. 8 Abs. 1 DBG.

771 Art. 8 Abs. 2 DBG.

772 Art. 9 Abs. 2 DBG. Zudem wird das Einkommen von minderjährigen Kindern dem Inhaber der elterlichen Sorge zugerechnet, mit Ausnahme desjenigen Einkommens, welches das Kind für eine eigene Erwerbstätigkeit erzielt. Solche Einkünfte sind durch das Kind selbst zu versteuern.

773 Dies bringt mit sich, dass – im Vergleich zur Veranlagung einer alleinstehenden Person – zwei Personen aus demselben Einkommen leben müssen und somit verhältnismässig stärker belastet werden; dem wird dadurch Rechnung getragen, dass für die Besteuerung von Ehepaaren ein reduzierter Steuertarif Anwendung findet (Art. 36 Abs. 2 DBG).

Das Einkommen von *Erbengemeinschaften* wird den einzelnen Erben, das Einkommen von einfachen Gesellschaften, Kollektiv- und Kommanditgesellschaften den einzelnen Teilhabern anteilsmässig zugerechnet[774].

Das Einkommen von *kollektiven Kapitalanlagen* wird den Anlegern anteilsmässig zugerechnet. Ausgenommen hiervon sind die kollektiven Kapitalanlagen mit direktem Grundbesitz[775].

Natürliche Personen ohne Schweizer Bürgerrecht, die erstmals oder nach mindestens zehnjähriger Landesabwesenheit in der Schweiz steuerrechtlichen Wohnsitz oder Aufenthalt nehmen und hier keine Erwerbstätigkeit ausüben, haben das Recht, *eine Steuer nach dem Aufwand* zu entrichten[776]. Die Steuer wird nach den jährlichen, in der Bemessungsperiode im In- und Ausland entstandenen Lebenshaltungskosten der steuerpflichtigen Person und der von ihr unterhaltenen Personen, ab 1. Januar 2016 mindestens aber nach dem höchsten der folgenden Beträge bemessen:

a. 400 000 Franken[777];

b. für Steuerpflichtige mit eigenem Haushalt: dem Siebenfachen des jährlichen Mietzinses oder des Mietwerts;

---

774 Art. 10 Abs. 1 DBG.

775 Art. 10 Abs. 2 DBG.

776 Art. 14 Abs. 1 DBG. Die Besteuerung nach dem Aufwand kennen alle schweizerischen Kantone mit Ausnahme von Appenzell Ausser-Rhoden, Basel-Landschaft, Basel-Stadt, Schaffhausen und Zürich.

777 Auf kantonaler Ebene legt jeder Kanton für sich einen Mindestberechnungsbetrag fest. Vgl. Art. 6 Abs. 3 StHG.

c. für die übrigen Steuerpflichtigen: dem Dreifachen des jährlichen Pensionspreises für Unterkunft und Verpflegung am Ort des Aufenthalts[778].

2.1.1.1.1.4 Die Einkommenssteuer

Die direkte Bundessteuer erfasst grundsätzlich das *gesamte Einkommen*[779]. Die ausführliche Auflistung im Bundesgesetz über die direkte Bundessteuer umfasst folgende *Einkommensarten*[780]:

---

778 Art. 14 Abs. 3 DBG.

779 Der Begriff des Einkommens wird im DBG nicht definiert; steuerbar sind nach Art. 16 Abs. 1 DBG „alle wiederkehrenden und einmaligen Einkünfte“ sowie „Naturalbezüge jeder Art“ (Art. 16 Abs. 2 DBG). Nach bundesgerichtlicher Rechtsprechung besteht das steuerrechtlich relevante Einkommen in der „Summe der wirtschaftlichen Güter, die einer Person während eines bestimmten Zeitabschnittes zufliessen und die sie ohne Schmälerung ihres Vermögens zu ihrem Unterhalt oder zu anderen Zwecken verwenden kann“; BGE 73 I 134. Siehe zum Einkommen natürlicher Personen auch ASA 73, S. 299 ff.; ASA 73, S. 308 ff.; ASA 73, S. 473 ff.; ASA 72, S. 151 ff.; ASA 72, S. 218 ff.; ASA 72, S. 413 ff.; ASA 72, S. 469 ff.

780 Zum Ganzen ESTV-System (Fn 740), S. 6 ff.

- Erwerbseinkommen[781];
- Einkünfte aus beweglichem[782] und unbeweglichem[783] Vermögen;

---

781 Unter Erwerbseinkommen fallen jegliche Einkünfte aus selbständiger oder unselbständiger Tätigkeit, mit Einschluss sämtlicher Nebenbezüge (wie namentlich Provisionen, Gratifikationen, Tantiemen, Trinkgelder, Naturalbezüge oder Dienstaltersgeschenke); s. Art. 17 und Art.18 DBG.

782 Art. 20 DBG; darunter fallen all jene Vermögenszugänge, die einer Person aus Eigentum oder Nutzniessung an beweglichen Sachen oder aus Rechten zufliessen, welche nicht Gegenstand von Grundeigentum sein können. Zu nennen sind insbesondere Zinsen aus Guthaben (Bank- und Postguthaben, Sparhefte, Obligationen etc.), Gewinnanteile aus Beteiligungen (Dividenden), andere periodische Gewinnausschüttungen sowie die Einkünfte aus Vermietung, Verpachtung oder Nutzniessung, aus Anteilen an Anlagefonds, aus Immaterialgütern etc. Art. 20a DBG: Als Ertrag aus beweglichem Vermögen gilt auch der Erlös aus dem Verkauf einer Beteiligung von mindestens 20% am Grund- oder Stammkapital einer Kapitalgesellschaft oder Genossenschaft aus dem Privat- in das Geschäftsvermögen einer anderen natürlichen oder juristischen Person, soweit innert fünf Jahren nach dem Verkauf, unter Mitwirkung des Verkäufers, nicht betriebsnotwendige Substanz ausgeschüttet wird, die im Zeitpunkt des Verkaufs bereits vorhanden und handelsrechtlich ausschüttungsfähig war (*indirekte Teilliquidation*).
Als Ertrag aus beweglichem Vermögen gilt auch der Erlös aus der Übertragung einer Beteiligung von mindestens 5% am Grund- oder Stammkapital einer Kapitalgesellschaft oder Genossenschaft aus dem Privat- in das Geschäftsvermögen einer Personenunternehmung oder einer juristischen Person, an welcher der Veräusserer oder Einbringer nach der Übertragung zu mindestens 50% am Kapital beteiligt ist, soweit die gesamthaft erhaltene Gegenleistung den nennwert der übertragenen Beteiligung übersteigt (*Transponierung*).

783 Art. 21 DBG; hierunter ist sämtliches Einkommen aus Grundstücken i.S.v. Art. 655 ZGB zu verstehen, insbesondere Miet- und Pachtzinse, der Mietwert des selbst genutzten Wohneigentums, Wohnrechte, Baurechtszinsen oder Entschädigungen für andere Dienstbarkeiten.

- Einkommen aus Vorsorge[784];
- übrige Einkünfte[785].

Verschiedene Einkommensarten werden vom DBG dagegen explizit als steuerfrei bezeichnet. Es sind dies:

- der Vermögensanfall infolge Erbschaft, Vermächtnis, Schenkung oder güterrechtlicher Auseinandersetzung[786];

---

784 Zu den periodischen Versicherungsleistungen sind regelmässig fliessende Renten zu zählen, so namentlich AHV-/IV-Renten, Arbeitslosenrenten, SUVA-Renten, Leistungen aus beruflicher Vorsorge (aus der sog. 2. Säule; s. Ziff. IV.2.1.1), Leibrenten und Leistungen aus Militärversicherung.
Als Kapitalleistungen gelten einmalige Auszahlungen, so namentlich Zahlungen aus Einrichtungen der beruflichen Vorsorge (Säule 2, s. Ziff. IV.2.1.1) oder gebundener Selbstvorsorge (Säule 3a, s. Ziff. IV.2.1.2), Kapitalleistungen aus nicht rückkaufsfähigen Versicherungen und übrige Kapitalleistungen, welche einen Bestandteil des Einkommens bilden und anstelle von wiederkehrenden Leistungen ausgerichtet werden (beispielsweise Leistungen bei Rückkauf einer Leibrente, Nachzahlungen der IV oder Unfallversicherung, Abgangsentschädigungen durch den Arbeitgeber etc.).

785 Art. 23 DBG; zu nennen sind namentlich Entschädigungen für die Aufgabe oder Nichtausübung einer Tätigkeit (Art. 23 lit. c DBG), Entschädigungen für die Nichtausübung eines Rechts (Art. 23 lit. d DBG), Einkünfte aus Lotterien und lotterieähnlichen Veranstaltungen (Art. 23 lit. e DBG; dazu ASA 73, S. 140 ff.) sowie Ehegatten- und Kinderalimente (Art. 23 lit. f DBG).

786 Art. 24 lit. a DBG; dies aus dem Grund, dass dieses Steuersubstrat den Kantonen überlassen werden will; HÖHN/WALDBURGER (Fn 755), § 14 N 21.

- Kapitalgewinne aus der Veräusserung von Privatvermögen[787];
- verschiedene übrige Einkünfte[788].

Vom Bruttoeinkommen, welches sich aus den oben aufgelisteten Elementen zusammensetzt, können verschiedene *Abzüge*[789] gemacht werden, um schliesslich das *steuerbare Einkommen* zu ermitteln. Diese Abzüge werden unterteilt in die sog. organischen Abzüge (oder „Gewinnungskosten"), die allgemeinen Abzüge und die Sozialabzüge.

Unter die *Gewinnungskosten*[790] fallen all jene Aufwendungen, welche in direktem Zusammenhang mit der Erzielung der Einkünfte stehen. Es sind dies die unmittelbar für die

---

[787] Art. 16 Abs. 3 DBG; dazu gehören auch Erlöse aus dem Verkauf von Bezugsrechten, sofern diese zum Privatvermögen der steuerpflichtigen Person gehören (vgl. Art. 20 Abs. 2 DBG).

[788] Art. 24 lit. b-i DBG; hiezu zählen:
- der Vermögensanfall aus rückkaufsfähigen privaten Kapitalversicherungen (ausgenommen aus Freizügigkeitspolicen);
- Kapitalzahlungen bei Stellenwechsel, welche vom Arbeitgeber oder von Einrichtungen der beruflichen Vorsorge ausgerichtet werden, sofern der Empfänger diese innert Jahresfrist zum Einkauf in eine Einrichtung der beruflichen Vorsorge oder zum Erwerb einer Freizügigkeitspolice verwendet;
- Unterstützungsleistungen aus öffentlichen oder privaten Mitteln;
- die Leistungen in Erfüllung familienrechtlicher Verpflichtungen (ausgenommen Unterhaltsbeiträge infolge von Scheidung oder Trennung);
- Militär- oder Zivildienstsold sowie das Taschengeld für Zivildienst;
- Genugtuungssummen;
- AHV-/IV-Ergänzungsleistungen;
- Gewinne aus Glücksspielen in Spielbanken nach dem Spielbankengesetz.

[789] Zu den Abzügen bei der direkten Bundessteuer auch ASA 72, S. 468 ff.

[790] Vgl. Art. 26 und Art. 27 ff. DBG.

Erhaltung der Einkommensquellen gemachten Aufwendungen[791]. Zu den *allgemeinen Abzügen* gehören Abzüge, welche mit der Erzielung des Erwerbseinkommens nicht in unmittelbarer Verbindung stehen, deren Abzugsfähigkeit sich aber aus sozialpolitischen Erwägungen ergibt[792], beispiels-

---

[791] Folgende organische Abzüge werden gewährt:
Gewinnungskosten unselbständig Erwerbender (Art. 26 DBG):
- die notwendigen Auslagen für Fahrten zwischen Wohn- und Arbeitsstätte (Art. 26 Abs. 1 lit. a DBG);
- die notwendigen Mehrkosten für auswärtige Verpflegung (Art. 26 Abs. 1 lit. b DBG);
- die übrigen für die Ausübung des Berufes erforderlichen Kosten (Art. 26 Abs. 1 lit. c DBG);
- die mit der Berufsausübung zusammenhängenden Weiterbildungs- und Umschulungskosten (Art. 26 Abs. 1 lit. d DBG).

Hier werden für die Fahrt- und Verpflegungskosten sowie für die übrigen Berufsauslagen Pauschalansätze festgelegt, wobei im Falle der Fahrt- und der übrigen Auslagen den Steuerpflichtigen der Nachweis offensteht, dass für sie höhere Aufwendungen anfallen; Art. 26 Abs. 2 DBG.

Gewinnungskosten selbständig Erwerbender (Art. 27 ff. DBG):
- sämtliche berufs- oder geschäftsmässig begründeten Kosten (Art. 27 Abs. 1 DBG; dazu gehören namentlich Sachaufwendungen und Personalkosten);
- Abschreibungen (Art. 28 DBG) und Rückstellungen (Art. 29 DBG);
- Geschäftsverluste (Art. 27 Abs. 2 lit. b DBG);
- Zuwendungen an Vorsorgeeinrichtungen zugunsten des eigenen Personals (Art. 27 Abs. 2 lit. c DBG; dies jedoch nur insoweit, als jegliche zweckwidrige Verwendung solcher Zuwendungen ausgeschlossen ist);
- Zinsen auf Geschäftsschulden sowie Zinsen auf Beteiligungen, welche zu Geschäftsvermögen erklärt worden sind (Art. 27 Abs. 2 lit. d DBG).

Nicht abzugsfähig sind gemäss Art. 27 Abs. 3 DBG Zahlungen von Bestechungsgeldern im Sinne des Schweizerischen Strafgesetzbuches an schweizerische oder ausländische Amtsträger.

[792] Vgl. dazu auch ESTV-System (Fn 740), S. 7.

weise Versicherungsbeiträge, Beiträge an die berufliche und individuelle Vorsorge sowie private Schuldzinsen[793]. *Sozialabzüge* schliesslich berücksichtigen die persönlich-wirt-

[793] Im Rahmen der direkten Bundessteuer sind als allgemeine Abzüge abziehbar (Art. 33 f. DBG):

- private Schuldzinsen in gewissem Umfang (Art. 33 Abs. 1 lit. a DBG);
- dauernde Lasten sowie 40 Prozent der bezahlten Leibrenten (Art. 33 Abs. 1 lit. b DBG);
- Alimente an den getrennt oder geschieden lebenden Ehepartner sowie entsprechende Unterhaltsbeiträge für Kinder (Art. 33 Abs. 1 lit. c DBG; Leistungen im Rahmen der Erfüllung anderer ehelicher oder familienrechtlicher Unterstützungs- und Beistandspflichten sind hingegen nicht abziehbar);
- Einlagen, Prämien und Beiträge an die AHV/IV sowie an Einrichtungen der beruflichen Vorsorge (Art. 33 Abs. 1 lit. d DBG), ebenso Beiträge an die gebundene Selbstvorsorge in gewissem Umfang (Art. 33 Abs. 1 lit. e DBG);
- Prämien und Beiträge für die Erwerbsersatzordnung, die Arbeitslosenversicherung und die obligatorische Unfallversicherung (Art. 33 Abs. 1 lit. f DBG);
- Einlagen, Prämien und Beiträge an Lebens-, Kranken- und Unfallversicherungen, welche nicht unter die soeben genannten Versicherungen fallen, sowie die Zinsen von Sparkapitalien der steuerpflichtigen Personen und der von ihnen unterhaltenen Personen bis zu gewissen Gesamtbeträgen (Art. 33 Abs. 1 lit. g DBG);
- Krankheits- und Unfallkosten des Steuerpflichtigen und der von ihm unterhaltenen Personen (Art. 33 Abs. 1 lit. h DBG; dies jedoch nur insoweit, als die Kosten vom Steuerpflichtigen selbst getragen werden und diese 5 Prozent der um die Aufwendungen nach Art. 26-33 DBG verringerten Einkünfte übersteigen);
- Behinderungskosten der steuerpflichtigen und der von ihr unterhaltenen behinderten Personen im Sinne des Behindertengleichstellungsgesetzes, soweit diese Kosten vom Steuerpflichtigen selbst getragen werden (Art. 33 Abs. 1 lit. h^{bis} DBG);
- gewisse freiwillige Geldleistungen (Art. 33a DBG).

schaftlichen Verhältnisse jeder steuerpflichtigen Person; sie sind nicht von konkreten Aufwendungen abhängig[794].

Der *Steuertarif* bei der direkten Bundessteuer ist progressiv ausgestaltet, das heisst, er steigt mit der Höhe der Berechnungsgrundlage an[795]. In der Bundesverfassung ist der zulässige Höchstsatz festgeschrieben: Dieser beträgt 11,5 Prozent[796]. Die je nach steuerbarem Einkommen massgeblichen Tarife finden sich in erster Linie in Art. 36 Abs. 1 DBG.

Sondertarife sind vorgesehen bei Kapitalabfindungen aus wiederkehrenden Leistungen[797], für kleine Arbeitsentgelte aus unselbständiger Erwerbstätigkeit[798], bei Aufgabe der selbständigen Erwerbstätigkeit[799] und Kapitalleistungen aus Vorsorge[800]. Für Verheiratete, die in rechtlich und tatsächlich

---

794 Im Bereich der direkten Bundessteuer sind die folgenden Sozialabzüge zulässig:
- 6'500 Franken für jedes minderjährige oder in Ausbildung stehende Kind, für dessen Unterhalt die steuerpflichtige Person sorgt (Art. 35 Abs. 1 lit. a DBG);
- 6'500 Franken für jede erwerbsunfähige oder beschränkt erwerbsfähige Person, an deren Unterhalt der Steuerpflichtige mindestens in der Höhe des Abzugs beiträgt; wenn aber für eine solche Person bereits ein Abzug der soeben genannten Art besteht (d.h. ein Abzug nach Art. 35 Abs. 1 lit. a DBG), dann kann ausschliesslich dieser vorgenommen werden (Art. 35 Abs. 1 lit. b DBG).

795 HÖHN/WALDBURGER (Fn 755), § 2 N 20.

796 Art. 128 Abs. 1 lit. a BV.

797 Art. 37 DBG.

798 Art. 37a Abs. 1 DBG.

799 Wird die selbstständige Erwerbstätigkeit nach dem vollendeten 55. Altersjahr oder wegen Unfähigkeit zur Weiterführung infolge Invalidität definitiv aufgegeben, so ist gemäss Art. 37b DBG die Summe der in den letzten zwei Geschäftsjahren realisierten stillen Reserven getrennt vom übrigen Einkommen zu besteuern.

800 Art. 38 DBG.

ungetrennter Ehe leben, sowie für Einelternfamilien sieht Art. 36 Abs. 2 DBG einen günstigeren Tarif (sog. „Doppeltarif[801]") vor.

Im Weiteren sind folgende Besonderheiten zu beachten: Bei persönlicher Zugehörigkeit und somit unbeschränkter Steuerpflicht wird für die Ermittlung des Steuertarifs grundsätzlich auf das weltweite Einkommen abgestellt[802]. Auch bei wirtschaftlicher Zugehörigkeit werden die in der Schweiz steuerbaren Einkommensteile zu dem auf das weltweite Einkommen anwendbaren Satz versteuert; die Steuern für Geschäftsbetriebe, Betriebsstätten und Grundstücke in der Schweiz werden in jedem Fall zu demjenigen Satz errechnet, der dem in der Schweiz erzielten Einkommen entspricht[803].

2.1.1.1.2 *Die Gewinnsteuer juristischer Personen*

Steuerpflichtig sind aller Regel nach juristische Personen[804], welche ihren *Sitz* oder ihre *tatsächliche Verwaltung* in der Schweiz haben[805], doch kann sich auch bei juristischen Personen eine Steuerpflicht aus *wirtschaftlicher Zugehörig-*

[801] Siehe auch Fn 773.

[802] Art. 7 Abs. 1 DBG; zu denken ist etwa an den Fall, dass eine steuerpflichtige Person nebst ihren schweizerischen auch noch ausländische Einkünfte hat. Für die Ermittlung des Steuersatzes werden sowohl die Einkünfte in der Schweiz als auch jene im Ausland berücksichtigt.

[803] Art. 7 Abs. 2 DBG; dies bedeutet, dass in solchen Fällen negative ausländische Einkünfte nicht mit dem Einkommen aus (beispielsweise) Betriebsstätten in der Schweiz verrechnet werden können.

[804] Allgemein zur Besteuerung juristischer Personen ASA 72, S. 295 ff.; ASA 72, S. 304 ff.

[805] Art. 50 DBG. Zum Veranlagungsort auch ASA 72, S. 304 ff.

keit ergeben[806]. Wie bei natürlichen Personen gilt, dass die Steuerpflicht bei persönlicher Zugehörigkeit grundsätzlich unbeschränkt, bei wirtschaftlicher Zugehörigkeit hingegen auf diejenigen Einkommensteile beschränkt ist, aus denen sich die Zugehörigkeit ergibt[807].

Das schweizerische Steuerrecht unterscheidet zwei Arten von juristischen Personen:

- Kapitalgesellschaften[808] und Genossenschaften auf der einen Seite[809];
- Vereine, Stiftungen und übrige juristische Personen[810] auf der anderen Seite[811].

Erfasst von der Gewinnsteuer juristischer Personen ist der *Reingewinn*[812]. Dieser setzt sich zusammen aus dem Saldo

---

[806] Diese wirtschaftliche Zugehörigkeit liegt vor bei juristischen Personen, welche:
- Teilhaber an Geschäftsbetrieben in der Schweiz sind (Art. 51 Abs. 1 lit. a DBG);
- in der Schweiz Betriebsstätten unterhalten (Art. 51 Abs. 1 lit. b DBG; zum Begriff der Betriebsstätte Art. 51 Abs. 2 DBG);
- an Grundstücken in der Schweiz Eigentum, dingliche oder diesen wirtschaftlich gleichkommende persönliche Nutzungsrechte haben (Art. 51 Abs. 1 lit. c DBG);
- Gläubiger oder Nutzniesser von Hypothekarforderungen auf Schweizer Grundstücken sind (Art. 51 Abs. 1 lit. d DBG);
- in der Schweiz gelegene Liegenschaften vermitteln oder damit handeln (Art. 51 Abs. 1 lit. e DBG).

[807] Vgl. Art. 52 DBG.

[808] Darunter fallen Aktiengesellschaften, Kommanditaktiengesellschaften und Gesellschaften mit beschränkter Haftung.

[809] Art. 49 Abs. 1 lit. a DBG.

[810] Hierzu zählen öffentlich-rechtliche und kirchliche Körperschaften und Anstalten sowie Anlagefonds mit direktem Grundbesitz; s. Art. 49 Abs. 2 und Abs. 3 DBG.

[811] Art. 49 Abs. 1 lit. b DBG.

der Erfolgsrechnung (unter Berücksichtigung des Saldovortrages des Vorjahres)[813] und all jenen Aufwendungen, die nicht zur Deckung von geschäftsmässig begründetem Aufwand verwendet wurden[814], sowie den der Erfolgsrechnung nicht gutgeschriebenen Erträgen einschliesslich der Kapital-, Aufwertungs- und Liquidationsgewinne[815].

Der Steuersatz für Kapitalgesellschaften und Genossenschaften ist proportional ausgestaltet und beträgt 8,5 Prozent[816].

Um Drei- und Mehrfachbelastungen desselben Gewinnes bei mehrstöckigen Beteiligungsverhältnissen zu vermeiden, sieht die direkte Bundessteuer den sogenannten Beteiligungsabzug vor. Bei Kapitalgesellschaften und Genossenschaften wird die Gewinnsteuer ermässigt, wenn sie Erträge aus qualifizierten Beteiligungen[817] von anderen Gesell-

---

812 Art. 57 DBG. Zum Reingewinn auch ASA 71, S. 242 ff.; ASA 71, S. 295 ff.; ASA 71, S. 384 ff.

813 Art. 58 Abs. 1 lit. a DBG.

814 Art. 58 Abs. 1 lit. b DBG. Zu diesen Aufwendungen zählen insbesondere:
- Kosten für die Anschaffung, Herstellung oder Wertvermehrung von Gegenständen des Anlagevermögens;
- geschäftsmässig nicht begründete Abschreibungen und Rückstellungen;
- Einlagen in die Reserven;
- Einzahlungen auf das Eigenkapital aus Mitteln der juristischen Person, soweit sie nicht aus als Gewinn versteuerten Reserven erfolgen;
- offene und verdeckte Gewinnausschüttungen und geschäftsmässig nicht begründete Zuwendungen an Dritte.

Siehe zum geschäftsmässig *begründeten* Aufwand Art. 59 DBG.

815 Art. 58 Abs. 1 lit. c DBG.

816 Art. 68 DBG; vgl. auch Art. 128 Abs. 1 lit. b BV.

817 Gemäss Art. 69 DBG ermässigt sich die Gewinnsteuer einer Kapitalgesellschaft oder Genossenschaft im Verhältnis des Nettoertrages aus

schaften vereinnahmen. Die Ermässigung erfolgt im Verhältnis des Nettoertrages aus Beteiligungsrechten[818] zum gesamten Reingewinn des Unternehmens (indirekte Freistellung). Der Nettobeteiligungsertrag entspricht dem Bruttoertrag aus den Beteiligungen abzüglich des darauf entfallenen Finanzierungsaufwandes und eines Verwaltungskostenanteils von 5%. Der Beteiligungsabzug wird nicht gewährt in dem Betrag, in dem zuvor Abschreibungen oder Wertberichtigungen auf der Beteiligung vorgenommen worden sind.

Die übrigen genannten juristischen Personen entrichten grundsätzlich eine Gewinnsteuer mit einem proportional ausgestalteten Steuersatz von 4,25 Prozent[819].

Keine Gewinnsteuer haben diejenigen juristischen Personen zu entrichten, welche wegen ihres gemeinnützigen, sozialen oder ähnlichen Zweckes von der Steuerpflicht befreit sind[820].

---

den Beteiligungsrechten zum gesamten Reingewinn (sog. Beteiligungsabzug), wenn eine Gesellschaft oder Genossenschaft:

a. zu mindestens 10 Prozent am Grund- oder Stammkapital einer anderen Gesellschaft beteiligt ist;

b. zu mindestens 10 Prozent am Gewinn und an den Reserven einer anderen Gesellschaft beteiligt ist; oder

c. Beteiligungsrechte im Verkehrswert von mindestens einer Million Franken hält.

818 Darunter fallen nicht nur Gewinnausschüttungen aller Art (z.B. Dividenden), sondern auch Kapitalgewinne auf Beteiligungen (Art. 70 Abs. 1 DBG). Damit Kapitalgewinne mit dem Beteiligungsabzug freigestellt werden können, ist es erforderlich, dass eine Mindestbeteiligung von 10% am Kapital oder am Gewinn und den Reserven an einer anderen Gesellschaft besteht (der betragsmässige Schwellenwert von CHF 1 Mio. ist beim Beteiligungsabzug auf Kapitalgewinnen nicht vorgesehen) und diese Beteiligung während mindestens eines Jahres gehalten worden ist.

819 Art. 71 Abs. 1 DBG.

820 Vgl. Art. 56 lit. g DBG.

2.1.1.1.3 *Die Besteuerung an der Quelle im Speziellen*

Bei gewissen Steuerpflichtigen wird an Stelle der Durchführung des ordentlichen Veranlagungs- und Bezugsverfahrens eine sog. *Quellensteuer* erhoben[821]. Die Besonderheit an dieser Steuer ist in erster Linie, dass nicht die steuerpflichtige Person, sondern der Schuldner der jeweiligen steuerbaren Leistung verpflichtet ist[822], von dieser Leistung den Steuerbetrag im Vorneherein in Abzug zu bringen und den Steuerbehörden zu überweisen[823].

Der Besteuerung an der Quelle unterliegen zwei Personengruppen[824]: zum einen ausländische Arbeitnehmer, die wohl ihren steuerrechtlichen Wohnsitz in der Schweiz haben, aber nicht im Besitz einer fremdenpolizeilichen Niederlassungsbewilligung sind[825], und zum andern natürliche und juristische Personen mit Wohnsitz bzw. Sitz im Ausland, welche gestützt auf ihre wirtschaftliche Zugehörigkeit in der Schweiz beschränkt steuerpflichtig sind[826].

Vorbehalten bleiben allfällige von der Schweiz mit anderen Staaten abgeschlossene *Doppelbesteuerungsabkommen,* wel-

---

821 Art. 83 ff. DBG. Zur Besteuerung an der Quelle auch ASA 70, S. 755 ff.

822 Vgl. Art. 88 DBG.

823 Zwar bleibt der Empfänger der steuerbaren Leistung Steuersubjekt, doch wird er im Steuerverfahren vom Schuldner vertreten; man spricht von sog. Steuersubstitution. Als Beispiel zu nennen ist etwa der Arbeitgeber (als Schuldner), der den Lohn an den Arbeitnehmer (als Steuersubjekt) direkt um die geschuldete Steuer zu kürzen und diese zu entrichten hat. Vgl. BLUMENSTEIN/LOCHER (Fn 748), S. 81; MÄUSLI-ALLENSPACH/OERTLI (Fn 738), S. 279. S. auch HÖHN/WALDBURGER (Fn 755), § 14 N 161.

824 HÖHN/WALDBURGER (Fn 755), § 14 N 161.

825 Art. 83-90 DBG.

826 Art. 91-101 DBG.

che die im nationalen Recht vorgesehene Besteuerung ganz oder teilweise zurückdrängen können[827].

2.1.1.1.4 *Natürliche Personen mit steuerrechtlichem Wohnsitz in der Schweiz*

Ausländische Arbeitnehmer, welche nicht im Besitz einer fremdenpolizeilichen Niederlassungsbewilligung, in der Schweiz aber unbeschränkt steuerpflichtig sind, unterliegen für ihr Einkommen aus unselbständiger Erwerbstätigkeit der Besteuerung an der Quelle[828]. Bei Ehepaaren ist zu beachten, dass beide Ehegatten ordentlich besteuert werden, sobald einer von ihnen das Schweizer Bürgerrecht oder die Niederlassungsbewilligung besitzt[829].

Die Steuer wird von den Bruttoeinkünften[830] zu besonderen Tarifen[831] erhoben[832]. Im Gegensatz zum ordentlichen Veranlagungsverfahren werden keine Abzüge zugelassen; diesen wird aber bei der Festsetzung des anwendbaren Tarifs Rechnung getragen[833]. Es gibt diverse unterschiedliche Tarife[834]. Nachfolgend wird lediglich eine Auswahl wiedergegeben:

---

827 HÖHN/WALDBURGER (Fn 755), § 14 N 161.

828 Art. 83 Abs. 1 DBG.

829 Art. 83 Abs. 2 DBG.

830 Steuerbar sind alle Einkünfte aus einem Arbeitsverhältnis, einschliesslich der Nebeneinkünfte wie Entschädigungen für Sonderleistungen, Provisionen, Zulagen, Dienstalters- und Jubiläumsgeschenke, Gratifikationen, Trinkgelder, Tantiemen und andere geldwerte Vorteile sowie Ersatzeinkünfte wie Taggelder aus Kranken- und Unfallversicherung und Arbeitslosenversicherung; Art. 84 Abs. 2 DBG.

831 Art. 86 Abs. 1 DBG.

832 MÄUSLI-ALLENSPACH/OERTLI (Fn 738), S. 280.

833 Vgl. Art. 86 DBG und Art. 1 Abs. 1 QStV; s. auch HÖHN/WALDBURGER (Fn 755), § 14 N 162.

834 Art. 1 Abs. 1 QStV.

- Tarif für alleinstehende Steuerpflichtige[835];
- Tarif für Verheiratete bei welcher nur ein Ehegatte erwerbstätig ist sowie alleinstehende Steuerpflichtige, die mit Kindern oder unterstützungsbedürftigen Personen im gleichen Haushalt zusammenleben und deren Unterhalt zur Hauptsache bestreiten[836];
- Tarif für Ehegatten, die beide in der Schweiz hauptberuflich erwerbstätig sind[837];
- Tarif für im Nebenerwerb tätige Steuerpflichtige[838].

Für den Fall, dass die Bruttoeinkünfte in einem Kalenderjahr 120'000 Franken übersteigen[839], wird nachträglich eine ordentliche Veranlagung durchgeführt[840], wobei die an der Quelle erhobene an die im ordentlichen Verfahren ermittelte Steuer zinslos angerechnet wird[841]. Im Übrigen werden all jene Einkommensteile, welche nicht der Besteuerung an der Quelle unterliegen, im ordentlichen Verfahren veranlagt[842].

835 Art. 1 Abs. 1 lit. a QStV.

836 Art. 1 Abs. 1 lit. b QStV; s. auch Art. 214 Abs. 2 DBG.

837 Art. 1 Abs. 1 lit. c QStV.

838 Art. 1 Abs. 1 lit. d QStV.

839 Vgl. Ziff. 2 des Anhangs zur QStV.

840 Art. 90 Abs. 2 DBG; Art. 4 Abs. 1 QStV.

841 Ziel dieses Verfahrens ist es, zum einen durch die Besteuerung an der Quelle die Steuererhebung sicherzustellen, zum anderen aber auch, zu verhindern, dass die pauschale Berücksichtigung der verschiedenen Abzüge im Tarif nicht übermässige und ungerechtfertigte Vor- bzw. Nachteile für die Steuerpflichtigen zur Folge hat; HÖHN/WALDBURGER (Fn 755), § 14 N 162.

842 Art. 90 Abs. 1 DBG.

2.1.1.1.5 *Natürliche und juristische Personen ohne steuerrechtlichen Wohnsitz oder Aufenthalt in der Schweiz*

Unabhängig von Nationalität und fremdenpolizeilichem Status werden verschiedene Personen mit Wohnsitz im Ausland, die in der Schweiz nur aufgrund wirtschaftlicher Zugehörigkeit steuerpflichtig sind, an der Quelle besteuert[843]; auch juristische Personen ohne Sitz oder tatsächliche Verwaltung in der Schweiz können auf diese Weise einer Quellensteuerpflicht unterliegen[844].

Dem Kreis dieser quellensteuerpflichtigen Personen zuzurechnen sind:

- Arbeitnehmer, die für einen Schweizer Arbeitgeber tätig sind[845];
- Künstler, Sportler und Referenten für ihre in der Schweiz ausgeübte Tätigkeit[846];
- Mitglieder der Verwaltung oder Geschäftsführung von juristischen Personen mit Sitz, tatsächlicher Verwaltung oder Betriebsstätten in der Schweiz[847];

---

843 Art. 91-101 DBG.

844 Vgl. auch Art. 98 DBG.

845 Art. 91 DBG; es handelt sich dabei meist um Kurz- oder Wochenaufenthalter oder Grenzgänger; im Gesetz speziell erwähnt sind auch Arbeitnehmer bei internationalen Transporten (Art. 97 DBG). Sämtliche dieser aufgeführten Personen entrichten die Quellensteuer nach den Art. 83-86 DBG, namentlich also nach dem gleichen Tarif wie die an der Quelle besteuerten Personen mit persönlicher Zugehörigkeit.

846 Art. 92 DBG; für diese Personengruppe besteht ein 4-stufiger Tarif (Art. 92 Abs. 2 DBG). Zu beachten ist, dass Entschädigungen, die nicht an den Künstler, Sportler oder Referenten fliessen, sondern an eine Drittperson, welche die Tätigkeit organisiert hat, ebenfalls zu versteuern sind (Art. 92 Abs. 1 zweiter Satz DBG).

- Gläubiger oder Nutzniesser von Hypothekarforderungen[848];
- Empfänger von Vorsorgeleistungen aus schweizerischen Vorsorgeeinrichtungen[849];
- Arbeitnehmer bei internationalen Transporten[850];
- Empfänger von Mitarbeiterbeteiligungen[851].

Eine nachträgliche ordentliche Veranlagung[852] ist in diesen Fällen nicht vorgesehen. Tarifkorrekturen sind jedoch möglich.

2.1.1.1.6 *Die eidgenössische Verrechnungssteuer*

Bei der eidgenössischen Verrechnungssteuer handelt es sich um eine an der Quelle erhobene[853] Steuer auf bestimmten Einkommensteilen[854], nämlich dem Ertrag des beweglichen Kapitalvermögens, insbesondere auf Zinsen und Dividenden[855], auf schweizerischen Lotteriegewinnen[856] und auf bestimmten Versicherungsleistungen[857].

---

847 Art. 93 DBG. Die Steuerpflicht bezieht sich auf Tantiemen, Sitzungsgelder, feste Entschädigungen und ähnliche Vergütungen. Bzgl. der Betriebsstätten s. speziell Abs. 2 von Art. 93 DBG. Die Steuer für diese Personengruppe beträgt 5 Prozent der Bruttoeinkünfte.

848 Art. 94 DBG. Die Steuer beträgt 3 Prozent der Bruttoeinkünfte.

849 Art. 95 und Art. 96 DBG.

850 Art. 97 DBG.

851 Art. 97a DBG.

852 Vgl. oben Ziff. VII.2.1.1.1.4.

853 Vgl. soeben Ziff. VII.2.1.1.1.3.

854 HÖHN/WALDBURGER (Fn 755), § 21 N 1.

855 Art. 4 ff. VStG; in erster Linie Gegenstand der Verrechnungssteuer sind die Zinsen, Renten, Gewinnanteile und sonstigen Erträge von:
- den von einem Inländer ausgegebenen Obligationen, Serienschuldbriefen, Seriengülten und Schuldbuchguthaben (Art. 4 Abs. 1 lit. a VStG);

Die Verrechnungssteuer dient der Eindämmung der Steuerhinterziehung (Sicherungszweck)[858]. Sämtliche Steuerpflich-

---

- den von einem Inländer ausgegebenen Aktien, Anteilen an Gesellschaften mit beschränkter Haftung, Genossenschaftsanteilen, Partizipationsscheinen und Genussscheinen (Art. 4 Abs. 1 lit. b VStG);
- den von einem Inländer oder von einem Ausländer in Verbindung mit einem Inländer ausgegebenen Anteile an einem Anlagefonds oder an einem Vermögen ähnlicher Art (Art. 4 Abs. 1 lit. c VStG);
- den Kundenguthaben bei inländischen Banken und Sparkassen (Art. 4 Abs. 1 lit. d VStG).

Als Inländer gilt, wer im Inland Wohnsitz, dauernden Aufenthalt oder statutarischen Sitz hat oder als Unternehmen im Handelsregister eingetragen ist; im Weiteren auch juristische Personen oder Handelsgesellschaften ohne juristische Persönlichkeit, die ihren statutarischen Sitz im Ausland haben, jedoch tatsächlich im Inland geleitet werden und hier eine Geschäftstätigkeit ausüben (Art. 9 VStG). Für Ausnahmen siehe weiter Art. 5 VStG.

Zur Verrechnungssteuer auf Kapitalerträgen auch MÄUSLI-ALLENSPACH/OERTLI (Fn 738), S. 330 ff.

856 Art. 6 VStG; Gegenstand sind Geldtreffer von über 1'000 Franken aus Lotterien, die im Inland zur Ausführung gelangen, wobei gewerbsmässige Wetten und lotterieähnliche Veranstaltungen (wie beispielsweise Sport-Toto, Tombolas, Rennwetten) den Lotterien gleichgestellt sind. Sachgewinne und Naturaltreffer hingegen sind von der Verrechnungssteuer nicht erfasst; auch die Gewinne in Spielcasinos aus Roulette, Poker, Black Jack etc. fallen nicht unter die Verrechnungssteuer.

857 Art. 7 und Art. 8 VStG. Erfasst sind hier Kapitalleistungen aus Lebensversicherungen über 5000 Franken sowie Leibrenten und Pensionen über 500 Franken, sofern die Versicherung zum inländischen Bestand des Versicherers gehört und bei Eintritt des versicherten Ereignisses der Versicherungsnehmer oder ein Anspruchsberechtigter Inländer ist. (Zum Begriff des Inländers oben Fn 855 und Art. 9 VStG). Ausgenommen von der Verrechnungssteuer sind die Leistungen der AHV oder der IV (Art. 8 Abs. 1 lit. c VStG).

858 HÖHN/WALDBURGER (Fn 755), § 21 N 3. In zweiter Linie stellt die Verrechnungssteuer eine endgültige Belastung für die im Ausland wohnhaften Empfänger von Kapitalerträgen dar (Fiskalzweck; abweichende Regelungen in Doppelbesteuerungsabkommen vorbehalten).

tige sollen dazu veranlasst werden, die mit der Verrechnungssteuer an der Quelle belasteten Einkünfte und Vermögenswerte bzw. deren Erträge vollumfänglich den zuständigen Steuerbehörden zu deklarieren. Sofern die in der Schweiz wohnhaften Steuersubjekte dies korrekt tun, besteht grundsätzlich ein Anspruch auf Rückerstattung der Verrechnungssteuer[859].

Steuerpflichtig ist der jeweilige Schuldner der steuerbaren Leistung[860]. Die steuerbare Leistung ist vor Auszahlung um den Steuerbetrag zu kürzen[861]. Der entsprechende Steuerbetrag ist vom Schuldner direkt an die zuständige Behörde zu entrichten[862]. Die Verrechnungssteuer bemisst sich in ihrer Höhe nicht nach der wirtschaftlichen Leistungsfähigkeit der einzelnen durch sie belasteten Person; es handelt sich um

859 Vgl. Art. 1 Abs. 2 VStG; HÖHN/WALDBURGER (Fn 755), § 21 N 44 ff.

860 Art. 10 Abs. 1 VStG; für Besonderheiten bei Anlagefonds s. Art. 10 Abs. 2 VStG. Im Weiteren HÖHN/WALDBURGER (Fn 755), § 21 N 31 ff.

861 Art. 14 Abs. 1 VStG. Vereinbarungen, welche dieser Überwälzungspflicht entgegenstehen, sind nichtig (Art. 14 Abs. 1 zweiter Satz VStG); der Schuldner der steuerbaren Leistung hat überdies dem Empfänger die zur Geltendmachung des Rückerstattungsanspruches notwendigen Angaben zu machen und auf Verlangen darüber eine Bescheinigung auszustellen (Art. 14 Abs. 2 VStG).

862 Eine Ausnahme besteht diesbezüglich gemäss Art. 19 Abs. 1 VStG bei Versicherungsleistungen, bei welchen der Versicherer seine Steuerpflicht durch Meldung der steuerbaren Versicherungsleistung zu erfüllen hat. Zudem kann gemäss Art. 20 VStG dort, wo bei Kapitalerträgen die Steuerentrichtung zu unnötigen Umtrieben oder zu einer offenbaren Härte führen würde, dem Steuerpflichtigen gestattet werden, seiner Steuerpflicht durch Meldung der steuerbaren Leistung nachzukommen.

eine sog. Objektsteuer[863]. Die Steuersätze betragen im Einzelnen:

- 35 Prozent auf Kapitalerträgen und Lottogewinnen[864];
- 15 Prozent auf Leibrenten und Pensionen[865];
- 8 Prozent auf sonstigen Versicherungsleistungen[866].

Der Rückerstattungsanspruch ist an bestimmte Voraussetzungen geknüpft[867].

Grundvoraussetzung für diesen Anspruch ist bei den Kapitalerträgen, dass die Person mit Wohnsitz in der Schweiz, welche die Rückerstattung beantragt, bei Fälligkeit der steuerbaren Leistung das *Recht zur Nutzung* des Vermögenswertes innehatte, welcher den Ertrag abgeworfen hat[868]. Bei Lotteriegewinnen ist vorausgesetzt, dass der Antragssteller Eigentümer des Loses war[869]. Weiter müssen natürliche Personen bei Fälligkeit der steuerbaren Leistung entweder im Inland *Wohnsitz*[870] oder qualifizierten *Aufenthalt*[871] haben, juristi-

---

863 MÄUSLI-ALLENSPACH/OERTLI (Fn 738), S. 328.

864 Art. 13 Abs. 1 lit. a VStG. Vgl. aber auch Art. 1 Abs. 2 VStG.

865 Art. 13 Abs. 1 lit. b VStG.

866 Art. 13 Abs. 1 lit. c VStG.

867 Art. 21 ff. VStG; HÖHN/WALDBURGER (Fn 755), § 21 N 44 ff. Zum Rückerstattungsanspruch auch ASA 73, S. 157 ff.

868 Art. 21 Abs. 1 lit. a VStG. Die Rechtsprechung knüpft in erster Linie daran an, ob ein obligationenrechtlicher Anspruch auf den Ertrag besteht; ASA 54, S. 386 ff.; ASA 43, S. 603 ff.

869 Art. 21 Abs. 1 lit. b VStG.

870 Art. 22 Abs. 1 VStG. Zum Wohnsitz oben Ziff. VII.2.1.1.1.1.

871 Art. 22 Abs. 2 VStG; zum qualifizierten Aufenthalt, der zu unbeschränkter Steuerpflicht führt, oben Ziff. VII.2.1.1.1.1. Personen, welche nur wegen wirtschaftlicher Zugehörigkeit in der Schweiz beschränkt steuerpflichtig sind, können die Rückerstattung der Verrechnungssteuer bis zum Betrag, den diese Steuern ausmachen, verlangen; Art. 22 Abs. 2 VStG i.V.m. Art. 51 Abs. 2 VStV.

sche Personen ihren *Sitz*[872]. Wohl wichtigste Voraussetzung schliesslich ist, dass sämtliche relevanten Vermögens- und Einkommensbestandteile in der Steuererklärung ordnungsgemäss *deklariert* werden[873]; so wird auch das angesprochene Ziel der Eindämmung der Steuerhinterziehung erreicht. Bei juristischen Personen[874] ist primär erforderlich, dass die mit der Verrechnungssteuer belasteten Einkünfte ordnungsgemäss als Ertrag verbucht werden[875].

Die Rückerstattung ist schriftlich zu beantragen[876], wobei dies bei Personen mit Wohnsitz in der Schweiz regelmässig durch das Wertschriftenverzeichnis der Steuererklärung geschieht[877]. Sie erfolgt bei den natürlichen Personen durch die Kantone, wobei aller Regel nach eine Verrechnung mit den kantonalen Steuern erfolgt[878]; den juristischen Personen wird die Verrechnungssteuer direkt in bar durch den Bund zurückerstattet. Ausgeschlossen ist die Rückerstattung hingegen in all jenen Fällen, in welchen sie zu einer *Steuerumgehung* führen würde[879].

---

872 Art. 24 Abs. 2 VStG.

873 Vgl. Art. 23 VStG.

874 Vgl. Art. 24 ff. VStG.

875 Art. 25 Abs. 1 VStG.

876 Art. 29 Abs. 1 VStG.

877 Die Rückerstattung der Verrechnungssteuer auf Versicherungsleistungen erfolgt, wenn der Empfänger die Abzugsbescheinigung des Versicherers beibringt und alle Angaben vermittelt, welche zur Geltendmachung der Steueransprüche von Bund und Kantonen erforderlich sind; Art. 33 Abs. 1 VStG.

878 Art. 31 VStG; ein allfälliger Überschuss wird normalerweise bar ausbezahlt.

879 Art. 21 Abs. 2 VStG; nach Rechtsprechung des Bundesgerichts liegt eine Steuerumgehung vor, wenn kumulativ folgende Merkmale erfüllt sind:

Im Ausland wohnhafte Empfänger von Leistungen, die der Verrechnungssteuer unterliegen, werden durch diese grundsätzlich endgültig belastet; einzig bei Staaten, mit denen die Schweiz ein Doppelbesteuerungsabkommen abgeschlossen hat, ist eine vollständige oder teilweise Rückerstattung möglich (je nach Massgabe dieses Abkommens), sofern der Nachweis erbracht wird, dass die jeweiligen Erträge im Wohnsitzstaat versteuert werden. Die Rückerstattung erfolgt auf Antrag durch die Eidgenössische Steuerverwaltung.

2.1.1.2 Die eidgenössische Spielbankenabgabe

Während langer Zeit waren in der Schweiz Spielbanken verboten. Seit einer Volksabstimmung im Jahre 1993 ist dieses Verbot aufgehoben. Heute hat der Bund die Kompetenz, auf den Einnahmen solcher Spielbanken eine spezielle Steuer zu erheben[880].

- die Rechtsgestaltung, welche die beteiligten Parteien gewählt haben, ist ungewöhnlich, sachwidrig oder absonderlich;
- es ist anzunehmen, dass diese Wahl lediglich deshalb getroffen wurde, um Steuern zu sparen, welche bei sachgemässer Ordnung geschuldet wären;
- das gewählte Vorgehen würde tatsächlich zu einer erheblichen Steuerersparnis führen, wenn es von der Steuerbehörde hingenommen würde.

Zu denken ist insbesondere an Fälle, in denen Konstruktionen geschaffen werden, welche zur Folge haben, dass der Verrechnungssteuer unterliegende Einkünfte formell einem Inländer, wirtschaftlich hingegen einem Ausländer zufliessen. Vgl. HÖHN/WALDBURGER (Fn 755), § 21 N 55 ff.; MÄUSLI-ALLENSPACH/OERTLI (Fn 738), S. 359 ff.

[880] Art. 40 ff. SBG. Diese Abgabe bzw. deren Verwendung ist zweckgebunden; sie dient der Deckung des Bundesbeitrages an die AHV/IV (s. Ziff. IV.3).

Die Steuer wird auf dem Bruttospielertrag der Spielbanken[881] erhoben; dieser Ertrag errechnet sich aus der Differenz zwischen allen Spieleinsätzen und den ausbezahlten Gewinnen[882].

2.1.1.3 Die Wehrpflichtersatzabgabe

Die Schweiz besitzt eine Milizarmee. Deshalb ist grundsätzlich jeder Schweizer Bürger wehrpflichtig[883]. Wer der Wehrpflicht nicht nachkommen kann und sie auch nicht durch den zivilen Ersatzdienst erfüllt, ist verpflichtet, die Wehrpflichtersatzabgabe zu leisten[884].

Die Ersatzabgabe wird von den Kantonen unter Aufsicht des Bundes erhoben[885]. Grundlage ist das gesamte Reineinkommen nach Massgabe der Gesetzgebung über die direkte Bundessteuer[886]. Die Abgabe beträgt 3 Franken pro 100 Franken des steuerpflichtigen Einkommens, mindestens aber 400 Franken[887], doch ist je nach allenfalls bereits geleisteten Diensttagen eine Ermässigung möglich[888].

---

[881] Eine Spielbank ist eine Unternehmung, die gewerbsmässig Gelegenheit zum Glücksspiel anbietet; Art. 7 SBG.

[882] Art. 40 Abs. 2 SBG.

[883] Art. 59 Abs. 1 BV.

[884] Art. 59 Abs. 3 und Abs. 4 BV. Massgebliche Rechtsgrundlage ist das Bundesgesetz vom 12.6.1959 über die Wehrpflichtersatzabgabe (WPEG, SR 661).

[885] Art. 22 Abs. 1 WPEG.

[886] Art. 11 WPEG.

[887] Art. 13 Abs. 1 WPEG.

[888] Dazu Art. 19 WPEG.

Wer einen verpassten Militärdienst nachholt, hat Anspruch auf Rückerstattung der für das Ersatzjahr bezahlten Abgabe[889].

2.1.2 Die Belastung des Verbrauchs

2.1.2.1 Die Mehrwertsteuer

Bei der Mehrwertsteuer handelt es sich um eine sog. allgemeine Verbrauchssteuer[890]. Besteuert werden dabei verschiedene Arten von Leistungen im Inland[891] sowie die Einfuhr von Gegenständen aus dem Ausland[892]. Steuerschuldner ist die mehrwertsteuerpflichtige Person, doch wird der Steuerbetrag jeweils auf den Abnehmer überwälzt[893], womit dieser zum Steuerträger wird und die Mehrwertsteuer den indirekten Steuern zuzurechnen ist.

---

889 Art. 39 WPEG.

890 Massgebender Erlass ist das Bundesgesetz vom 12.6.2009 über die Mehrwertsteuer (MWSTG, SR 641.20).

891 Art. 10-49 MWSTG; als Inland gelten gemäss Art. 3 lit. a MWSTG das Gebiet der Schweiz (mit Zollfreibezirke). In den Gemeinden Samnaun und Sampuoir (Kt. Graubünden) unterliegen nur Dienstleistungen dem MWSTG (Art. 4 Abs. 1 MWSTG).

892 Art. 52-64 MWSTG. Vgl. auch HÖHN/WALDBURGER (Fn 755), § 24 N 12; MÄUSLI-ALLENSPACH/OERTLI (Fn 738), S. 412 ff. Zur Besteuerung der Einfuhr von Waren unten Ziff. VII.2.1.2.1.2.

893 Art. 1 Abs. 3 lit. c, Art. 26 MWSTG; HÖHN/WALDBURGER (Fn 755), § 24 N 11.

2.1.2.1.1 *Besteuerung der Umsätze im Inland*

Sofern nicht ausdrücklich von der Besteuerung ausgenommen[894], sind folgende Leistungen als *Steuerobjekte*[895] von der Mehrwertsteuer umfasst[896]:

- im Inland von steuerpflichtigen Personen gegen Entgelt erbrachte Leistungen[897];

---

[894] Zu den von der Mehrwertsteuerpflicht ausgenommenen Leistungen sogleich unten.

[895] Eingehend zum Steuerobjekt HÖHN/WALDBURGER (Fn 755), § 24 N 58 ff.

[896] Art. 1 Abs. 2 MWSTG.

[897] Art. 1 Abs. 2 lit. a MWSTG. Eine Lieferung von Gegenständen liegt gemäss Art. 3 lit. d MWSTG vor, wenn die Befähigung verschafft wird, in eigenem Namen über einen Gegenstand wirtschaftlich zu verfügen (Art. 3 lit. d Ziff. 1 MWSTG); ebenso gilt als Lieferung, wenn ein Gegenstand, an dem Arbeiten besorgt worden sind, abgeliefert wird, auch wenn dieser dadurch nicht verändert, sondern lediglich geprüft, geeicht, reguliert, in der Funktion kontrolliert oder in anderer Weise behandelt worden ist (Art. 3 lit. d Ziff. 2 MWSTG); schliesslich liegt auch eine Lieferung im Sinne des Gesetzes vor, wenn ein Gegenstand zum Gebrauch oder zur Nutzung überlassen wird (Art. 3 lit. d Ziff. 3 MWSTG).
Als Gegenstände gelten bewegliche und unbewegliche Sachen sowie Elektrizität, Gas, Wärme, Kälte und Ähnliches (Art. 3 lit. b MWSTG).

- der Bezug von Leistungen von Unternehmen mit Sitz im Ausland durch Empfänger im Inland[898];
- die Einfuhr von Gegenständen[899].

Da die jeweiligen Leistungen in allen Phasen des wirtschaftlichen Produktions- und Verteilungsprozesses der Mehrwertsteuer unterliegen[900], ist eine mehrmalige Besteuerung derselben (Teil-)Leistung zu vermeiden. Dem dient der sog. *Vorsteuerabzug*[901]: unter gewissen Voraussetzungen dürfen die Steuerpflichtigen diejenigen Steuern, welche auf den von ihnen selber bezogenen Gegenständen und/oder Dienstleistungen erhoben wurden, von der von ihnen selbst zu leistenden Steuer abziehen[902].

Im Weiteren gibt es verschiedene Arten von Leistungen, welche der Gesetzgeber explizit von der Mehrwertsteuer-

---

898 Art. 1 Abs. 2 lit. b MWSTG. Werden von Unternehmen mit Sitz im Ausland Leistungen bezogen, so unterliegen diese dann der Mehrwertsteuer, wenn sie in der Schweiz innerhalb eines Kalenderjahres einen Wert von mehr als 10'000 Franken erreichen (Art. 45 Abs. 2 lit. b MWSTG). Der Mehrwertsteuer unterliegen zudem Lieferungen im Inland durch Unternehmen mit Sitz im Ausland, die nicht im Register der steuerpflichtigen Personen eingetragen sind, sofern diese Lieferungen nicht der Einfuhrsteuer unterliegen, wenn der Empfänger oder die Empfängerin vorgängig durch die zuständige Behörde schriftlich über die Bezugsteuerpflicht informiert wurde (Art. 45 Abs. 2 lit. b i.V.m. Art. 45 Abs. 1 lit. c MWSTG).

899 Art. 1 Abs. 2 lit. c MWSTG.

900 HÖHN/WALDBURGER (Fn 755), § 24 N 8, 10 f.

901 Art. 28 MWSTG. Zum Vorsteuerabzug auch ASA 73, S. 147 ff.; ASA 73, S. 506 ff.

902 Zum Vorsteuerabzug HÖHN/WALDBURGER (Fn 755), § 24 N 175 ff.

pflicht *ausgenommen*[903] hat; im MWSTG findet sich dazu eine detaillierte und abschliessende Auflistung[904].

Daneben existieren weitere Kategorien von Leistungen, welche nicht zu besteuern sind; diese bezeichnet man als von der Mehrwertsteuer *befreite* Leistungen[905]. Der wesentliche Unterschied zu den von der Mehrwertsteuer ausgenommenen Leistungen ist, dass die befreiten Leistungen nicht besteuert werden müssen, ein Vorsteuerabzug aber dennoch möglich bleibt[906]. Auch für diese Leistungsarten findet sich im Gesetz eine ausführliche Auflistung[907].

Steuerpflichtig hinsichtlich der Steuer auf den Leistungen ist, wer unabhängig von Rechtsform, Zweck und Gewinnabsicht ein Unternehmen betreibt, namentlich wer eine auf die nachhaltige Erzielung von Einnahmen aus Leistungen ausgerichtete berufliche oder gewerbliche Tätigkeit selbständig ausübt und unter eigenem Namen nach aussen auftritt und jährlich einen Umsatz aus steuerbaren Leistungen von mindestens 100'000 Franken generiert[908]. Weiter unterstehen der Besteuerung Personen, welche innerhalb eines Jahres für

---

903 Die Gründe für diese Ausnahmen sind vielfältig; zu nennen sind sozialpolitische oder kulturelle Aspekte, Zweckmässigkeitsgründe sowie die angestrebte Vermeidung von Doppelbesteuerungen; vgl. MÄUSLI-ALLENSPACH/OERTLI (Fn 738), S. 433.

904 Art. 21 MWSTG.

905 Art. 23 MWSTG.

906 Art. 29 Abs. 1 MWSTG e contrario. Siehe zum Ganzen auch HÖHN/WALDBURGER (Fn 755), § 24 N 111 ff.

907 Art. 23 Abs. 2 MWSTG.

908 Art. 10 MWSTG. Eingehend zu den Voraussetzungen für die subjektive Steuerpflicht HÖHN/WALDBURGER (Fn 755), § 24 N 16 ff.

mehr als 10'000 Franken von Unternehmen mit Sitz im Ausland steuerbare Leistungen beziehen[909].

Gemeinwesen wie Bund, Kantone und Gemeinden sowie übrige Institutionen des öffentlichen Rechts sind für einen Umsatz unter 25'000 Franken pro Jahr aus steuerbaren Leistungen an Nichtgemeinwesen von der Steuerpflicht befreit[910]. Wird dieser Umsatz überstiegen, so bleibt das Gemeinwesen dennoch so lange von der Steuerpflicht befreit, als sein Umsatz aus steuerbaren Leistungen an Nichtgemeinwesen 100'000 Franken im Jahr nicht übersteigt[911]. Welche Leistungen von Gemeinwesen als unternehmerisch und damit steuerbar gelten, bestimmt der Bundesrat[912].

„Rechtsträger mit Sitz oder Betriebsstätte in der Schweiz, die unter einheitlicher Leitung eines Rechtsträgers miteinander verbunden sind, können sich auf Antrag zu einem einzigen Steuersubjekt zusammenschliessen"[913] und so die *Gruppenbesteuerung* beantragen[914]. „In die Gruppe können auch Rechtsträger, die kein Unternehmen betreiben, und natürliche Personen einbezogen werden"[915].

Verschiedene, potentiell steuerpflichtige Personenkreise sind gemäss Art. 10 Abs. 2 MWSTG von der Steuerpflicht be-

---

909 Art. 45 Abs. 2 lit. b MWSTG; HÖHN/WALDBURGER (Fn 755), § 24 N 15. Zum Bezug von Dienstleistungen aus dem Ausland auch ASA 72, S. 483 ff.

910 Art. 12 Abs. 1 und Abs. 3 MWSTG.

911 Art. 12 Abs. 3 MWSTG.

912 Art. 12 Abs. 4 MWSTG.

913 Art. 13 Abs. 1 MWSTG.

914 Art. 13 Abs. 1 erster Satz MWSTG.

915 Art. 13 Abs. 1 zweiter Satz MWSTG.

freit[916]. Diese Ausnahmen lassen sich wie folgt kategorisieren[917]:

- ausgenommene Personenkreise aufgrund der Höhe des Umsatzes[918];
- ausgenommene Personenkreise aufgrund der Art ihrer Tätigkeit[919];
- Ausnahmen für Unternehmen mit Sitz im Ausland[920].

In Art. 22 MWSTG ist neben der eben dargelegten Regelung der Steuerpflicht vorgesehen, dass sich bestimmte, an sich

916 Die Ausnahme von der Steuerpflicht hat aber auch zur Folge, dass diese Personenkreise grundsätzlich keinen Vorsteuerabzug vornehmen können, da dieser nur steuerpflichtigen Personen zusteht (vgl. den Wortlaut von Art. 29 MWSTG).

917 Vgl. auch HÖHN/WALDBURGER (Fn 755), § 24 N 22 ff.; MÄUSLI-ALLENSPACH/OERTLI (Fn 738), S. 413 ff.

918 Unternehmen mit einem Jahresumsatz aus steuerbaren Leistungen von weniger als 100'000 Franken (Art. 10 Abs. 2 lit. a MWSTG).
Weiter besteht eine gewisse betragsmässige Grenze für den Bezug von Dienstleistungen aus dem Ausland nach Art. 45 Abs. 2 lit. b MWSTG: Diesbezüglich besteht eine Pflicht zur Entrichtung der Mehrwertsteuer erst, wenn die Bezüge 10'000 Franken in einem Kalenderjahr übersteigen.

919 Nichtgewinnorientierte, ehrenamtlich geführte Sport- oder Kulturvereine sind bis zu einem Jahresumsatz von 150'000 Franken von der Mehrwertsteuer ausgenommen (Art. 10 Abs. 2 lit. c MWSTG). Vgl. auch HÖHN/WALDBURGER (Fn 755), § 24 N 24 f., 27.

920 Gemäss Art. 10 Abs. 2 lit. b MWSTG sind Unternehmen mit Sitz im Ausland, welche im Inland ausschliesslich der Bezugsteuer (Art. 45-49 MWSTG) unterliegende Leistungen erbringen, nicht mehrwertsteuerpflichtig. Nicht von dieser Ausnahme erfasst sind jedoch Unternehmen mit Sitz im Ausland, die im Inland Telekommunikations- oder elektronische Dienstleistungen an einen nicht steuerpflichtigen Empfänger erbringen (Art. 10 Abs. 2 lit. b zweiter Halbsatz MWSTG). Vgl. auch HÖHN/WALDBURGER (Fn 755), § 24 N 26; MÄUSLI-ALLENSPACH/OERTLI (Fn 738), S. 414.

nicht steuerpflichtige Personen oder Unternehmen *freiwillig* der Mehrwertsteuer unterstellen können[921]. Sinn dieser sog. „Option für die Versteuerung der von der Steuer ausgenommenen Leistungen“ ist, den Vorsteuerabzug für die bezogenen Waren und Dienstleistungen geltend machen zu können. Die Option ist nicht nur für Unternehmen möglich, die als Ganze nicht steuerpflichtig sind; es können auch Unternehmen, die steuerpflichtig sind, gewisse von der Mehrwertsteuer *an sich ausgenommene Leistungen* freiwillig der Mehrwertsteuer unterstellen[922]; dies bringt wiederum die Möglichkeit eines Vorsteuerabzuges mit sich.

Von grosser Bedeutung ist der *Ort einer steuerbaren Leistung*. Befindet sich dieser nicht im Inland, so unterliegt der entsprechende Umsatz nicht der Mehrwertsteuer. Nach Art. 3 lit. a MWSTG umfasst das *Inland* das Gebiet der Schweiz (mit Zollanschlussgebieten)[923], das Fürstentum Liechtenstein sowie die deutsche Gemeinde Büsingen. Eine diesbezügliche Besonderheit stellen die bündnerischen Gemeinden Samnaun und Sampuoir dar: Obwohl sie geographisch zum Gebiet der Schweiz gehören, unterliegen sie nur für Dienstleistungen dem MWSTG[924]. Konsequenterweise ist sodann im MWSTG detailliert festgelegt, wo sich der Ort einer Lieferung[925] sowie einer Dienstleistung[926] befindet.

---

921 Vgl. auch HÖHN/WALDBURGER (Fn 755), § 24 N 28 ff.

922 Art. 22 Abs. 1 MWSTG, sofern die Option nicht ausgeschlossen ist gemäss Art. 22 Abs. 2 MWSTG; s. auch Art. 21 MWSTG.

923 Art. 3 lit. a MWSTG.

924 Art. 4 Abs. 1 MWSTG; s. auch MÄUSLI-ALLENSPACH/OERTLI (Fn 738), S. 429.

925 Art. 7 MWSTG. Zum Ort einer Lieferung auch ASA 70, S. 312 ff.

926 Art. 8 MWSTG.

Steuerberechnungsgrundlage bei der Mehrwertsteuer ist aller Regel nach das vom Abnehmer geleistete Entgelt[927]. Es sind drei verschiedene *Steuersätze* vorgesehen[928]: ein Normalsatz sowie zwei reduzierte Sätze. Ersterer beträgt 8 Prozent[929], die reduzierten Steuersätze 2,5[930] bzw. 3,8 Prozent[931]. Der Anwendungsbereich der reduzierten Steuersätze ist im MWSTG abschliessend umschrieben[932]; fällt eine Leistung

927 Art. 24 Abs. 1 MWSTG.

928 Vgl. auch HÖHN/WALDBURGER (Fn 755), § 24 N 208 ff.

929 Art. 25 Abs. 1 MWSTG.

930 Art. 25 Abs. 2 MWSTG.

931 Art. 25 Abs. 4 MWSTG.

932 Unter den Steuersatz von 2,5 Prozent fallen nach Art. 25 Abs. 2 MWSTG:
- Wasser in Leitungen;
- Nahrungsmittel und Zusatzstoffe nach dem Lebensmittelgesetz vom 9.10.1992. Nahrungsmittel, welche im Rahmen von Leistungen des Gastgewerbes abgegeben werden, unterliegen dem Normalsatz (Art. 25 Abs. 3 MWSTG);
- Vieh, Geflügel, Fische;
- Getreide;
- Sämereien, Setzknollen und Setzzwiebeln, lebende Pflanzen, Stecklinge, Pfropfreiser sowie Schnittblumen und Zweige, auch zu Arrangements, Sträussen, Kränzen und dergleichen veredelt;
- Futtermittel, Silagesäuren, Streumittel für Tiere;
- Dünger, Pflanzenschutzmittel, Mulch und anderes pflanzliches Abdeckmaterial;
- Medikamente;
- Zeitungen, Zeitschriften, Bücher und andere Druckerzeugnisse ohne Reklamecharakter der vom Bundesrat zu bestimmenden Arten;
- Dienstleistungen der Radio- und Fernsehgesellschaften, ausgenommen die Dienstleistungen mit gewerblichem Charakter;
- kulturelle und sportliche Veranstaltungen (welche aller Regel nach von der Mehrwertsteuer ausgenommen sind), falls der Veranstalter für die Unterstellung unter die Steuer optiert;
- Leistungen im Bereich der Landwirtschaft, welche in einer mit der Urproduktion in unmittelbarem Zusammenhang stehenden Bearbei-

nicht unter einen dieser reduzierten Sätze, so findet stets der Normalsatz Anwendung[933].

2.1.2.1.2 *Besteuerung der Einfuhr von Waren*

Nach dem sog. Bestimmungslandprinzip[934] ist im internationalen Verhältnis derjenige Staat zur Erhebung der Mehrwertsteuer berechtigt, in welchem der Endverbraucher als Steuerträger seinen Wohnsitz hat. Folglich werden Exporte aus der Schweiz von der (schweizerischen) Mehrwertsteuer entlastet[935]; umgekehrt wird aber die Einfuhr von Gegenständen ins Inland von der schweizerischen Mehrwertsteuer erfasst[936].

Das *Steuerobjekt* stellt die Einfuhr von Gegenständen[937] einschliesslich der darin enthaltenen Dienstleistungen und Rechte ins Zollinland dar[938]. *Steuerpflichtig* sind alle Zoll-

---

tung des Bodens oder Bearbeitung von mit dem Boden verbundenen Erzeugnissen der Urproduktion bestehen.
Unter den Steuersatz von 3,8 Prozent fallen gemäss Art. 25 Abs. 4 MWSTG Beherbergungsleistungen sowie sämtliche damit in unmittelbarem Zusammenhang stehenden Leistungen (diese Regelung ist befristet bis zum 31. Dezember 2013).

933 Art. 25 Abs. 1 MWSTG. Vgl. zum Ganzen auch MÄUSLI-ALLENSPACH/OERTLI (Fn 738), S. 455 ff.

934 HÖHN/WALDBURGER (Fn 755), § 24 N 217. Zum Bestimmungslandprinzip auch ASA 73, S. 147 ff.; ASA 73, S. 151 ff.

935 Dazu ASA 70, S. 690 ff.

936 MÄUSLI-ALLENSPACH/OERTLI (Fn 738), S. 493.

937 Als Gegenstände gelten: bewegliche und unbewegliche Sachen sowie Elektrizität, Gas, Wärme, Kälte und Ähnliches; Art. 3 lit. b MWSTG.

938 Art. 52 Abs. 1 MWSTG.

schuldner[939]. Aus Praktikabilitätsgründen wird dabei die Steuer von der Zollverwaltung erhoben[940].

Art. 53 MWSTG sieht aber auch *Befreiungen* von der Steuer vor, so etwa die Einfuhr von Gegenständen in geringfügigen Mengen, von unbedeutendem Wert oder mit kleinem Steuerbetrag, ebenso den Import von menschlichen Organen oder von Kunstwerken[941].

Der *Steuersatz* beträgt 2,5 Prozent auf der Einfuhr von reduziert besteuerten Gegenständen[942] bzw. 8 Prozent auf der Einfuhr aller anderen Gegenstände[943]. Die Steuer wird grundsätzlich auf dem vom Importeur entrichteten Entgelt bzw. auf dem Normalwert berechnet, wenn Angaben über Preis oder Wert fehlen[944].

2.1.2.2 Die eidgenössischen Stempelabgaben

Mit den eidgenössischen Stempelabgaben werden bestimmte Vorgänge des Rechtsverkehrs besteuert, namentlich die Aus-

[939] Art. 51 Abs. 1 MWSTG i.V.m. Art. 70 Abs. 2 und Abs. 3 ZG. Zollschuldner gemäss Art. 70 Abs. 2 ZG ist:
„a. die Person, die Waren über die Zollgrenze bringt oder bringen lässt;
b. die Person, die zur Zollanmeldung verpflichtet oder damit beauftragt ist;
c. die Person, auf deren Rechnung die Waren ein- oder ausgeführt werden;
d. im Postverkehr auch die Empfängerin oder der Empfänger, sofern die Versenderin oder der Versender die Zollschuld nicht ausdrücklich übernommen hat."

[940] Vgl. MÄUSLI-ALLENSPACH/OERTLI (Fn 738), S. 493.

[941] Zum Ganzen Art. 53 Abs. 1 lit. a-l MWSTG.

[942] Vgl. Art. 55 Abs. 2 i.V.m. Art. 25 Abs. 2 lit. a MWSTG.

[943] Art. 55 Abs. 1 MWSTG.

[944] Art. 54 MWSTG.

gabe von Wertschriften und der Handel mit bestimmten Urkunden[945]. Der Stempelabgabe unterliegen in erster Linie die Kapitalbeschaffung und der Kapitalverkehr[946]. Drei Arten von Abgaben werden erhoben[947]:

- die Emissionsabgabe[948];
- die Umsatzabgabe[949];
- die Abgabe auf Versicherungsprämien[950].

2.1.2.2.1 *Die Emissionsabgabe auf inländischen Beteiligungsrechten, Obligationen und Geldmarktpapieren*[951]

Steuerobjekt bei der Emissionsabgabe ist die Begründung und Erhöhung des Nennwertes von *Beteiligungsrechten* an inländischen Kapitalgesellschaften oder Genossenschaften[952]. Zu solchen Beteiligungsrechten sind zu zählen:

---

945 Massgebender bundesrechtlicher Erlass ist das Bundesgesetz vom 27.6.1973 über die Stempelabgaben (StG, SR 641.10). Vgl. auch HÖHN/WALDBURGER (Fn 755), § 26 N 7.

946 ESTV-System (Fn 740), S. 18; MÄUSLI-ALLENSPACH/OERTLI (Fn 738), S. 371 f.

947 Art. 1 Abs. 1 StG.

948 Art. 1 Abs. 1 lit. a StG.

949 Art. 1 Abs. 1 lit. b StG.

950 Art. 1 Abs. 1 lit. c StG.

951 Eingehend zum Ganzen HÖHN/WALDBURGER (Fn 755), § 26 N 12 ff.

952 Unter der Begründung oder Erhöhung derartiger Beteiligungsrechte sind namentlich zu verstehen: die Bargründung mit Liberierung des Grundkapitals zum Nennwert, Bargründungen mit Emissionsagio, Sacheinlage- oder Sachübernahmegründungen bzw. -kapitalerhöhungen oder Kapitalerhöhungen durch die Ausgabe von Gratisaktien. Der Begründung von Beteiligungsrechten sind zudem gemäss Art. 5 Abs. 2 StG gleichgestellt: Zuschüsse, welche von Gesellschaftern erbracht werden, ohne dafür eine Gegenleistung zu erhalten oder ohne Erhö-

- Aktien von inländischen Aktiengesellschaften und Kommanditaktiengesellschaften;
- Stammanteile von inländischen Gesellschaften mit beschränkter Haftung;
- Genossenschaftsanteile von inländischen Genossenschaften;
- Genussscheine von inländischen Gesellschaften oder Genossenschaften;
- Partizipationsscheine von inländischen Gesellschaften, Genossenschaften oder gewerblichen Unternehmen des öffentlichen Rechts[953].

Steuersubjekt bei der Emissionsabgabe ist, bei der Ausgabe von Beteiligungsrechten, die ausgebende Gesellschaft oder Genossenschaft[954].

Die Abgabe auf Beteiligungsrechten beträgt 1 Prozent[955].

Das StG kennt eine Reihe von *Ausnahmen* von der Abgabepflicht[956]. Von grosser Bedeutung ist die Freigrenze von 1 Million Franken bei Gründungen und Kapitalerhöhungen[957]. Übrige Gründe dafür, von der Abgabepflicht ausgenommen zu sein, können im Zweck einer Gesellschaft[958]

hung des nominellen Kapitals (Art. 5 Abs. 2 lit. a StG); ebenso der Handwechsel der Mehrheit der Aktien, Stammanteilen oder Genossenschaftsanteile an einer inländischen Gesellschaft, die wirtschaftlich liquidiert oder in liquide Form gebracht worden ist (Art. 5 Abs. 2 lit. b StG).
Zur Emissionsabgabe auch ASA 72, S. 174 ff.; ASA 72, S. 584 ff.

953 Art. 5 Abs. 1 lit. a StG.
954 Art. 10 Abs. 1 StG.
955 Art. 8 Abs. 1 StG.
956 Art. 6 StG.
957 Art. 6 Abs. 1 lit. h StG.
958 Art. 6 Abs. 1 lit. a StG.

liegen, in der Durchführung von Fusions- oder ähnlichen Beschlüssen[959], in der Höhe des Betrages gewisser Beteiligungsrechte[960], in der Art der Unternehmungen[961] oder in der Herkunft bzw. Verwendung der entsprechenden Mittel[962].

Eine Besonderheit stellt die Regelung in Art. 12 StG dar. Nach dieser Bestimmung kann die Emissionsabgabe *erlassen oder gestundet* werden, wenn deren Erhebung bei der offenen oder stillen Sanierung einer Aktiengesellschaft, Kommanditaktiengesellschaft, GmbH oder Genossenschaft eine offenbare Härte bedeuten würde.

2.1.2.2.2 *Die Umsatzabgabe*

Gegenstand der Umsatzabgabe[963] ist die entgeltliche Übertragung von Eigentum an bestimmten Urkunden, sofern eine der Vertragsparteien oder einer der Vermittler als Effektenhändler im Sinne des StG auftritt[964].

Als steuerbare Urkunden gelten die von einem Inländer[965] ausgegebenen:

- Obligationen[966];
- Aktien, Anteilscheine von Gesellschaften mit beschränkter Haftung und Genossenschaften, Partizipationsscheine und Genussscheine[967];

---

959 Art. 6 Abs. 1 lit. a^{bis} StG.

960 Art. 6 Abs. 1 lit. b StG.

961 Art. 6 Abs. 1 lit. c StG.

962 Vgl. Art. 6 Abs. 1 lit. d-g StG.

963 Eingehend HÖHN/WALDBURGER (Fn 755), § 26 N 61 ff.

964 Art. 13 Abs. 1 StG.

965 Zum Begriff des Inländers siehe Art. 4 Abs. 1 StG.

966 Art. 13 Abs. 2 lit. a Ziff. 1 StG; zum Begriff der Obligation siehe Art. 4 Abs. 3 und Abs. 4 StG.

- Anteilscheine an kollektiven Kapitalanlagen[968].

Zu besteuern sind ebenso die von einem Ausländer ausgegebenen Urkunden, welche den eben genannten wirtschaftlich gleichkommen[969], sowie Ausweise über Unterbeteiligungen an allen Arten der bisher genannten Urkunden[970].

Vorausgesetzt ist weiter, dass eine der Vertragsparteien oder einer der Vermittler ein *Effektenhändler* im Sinne des StG ist. Unter den Begriff des Effektenhändlers fallen[971]:

- Banken und bankähnliche Finanzgesellschaften gemäss Bankengesetz[972] sowie die Schweizerische Nationalbank[973];
- die nicht dem Bankengesetz unterstellten inländischen natürlichen und juristischen Personen und Personengesellschaften, inländischen Anstalten und Zweigniederlassungen ausländischer Unternehmen, deren Tätigkeit ausschliesslich oder zu einem wesentlichen Teil darin besteht, für Dritte Handel mit steuerbaren Urkunden zu betreiben oder als Anlageberater und Vermögensverwalter einer entsprechenden Vermittlertätigkeit nachzugehen[974];

---

967 Art. 13 Abs. 2 lit. a Ziff. 2 StG.

968 Art. 13 Abs. 2 lit. a Ziff. 3 StG.

969 Art. 13 Abs. 2 lit. b StG. Der Bundesrat hat hier aber die Kompetenz, gewisse ausländische Titel von der Abgabe auszunehmen, sofern die Entwicklung der Währungslage oder des Finanzmarktes es erfordert.

970 Art. 13 Abs. 2 lit. c StG.

971 Siehe auch HÖHN/WALDBURGER (Fn 755), § 26 N 86 ff.

972 Bundesgesetz vom 8.11.1934 über die Banken und Sparkassen (Bankengesetz, BankG, SR 952.0).

973 Art. 13 Abs. 3 lit. a StG.

974 Art. 13 Abs. 3 lit. b StG.

- die übrigen inländischen Aktiengesellschaften, Kommanditaktiengesellschaften, Gesellschaften mit beschränkter Haftung und Genossenschaften sowie inländischen Einrichtungen der beruflichen Vorsorge und der gebundenen Vorsorge, deren Aktiven nach Massgabe der letzten Bilanz zu mehr als 10 Millionen Franken aus steuerbaren Urkunden im beschriebenen Sinn bestehen[975];
- der Bund, die Kantone und die Gemeinden, sofern sie in ihrer Rechnung steuerbare Urkunden zu einem Betrag von mehr als 10 Millionen Franken ausweisen[976];
- die inländischen Einrichtungen der Sozialversicherung[977].

Die Abgabeforderung entsteht grundsätzlich mit dem Abschluss des Geschäftes über die entgeltliche Eigentumsübertragung[978]. Berechnet wird die Abgabe auf dem geleisteten Entgelt[979], und sie beträgt:

- 1,5 Promille für von einem Inländer ausgegebene Urkunden[980];
- 3 Promille für von einem Ausländer ausgegebene Urkunden[981].

Für den Fall, dass das Entgelt nicht aus einer Geldsumme besteht, so ist der Verkehrswert der vereinbarten Gegenleistung massgebend[982].

---

975 Art. 13 Abs. 3 lit. d StG.
976 Art. 13 Abs. 3 lit. f StG.
977 Art. 13 Abs. 3 lit. f StG.
978 Art. 15 Abs. 1 StG.
979 Art. 16 Abs. 1 StG.
980 Art. 16 Abs. 1 lit. a StG.
981 Art. 16 Abs. 1 lit. b StG.
982 Art. 16 Abs. 2 StG.

Steuersubjekt ist der beteiligte Effektenhändler[983]. Wenn er als Vermittler[984] tätig ist, schuldet er eine halbe Abgabe für jede Vertragspartei, die sich weder als registrierter Vermittler noch als von der Abgabe befreiter Anleger ausweist[985]. Ist er Vertragspartei, schuldet er je eine halbe Abgabe für sich selbst sowie für die Gegenpartei, wenn sich diese weder als registrierter Vermittler noch als von der Abgabe befreiter Anleger ausweisen kann[986].

Stets zu beachten ist Art. 17a StG; nach dieser Bestimmung sind (primär aus finanz- und wirtschaftspolitischen Gründen) verschiedene Anleger von der Abgabe *befreit*. Wie bei der Emissionsabgabe gibt es im Weiteren auch bei der Umsatzabgabe verschiedene entgeltliche Eigentumsübertragungen, welche von der Abgabepflicht *ausgenommen* sind[987]. Grob zusammengefasst umfassen diese Ausnahmen die folgenden Geschäfte bzw. Personen:

- das Emissionsgeschäft, einschliesslich des Festübernahmeverfahrens und der anschliessenden Platzierung bei den Anlegern[988];
- die Sacheinlage[989];
- der Handel mit Bezugsrechten[990];

[983] Art. 17 Abs. 1 StG.

[984] Zur Qualifikation als Vermittler Art. 17 Abs. 3 StG.

[985] Art. 17 Abs. 2 lit. a StG.

[986] Art. 17 Abs. 2 lit. b StG. Ist jedoch beim Abschluss eines Geschäftes eine ausländische Bank oder ein ausländischer Börsenagent Vertragspartei, so entfällt gemäss Art. 19 Abs. 1 StG die diese Partei betreffende halbe Abgabe.

[987] Art. 14 StG; HÖHN/WALDBURGER (Fn 755), § 26 N 72 ff.

[988] Art. 14 Abs. 1 lit. a StG.

[989] Art. 14 Abs. 1 lit. b StG.

[990] Art. 14 Abs. 1 lit. d StG.

- die Rückgabe von Urkunden zur Tilgung[991];
- die Ausgabe von Obligationen ausländischer Schuldner, welche auf eine fremde Währung lauten (Euroobligationen), sowie von Beteiligungsrechten an ausländischen Gesellschaften[992];
- der Handel mit in- und ausländischen Geldmarktpapieren[993];
- die ausländische Vertragspartei bei Transaktionen mit ausländischen Obligationen[994];
- gewisse mit Umstrukturierungen oder Ersatzbeschaffungen in Zusammenhang stehende Übertragungen[995].

2.1.2.2.3 *Die Abgabe auf Versicherungsprämien*

Im Rahmen der Stempelabgaben werden auch die Prämienzahlungen an Versicherungen besteuert[996]. Gegenstand sind Prämienzahlungen für Versicherungen, welche

- zum inländischen Bestand eines der Aufsicht des Bundes unterstellten oder eines inländischen öffentlich-rechtlichen Versicherers gehören[997];
- ein inländischer Versicherungsnehmer mit einem nicht der Bundesaufsicht unterstellten ausländischen Versicherer abgeschlossen hat[998].

---

991 Art. 14 Abs. 1 lit. e StG.
992 Art. 14 Abs. 1 lit. f StG.
993 Art. 14 Abs. 1 lit. g StG.
994 Art. 14 Abs. 1 lit. h StG.
995 Art. 14 Abs. 1 lit. i und lit. j StG.
996 Siehe Art. 21 StG. Zur Abgabe auf Versicherungsprämien auch ASA 71, S. 506 ff.
997 Art. 21 lit. a StG.
998 Art. 21 lit. b StG.

Abgabepflichtig ist grundsätzlich der inländische Versicherer[999]. Die Abgabe beträgt 5 Prozent der Barprämie, für Lebensversicherungen 2,5 Prozent der Barprämie[1000].

Verschiedene, in Art. 22 StG aufgelistete Versicherungen (namentlich Personenversicherungen wie Lebensversicherungen mit periodischen Prämienzahlungen sowie Kranken-, Unfall-, Invaliditäts- und Arbeitslosenversicherungen[1001]) sind von der Abgabe auf Versicherungsprämien ausgenommen.

2.1.3 Weitere Steuern und Abgaben des Bundes

Nachfolgend werden übrige, vom Bund erhobene Steuern und Abgaben in ihren Grundzügen dargestellt. Es sind dies die Bier-, Tabak-, Alkohol-, Mineralöl- und Automobilsteuer, die Nationalstrassenabgabe sowie die leistungsabhängige Schwerverkehrsabgabe.

2.1.3.1 Die Biersteuer

Mit der Biersteuer[1002] wird durch den Bund Bier besteuert, welches im schweizerischen Zollgebiet hergestellt oder in dieses eingeführt wird[1003].

Steuersubjekt ist für im Zollgebiet hergestelltes Bier der Hersteller[1004], für eingeführtes Bier der Zollschuldner (Importeur)[1005].

---

[999] Art. 25 StG.

[1000] Art. 24 Abs. 1 StG.

[1001] ESTV-System (Fn 740), S. 20.

[1002] Rechtsgrundlage für die Biersteuer ist das Bundesgesetz vom 6.10.2006 über die Biersteuer (Biersteuergesetz, BStG, SR 641.411).

[1003] Art. 1 Abs. 1 BStG.

Berechnet wird die Steuer je Hektoliter und auf der Grundlage des Stammwürzegehaltes[1006]. Sie beträgt für Leichtbier 16.88 Franken je Hektoliter, für Normal- und Spezialbier 25.32 Franken je Hektoliter und für Starkbier 33.76 Franken je Hektoliter[1007]. Auf alkoholfreies Bier bzw. Bier mit einem Alkoholgehalt von höchstens 0,5 Volumenprozenten wird keine Steuer erhoben[1008].

2.1.3.2 Die Tabaksteuer

Mit der Tabaksteuer[1009] werden folgende Produkte besteuert[1010]:

- Herstellung verbrauchsfertiger[1011] Tabakfabrikate[1012];
- Einfuhr von Tabakersatzprodukten[1013].

Steuersubjekt für die im Inland hergestellten Tabakfabrikate sind die Hersteller des verbrauchsfertigen Produkts[1014], für die eingeführten Fabrikate sind es die Zollschuldner[1015], aller

1004 Art. 7 lit. a BStG.
1005 Art. 7 lit. b BStG.
1006 Art. 10 Abs. 1 BStG.
1007 Vgl. Art. 11 Abs. 1 BStG.
1008 Art. 11 Abs. 2 BStG.
1009 Rechtsgrundlage ist das Bundesgesetz vom 21.3.1969 über die Tabakbesteuerung (Tabaksteuergesetz, TStG, SR 641.31).
1010 Vgl. Art. 1 Abs. 1 TStG; s. auch HÖHN/WALDBURGER (Fn 755), § 24 N 12 ff.
1011 Verbrauchsfertig ist ein Tabakfabrikat dann, wenn es bis zum Verbrauch keinem weiteren gewerbsmässigen Produktionsvorgang unterliegt; Art. 4 Abs. 3 TStG.
1012 Art. 4 Abs. 1 lit. a TStG.
1013 Art. 4 Abs. 1 lit. c TStG.
1014 Art. 6 lit. a TStG.
1015 Art. 6 lit. b TStG.

Regel nach also die Importeure des entsprechenden Produktes[1016].

Die *Berechnungsgrundlage* fällt je nach Produkt unterschiedlich aus; ausschlaggebende Faktoren können das Durchschnittsgewicht, das Eigengewicht, die Stückzahl oder der Kleinhandelspreis sein[1017].

2.1.3.3 Besteuerung von Spirituosen (Alkohol- oder Branntweinsteuer)

Gegenstand der sog. Alkohol- oder Branntweinsteuer[1018] sind inländische Spirituosen[1019]. Auf importierten Produkten werden Monopolgebühren erhoben[1020].

Von der Steuer erfasst sind die sog. Spezialitätenbranntweine, also gebrannte Wasser aus Steinobst, Kernobst, ausser Äpfel und Birnen und deren Erzeugnisse und Abfälle, aus Trauben, Wein, Traubentrestern, Weinhefe, Enzianwurzeln, Beerenfrüchten und ähnlichen Stoffen[1021]. Die Steuer ist zu entrichten vom Inhaber der Spezialitätenbrennerei[1022], vom Hausbrenner[1023] oder vom Brennauftraggeber[1024].

1016 Vgl. MÄUSLI-ALLENSPACH/OERTLI (Fn 738), S 501.

1017 Vgl. Art. 10 f. TStG.

1018 Rechtsgrundlage ist das Bundesgesetz vom 21.6.1932 über die gebrannten Wasser (Alkoholgesetz, AlkG, SR 680).

1019 Siehe zur Branntweinsteuer auch HÖHN/WALDBURGER (Fn 755), § 25 N 21 ff.

1020 ESTV-System (Fn 740), S. 24.

1021 Art. 20 Abs. 1 AlkG. Geläufige, dieser Steuer unterliegende Branntweine sind etwa Kirsch, Pflümli oder Grappa (HÖHN/WALDBURGER [Fn 755], § 25 N 23).

1022 Art. 20 Abs. 2 lit. a AlkG.

1023 Art. 20 Abs. 2 lit. b AlkG.

1024 Art. 20 Abs. 2 lit. b AlkG.

Der Steuersatz beträgt einheitlich 29 Franken pro Liter reinem Alkohol[1025], doch sind gesetzlich auch bestimmte Ermässigungen vorgesehen.

2.1.3.4 Die Mineralölsteuer

Die Mineralölsteuer[1026] wird erhoben auf Erdöl, anderen Mineralölen, Erdgas und den bei ihrer Verarbeitung gewonnenen Produkten sowie auf Treibstoffen[1027]. Zusätzlich wird auf Treibstoffen ein sog. Mineralölsteuerzuschlag erhoben[1028]. Besteuert wird die Herstellung und Gewinnung solcher Waren im Inland sowie deren Einfuhr ins Inland[1029].

Die *Steuerbelastung* variiert je nach Produkt und Verwendung[1030]; *steuerpflichtig* sind:

- die Importeure;
- die zugelassenen Inhaber von Lagern für die genannten Produkte;
- Personen, die versteuerte Waren zu Zwecken abgeben, verwenden oder verwenden lassen, die einem höheren Steuersatz unterliegen;
- Personen, die unversteuerte Waren abgeben, verwenden oder verwenden lassen[1031].

1025 Art. 23 der Alkoholverordnung vom 12. Mai 1999 (AlkV, SR 680.11).

1026 Rechtsgrundlage der Mineralölsteuer ist das Mineralölsteuergesetz vom 21.6.1996 (MinöStG, SR 641.61). Siehe zum Ganzen auch HÖHN/WALDBURGER (Fn 755), § 25 N 26 ff.

1027 Art. 1 lit. a MinöStG. Zur Mineralölsteuer auch ASA 72, S. 499 ff.

1028 Art. 1 lit. b MinöStG.

1029 Art. 3 Abs. 1 lit. a und lit. b MinöStG.

1030 Siehe Art. 12 ff. MinöStG.

1031 Siehe Art. 9 MinöStG.

2.1.3.5 Die Automobilsteuer

Gegenstand der Automobilsteuer[1032] sind Automobile für den Personen- oder Warenverkehr[1033]. Besteuert wird deren Einfuhr aus dem Ausland[1034] sowie die Herstellung bzw. Lieferung und der Eigengebrauch im Inland[1035]. Steuerpflichtige Personen sind bei der Einfuhr die Zollzahlungspflichtigen[1036], in der Regel also die Importeure, sowie bei den im Inland hergestellten Automobilen deren Hersteller[1037]. Berechnet wird die Steuer grundsätzlich auf dem für ein Automobil geleisteten Entgelt[1038].

2.1.3.6 Die Nationalstrassenabgabe

Der Bund erhebt für die Benützung der Nationalstrassen auf in- und ausländischen Motorfahrzeugen und Anhängern bis zu einem Gesamtgewicht von 3.5 Tonnen eine jährliche Abgabe[1039]. Sie beträgt derzeit 40 Franken[1040]. Als Zahlungsnachweis wird eine Vignette am Fahrzeug aufgeklebt[1041],

---

[1032] Rechtsgrundlage der Automobilsteuer ist das Automobilsteuergesetz vom 21.6.1996 (AStG, SR 641.51). Vgl. zur Automobilsteuer auch HÖHN/WALDBURGER (Fn 755), § 25 N 29 ff.

[1033] Art. 1 AStG. Zur Automobilsteuer auch ASA 71, S. 330 ff.

[1034] Art. 22 ff. AStG.

[1035] Art. 25 ff. AStG.

[1036] Art. 9 Abs. 1 lit. a AStG.

[1037] Art. 9 Abs. 1 lit. b AStG.

[1038] Vgl. Art. 24 und 30 AStG.

[1039] Rechtsgrundlage für die Nationalstrassenabgabe ist das Bundesgesetz vom 19.3.2010 über die Abgabe für die Benützung von Nationalstrassen (Nationalstrassenabgabegesetz, NSAG, SR 741.71).

[1040] Art. 6 NSAG.

[1041] Art. 7 Abs. 2 NSAG.

weshalb diese Abgabe verbreitet auch als „die Autobahnvignette" bezeichnet wird[1042].

2.1.3.7 Die Schwerverkehrsabgabe

Die Verkehrsabgabe für den Schwerverkehr wird seit dem 1. Januar 2001 leistungsabhängig entrichtet („leistungsabhängige Schwerverkehrsabgabe", LSVA)[1043]. Zu entrichten ist sie für schwere Güterfahrzeuge und Anhänger mit einem Gesamtgewicht von über 3,5 Tonnen[1044], und sie bemisst sich nach[1045]:

- der Zahl der auf schweizerischen Territorium zurückgelegten Kilometer;
- dem zulässigen Gesamtgewicht;
- den Emissionen des Fahrzeuges.

Abgabepflichtig ist der jeweilige Halter des Fahrzeuges, bei ausländischen Fahrzeugen zusätzlich der Fahrzeugführer[1046]. Derzeit beträgt der Abgabesatz zwischen 2,28 und 3,10 Rappen pro Tonnenkilometer[1047].

1042 MÄUSLI-ALLENSPACH/OERTLI (Fn 738), S. 505.

1043 Rechtsgrundlage ist das Bundesgesetz vom 19.12.1997 über eine leistungsabhängige Schwerverkehrsabgabe (Schwerverkehrsabgabegesetz, SVAG, SR 641.81). Zur LSVA auch ASA 72, S. 494 ff.

1044 Vgl. Art. 2 der Verordnung vom 6.3.2000 über eine leistungsabhängige Schwerverkehrsabgabe (Schwerverkehrsabgabeverordnung, SVAV, SR 641.811).

1045 Vgl. Art. 6 SVAG.

1046 Art. 5 Abs. 1 SVAG.

1047 Art. 14 Abs. 1 SVAV.

2.2 Die von den Kantonen und Gemeinden erhobenen Steuern

Aufgrund der bereits dargelegten föderalistischen Ordnung[1048] des schweizerischen Bundesstaates besitzt jeder Kanton, teilweise auch die einzelnen Gemeinden der Schweiz, ein eigenes Steuergesetz. Trotz der in gewissen Bereichen erfolgten Harmonisierung[1049] bestehen deshalb in der Schweiz 26 verschiedene kantonale Steuergesetze sowie zahlreiche (die Steuern betreffende) Gemeindereglemente. Entsprechend unterschiedlich kann sich die Situation für den Steuerpflichtigen in den einzelnen Kantonen und Gemeinden präsentieren[1050].

Die Steuergesetzgebung jedes einzelnen Kantons detailliert darzulegen, würde den Rahmen des vorliegenden Werkes sprengen. Nachfolgend werden deshalb nur die Grundzüge der in den Kantonen und Gemeinden erhobenen Steuerarten dargestellt.

[1048] Oben Ziff. VII.1.1.

[1049] Dazu oben Ziff. VII.1.2.

[1050] Für den Bereich der kantonalen Steuern von grosser Bedeutung ist auch das Verbot der interkantonalen Doppelbesteuerung, welches aus Art. 127 Abs. 3 BV hervorgeht. Es beinhaltet (in aller Kürze), dass dasselbe Steuerobjekt nicht in mehreren Kantonen besteuert werden darf und dass zwischen den Kantonen eine entsprechende Ausscheidung zu erfolgen hat. Siehe zum Ganzen HÖHN/WALDBURGER (Fn 755), § 30 N 7 ff.

2.2.1 Steuern auf Einkommen und Vermögen sowie andere direkte Steuern

2.2.1.1 Die Einkommens- und Vermögenssteuern natürlicher Personen

Sämtliche Kantone und Gemeinden der Schweiz kennen das System der allgemeinen Einkommenssteuer mit ergänzender Vermögenssteuer[1051].

Die *Einkommenssteuern* auf kantonaler und kommunaler Ebene sind grundsätzlich sehr ähnlich aufgebaut und strukturiert wie die bereits behandelte direkte Bundessteuer[1052]. Von den natürlichen Personen sind auch in den Kantonen und Gemeinden namentlich Erwerbseinkommen, Einkommen aus Vorsorge oder Nebentätigkeit, sämtliche Vermögenserträge sowie die übrigen Einkünfte zu versteuern[1053]. Auch der Grundsatz der Familienbesteuerung ist Element jeder kantonalen Steuerordnung[1054]. Grosse Differenzen zwischen den einzelnen Kantonen und Gemeinden gibt es einerseits in der Gewährung von Abzügen (bzw. deren Höhe) oder Freibeträgen und andererseits in den einzelnen Steuertarifen. Aus diesen Gründen variiert die individuelle Steuerbelastung hinsichtlich der Einkommenssteuer je nach Kanton oder Gemeinde stark.

[1051] Art. 2 Abs. 1 lit. a StHG.

[1052] ESTV-System (Fn 740), S. 33; zur direkten Bundessteuer oben Ziff. VII.2.1.1.1.

[1053] Vgl. für die direkte Bundessteuer oben Ziff. VII.2.1.1.1.1.

[1054] In der jeweiligen Umsetzung dieses Grundsatzes bestehen jedoch Unterschiede: Gewisse Kantone sehen Abzüge für Verheiratete vor, andere bestimmte Freibeträge, wiederum andere kennen das sog. Splittingverfahren, bei dem das eheliche Gesamteinkommen zum Satz des halben Gesamteinkommens versteuert wird.

Die Gemeinden erheben die Einkommenssteuern regelmässig nach der gleichen Bemessungsgrundlage wie der Kanton, in dem sie gelegen sind; oftmals betragen die kommunalen Einkommenssteuern ein Vielfaches des kantonalen Grundtarifes[1055].

Anders als auf Bundesebene existiert in den Kantonen und Gemeinden neben der Einkommenssteuer auch eine *Steuer auf dem Vermögen*[1056]. Gegenstand dieser Steuer ist das Gesamtvermögen einer Person[1057], welches sich aus allen vermögenswerten Sachen und Rechten zusammensetzt, die einer Person zu Eigentum oder Nutzniessung[1058] zustehen. Dazu gehören namentlich das bewegliche (Bankguthaben, Wertschriften, Auto) und unbewegliche Vermögen (hauptsächlich Liegenschaften), rückkaufsfähige Lebens- und Rentenversicherungen[1059] sowie das in einen Geschäftsbetrieb investierte Vermögen[1060]. Bemessen werden sämtliche Vermögenswerte grundsätzlich nach ihrem Verkehrswert[1061]. Hausrat und persönliche Gegenstände unterliegen der Vermögenssteuer nicht[1062].

Bemessungsgrundlage der Vermögenssteuer ist das Reinvermögen, also das um sämtliche vorhandenen Schulden verringerte Bruttovermögen der steuerpflichtigen Person[1063].

[1055] Vgl. ESTV-System (Fn 740), S. 32.
[1056] Art. 2 Abs. 1 lit. a StHG.
[1057] Art. 13 Abs. 1 StHG; § 38 Abs. 1 StG-ZH.
[1058] Art. 13 Abs. 2 StHG; § 38 Abs. 2 StG-ZH.
[1059] § 45 StG-ZH.
[1060] ESTV-System (Fn 740), S. 35. Vgl. auch HÖHN/WALDBURGER (Fn 755), § 15 N 7 ff.
[1061] Art. 14 Abs. 1 StHG; § 39 Abs. 1 StG-ZH.
[1062] Art. 13 Abs. 4 StHG; § 38 Abs. 4 StG-ZH.
[1063] HÖHN/WALDBURGER (Fn 755), § 15 N 6; vgl. auch § 46 StG-ZH.

Die *Vermögenssteuertarife* sind in den meisten Kantonen progressiv ausgestaltet[1064]. Allerdings kennt eine Mehrheit der Kantone und Gemeinden ein sog. *steuerfreies Minimum* an Vermögen, d.h. Vermögen wird erst ab einem bestimmten Betrag besteuert[1065]. Auch bei der Vermögenssteuer bestehen teilweise erhebliche Unterschiede zwischen den einzelnen Kantonen und Gemeinden[1066].

2.2.1.2 Die Gewinn- und Kapitalsteuern juristischer Personen

2.2.1.2.1 Allgemeines

In sämtlichen Kantonen und Gemeinden der Schweiz[1067] haben juristische Personen grundsätzlich eine Steuer auf ihrem Reingewinn sowie auf dem einbezahlten Grundkapital und den Reserven zu entrichten[1068]. Hinsichtlich der *Steuerpflicht* gilt auch auf kantonaler und kommunaler Ebene der

---

1064 HÖHN/WALDBURGER (Fn 755), § 15 N 26 ff.; als Beispiel § 47 StG-ZH. Die Vermögenssteuertarife sind mehrheitlich progressiv ausgestaltet. Die Kantone Luzern, Uri, Schwyz, Obwalden, Nidwalden, Glarus, Appenzell-Inerrhoden, St. Gallen und Thurgau kennen dagegen feste Steuersätze (proportionale Steuer). Vgl. ESTV-System (Fn 740), S. 32.

1065 ESTV-System (Fn 740), S. 32; HÖHN/WALDBURGER (Fn 755), § 15 N 25.

1066 HÖHN/WALDBURGER (Fn 755), § 15 N 27.

1067 Mit zwei Ausnahmen: Im Kanton Basel-Stadt unterliegen die juristischen Personen keiner Gemeindesteuer, im Kanton Uri unterliegen sie beim Kapital keiner Kantonssteuer; ESTV-System (Fn 740), S. 33.

1068 Vgl. Art. 2 Abs. 1 lit. b, Art. 29 StHG. Ausgenommen sind, wie bei der direkten Bundessteuer (oben Ziff. VII.2.1.1.1.2), diejenigen juristischen Personen, welche aufgrund ihres öffentlichen oder gemeinnützigen Zweckes von der Steuerpflicht befreit sind; Art. 23 Abs. 1 lit. f StHG.

Grundsatz[1069], dass eine juristische Person dort Steuern zu entrichten hat, wo sie ihren Sitz oder ihre Verwaltung hat oder aufgrund bestimmter Tatbestände als wirtschaftlich zugehörig betrachtet werden muss[1070].

2.2.1.2.2 Reingewinn

Hinsichtlich der Struktur der kantonalen bzw. kommunalen Steuern auf dem *Reingewinn* einer juristischen Person kann grundsätzlich auf die gemachten Ausführungen zur direkten Bundessteuer verwiesen werden[1071]. Namentlich bei den Steuersätzen bestehen aber Unterschiede zwischen den einzelnen Kantonen und Gemeinden: Am häufigsten sind, wie bei der direkten Bundessteuer, proportionale Steuersätze[1072]; gewisse Kantone kennen aber auch gemischte Systeme, bei denen (je nach Ertragsintensität oder Höhe des Gewinns einer juristischen Person) mehrere Sätze kombiniert werden[1073].

Auf der Ebene der Kantone und Gemeinden wird bei juristischen Personen nicht nur der Reingewinn, sondern auch das *Kapital* besteuert[1074].

1069 Vgl. oben Ziff. VII.2.1.1.1.2.

1070 Siehe Art. 20 und Art. 21 StHG; ESTV-System (Fn 740), S. 36.

1071 Oben Ziff. VII.2.1.1.1.2. Siehe zur Gewinnsteuer auch Art. 24 ff. StHG.

1072 Kantone Zürich, Luzern, Uri, Schwyz, Obwalden, Nidwalden, Glarus, Schaffhausen, Appenzell Ausserrhoden, Appenzell Innerrhoden, St. Gallen, Graubünden, Thurgau, Tessin, Waadt, Genf, Jura; ebenso Freiburg und Neuenburg (wobei in diesen Kantonen auch gewisse progressive Elemente bestehen), vgl. ESTV-System (Fn 740), S. 33).

1073 Kantone Bern, Zug, Solothurn, Basel-Stadt, Basel-Land, Aargau und Wallis, vgl. ESTV-System (Fn 740), S. 33.

1074 Art. 2 Abs. 1 lit. b StHG.

2.2.1.2.3 Kapitalgewinn

Gegenstand der Kapitalsteuer der juristischen Personen ist das steuerbare Eigenkapital[1075]. Dieses setzt sich wie folgt zusammen:

- Bei Kapitalgesellschaften und Genossenschaften aus dem einbezahlten Grund- oder Stammkapital[1076], den offenen und den aus versteuertem Gewinn gebildeten stillen Reserven[1077];
- bei Vereinen, Stiftungen und den übrigen juristischen Personen aus dem Reinvermögen, wie es nach den Bestimmungen für die natürlichen Personen berechnet wird[1078].

Zu besteuern ist auch das sog. verdeckte Eigenkapital; es handelt sich dabei um diejenigen Teile des Fremdkapitals, denen wirtschaftlich die Bedeutung von Eigenkapital zukommt[1079]. Zu denken ist namentlich an Fälle, in welchen die an einer Unternehmung beteiligten Personen dieser in ungewöhnlich hohem Mass Fremdkapital zur Verfügung stellen, um die Kapitalsteuer tief zu halten[1080].

Die Höhe des steuerbaren Eigenkapitals bestimmt sich nach dem Stand am Ende jeder Steuerperiode[1081]. In der Regel erheben die Kantone eine einfache Kapitalsteuer zu einem fes-

---

[1075] Art. 29 Abs. 1 StHG.

[1076] Bei den Aktiengesellschaften ist hierzu auch das Partizipationskapital zu rechnen; vgl. § 79 StG-ZH.

[1077] Art. 29 Abs. 2 lit. a StHG.

[1078] Art. 29 Abs. 2 lit. c StHG.

[1079] Art. 29a StHG; § 80 StG-ZH.

[1080] Vgl. HÖHN/WALDBURGER (Fn 755), § 19 N 10.

[1081] Art. 31 Abs. 4 StHG.

ten Promillesatz[1082]; dieser wird mit dem Steuerfuss aufgerechnet und häufig mit einem Zuschlag für die Gemeinden versehen[1083]. Beteiligungsgesellschaften[1084] geniessen auf kantonaler und kommunaler Ebene die gleichen Ermässigungen wie bei der direkten Bundessteuer[1085].

2.2.1.2.4 Besonderer Steuerstatus

Zu erwähnen bleibt, dass es auf der Ebene der Kantons- und Gemeindesteuern verschiedene Gesellschaften bzw. Gesellschaftsarten mit *besonderem Steuerstatus* gibt[1086]. Es handelt sich dabei um Kapitalgesellschaften, Genossenschaften und teilweise auch Stiftungen, die bestimmte Funktionen erfüllen oder eine stark auslandsbezogene Geschäftstätigkeit entfalten[1087]. Ihr Steuerstatus ist deshalb speziell, weil sie trotz der an sich unbeschränkten Steuerpflicht nur eine *ermässigte Gewinnsteuer* und meist auch eine *reduzierte Kapitalsteuer* zu entrichten haben[1088]. Unter diese besondere Art der Besteuerung fallen die Holding-, die Verwaltungs- und die sog. „gemischten" Gesellschaften.

2.2.1.2.5 Holdinggesellschaften

Holdinggesellschaften kennzeichnen sich dadurch, dass ihre Hauptaktivität im Halten und Verwalten von Beteiligungen

[1082] Vgl. § 82 StG-ZH. Einzig in den Kantonen Graubünden und Wallis ist der Steuertarif leicht progressiv. Vgl. ESTV-System (Fn 740), S. 33.
[1083] MÄUSLI-ALLENSPACH/OERTLI (Fn 738), S. 246.
[1084] Zum Begriff oben Ziff. VII.2.1.1.1.2 sowie Art. 28 Abs. 1 StHG; vgl. auch Art. 69 und 70 DBG.
[1085] Art. 28 Abs. 1 StHG; oben Ziff. VII.2.1.1.1.2.
[1086] Dazu HÖHN/WALDBURGER (Fn 755), § 20 N 1 ff.
[1087] HÖHN/WALDBURGER (Fn 755), § 20 N 1.
[1088] HÖHN/WALDBURGER (Fn 755), § 20 N 2.

besteht[1089] und sie in der Schweiz keine Geschäftstätigkeit ausüben[1090]. Mit Ausnahme der Erträge aus schweizerischem Grundbesitz[1091] haben sie *keine Gewinnsteuer* zu entrichten[1092]. Im Bereich der *Kapitalsteuer* ist den Kantonen durch das StHG keine Ermässigung vorgeschrieben; dennoch haben Holdinggesellschaften aller Regel nach nur eine reduzierte Kapitalsteuer zu entrichten[1093].

Zu beachten bleiben stets allfällige mit ausländischen Staaten abgeschlossene Doppelbesteuerungsabkommen, welche vorsehen können, dass eine Befreiung von ausländischen Quellensteuern nur möglich ist, wenn eine juristische Person auch auf der kantonalen und kommunalen Ebene ordentlich besteuert wird[1094]. Wird in einem solchen Fall für die Befreiung von ausländischen Quellensteuern optiert, so kann dies bedeuten, dass auf die steuerliche Sonderregelung verzichtet werden muss.

1089 Gemäss Art. 28 Abs. 2 StHG muss ihr „statutarischer Zweck zur Hauptsache" in der dauernden Verwaltung von Beteiligungen bestehen, und die Beteiligungen oder Erträge daraus müssen längerfristig mindestens zwei Drittel der gesamten Aktiven oder Erträge ausmachen.

1090 Vgl. Art. 28 Abs. 2 StHG; HÖHN/WALDBURGER (Fn 755), § 20 N 5, 13 ff.

1091 Diese unterliegen der herkömmlichen Gewinnbesteuerung; HÖHN/WALDBURGER (Fn 755), § 20 N 20.

1092 Art. 28 Abs. 2 StHG.

1093 ESTV-System (Fn 740), S. 36; MÄUSLI-ALLENSPACH/OERTLI (Fn 738), S. 258.

1094 Art. 28 Abs. 5 StHG. Als Beispiele für solche staatsvertraglichen Bestimmungen: Art. 14 Ziff. 2 DBA-F, Art. 22 § 2 DBA-B, Art. 23 Ziff. 2 DBA-I.

2.2.1.2.6 *Verwaltungsgesellschaften*

Unter den *Verwaltungsgesellschaften* (bisweilen auch als „Domizilgesellschaften" bezeichnet) versteht man Kapitalgesellschaften, Genossenschaften oder Stiftungen, welche in der Schweiz ihren Sitz haben und eine Verwaltungs-, jedoch keine Geschäftstätigkeit ausüben[1095]. Sie haben ihre Steuern auf Ebene der Kantone und Gemeinden[1096] wie folgt zu leisten:

- Erträge aus Beteiligungen sowie Kapital- und Aufwertungsgewinne auf solchen Beteiligungen sind steuerfrei[1097];
- die übrigen Einkünfte aus der Schweiz werden ordentlich besteuert[1098];
- die übrigen Einkünfte aus dem Ausland werden nach der Bedeutung der Verwaltungstätigkeit in der Schweiz ordentlich besteuert[1099].

Häufig zahlen Verwaltungsgesellschaften auch nur eine reduzierte Steuer auf dem Kapital[1100].

1095 Art. 28 Abs. 3 StHG; HÖHN/WALDBURGER (Fn 755), § 20 N 27.

1096 Zur Erinnerung sei angefügt, dass Verwaltungsgesellschaften auf Bundesebene nicht in den Genuss einer solchen Ermässigung kommen; sie können dort einzig den Beteiligungsabzug nach Art. 69 DBG machen. Siehe dazu oben Ziff. VII.2.1.1.1.2; MÄUSLI-ALLENSPACH/OERTLI (Fn 738), S. 259.

1097 Art. 28 Abs. 3 lit. a StHG.

1098 Art. 28 Abs. 3 lit. b StHG.

1099 Art. 28 Abs. 3 lit. c StHG. Dies bedeutet, dass sich die Steuer nach einer Quote bemisst, welche der Bedeutung der Verwaltungstätigkeit in der Schweiz entspricht. Diese liegt in der Regel zwischen 0 und 20 Prozent.

1100 MÄUSLI-ALLENSPACH/OERTLI (Fn 738), S. 257.

2.2.1.2.7 Gemischte Gesellschaften

Gemischte Gesellschaften schliesslich weisen Merkmale sowohl der Holding- wie auch der Verwaltungsgesellschaften auf[1101]; ihre Geschäftstätigkeit ist überwiegend auslandsbezogen, und sie üben in der Schweiz nur eine untergeordnete Geschäftstätigkeit aus[1102]. Welches Ausmass an Geschäftstätigkeit in der Schweiz noch als „untergeordnet" anerkannt wird, kann von Kanton zu Kanton variieren, doch wird in der Regel ein Inlandumsatz von rund 20 Prozent noch akzeptiert[1103]. Grundsätzlich werden solche gemischte Gesellschaften wie Verwaltungsgesellschaften besteuert[1104]; ihre Einkünfte aus dem Ausland haben sie nach Massgabe des Umfangs der Geschäftstätigkeit in der Schweiz zu versteuern[1105].

2.2.1.2.8 Künftige Entwicklungen

Die kantonalen Unternehmenssteuerregime betreffend Holdinggesellschaften, Verwaltungsgesellschaften und Gemischten Gesellschaften stehen seit mehreren Jahren unter internationalem Druck, insbesondere weil ausländische Erträge teilweise privilegiert besteuert werden. Mittels einer Reform des Unternehmenssteuerrechts wollen Bund und Kantone die Attraktivität des Steuerstandortes Schweiz für international tätige Unternehmen stärken und gleichzeitig die internationale Akzeptanz des schweizerischen Steuersystems erhöhen.

1101 HÖHN/WALDBURGER (Fn 755), § 20 N 8.

1102 Art. 28 Abs. 4 StHG. Abweichend in der Systematik HÖHN/WALDBURGER (Fn 755), § 20 N 24 ff., insb. 30 ff.

1103 MÄUSLI-ALLENSPACH/OERTLI (Fn 738), S. 261.

1104 Art. 28 Abs. 4 StHG.

1105 Art. 28 Abs. 4 Satz 2 StHG.

Der Bundesrat hat deshalb am 22. September 2014 eine Vernehmlassung zu einem Bundesgesetz über steuerliche Massnahmen zur Stärkung der Wettbewerbsfähigkeit des Unternehmensstandorts Schweiz (Unternehmenssteuerreformgesetz III) eröffnet und die Abschaffung der privilegierten kantonalen Steuerregime vorgeschlagen.

Neu soll dafür eine sog. Lizenzbox für Erträge aus geistigem Eigentum und die zinsbereinigte Gewinnsteuer eingeführt werden. Ferner sollen die Kantone bei der Kapitalsteuer gezielte Erleichterungen einführen dürfen. Schliesslich sollen die Emissionsabgabe auf Eigenkapital abgeschafft und Anpassungen beim Beteiligungsabzug und bei der Verlustverrechnung vorgenommen werden.

2.2.1.3 Die Erbschafts- und Schenkungssteuern

Die Erbschafts- und Schenkungssteuern stellen die wohl bedeutsamsten von den Kantonen und Gemeinden erhobenen Steuern dar[1106]. Sie werden denn auch in nahezu allen Kantonen erhoben; einzig der Kanton Schwyz kennt weder Erbschafts- noch Schenkungssteuer, der Kanton Luzern erhebt nur eine Erbschaftssteuer[1107]. Zudem unterliegen in vielen Kantonen erb- und schenkungsrechtlich begründete Vermö-

1106 FISCHER, DANIELA C./FEDERSPIEL, KATJA/ARNOLD, RETO/MICHAELIS, BETTINA: Das schweizerische Steuersystem. Eine praxisorientierte Einführung mit zahlreichen Beispielen, Zürich 2012, S. 61; MÄUSLI-ALLENSPACH/OERTLI (Fn 738), S. 507; s. auch HÖHN/WALDBURGER (Fn 755), § 27 N 6.

1107 Im Kanton Graubünden besteht zudem die Besonderheit, dass neben dem Kanton auch die Gemeinden zur Erhebung einer Steuer auf Erbschaften berechtigt sind; MÄUSLI-ALLENSPACH/OERTLI (Fn 738), S. 505.

gensübergänge auf direkte Nachkommen oder auf den Ehepartner nicht der Besteuerung[1108].

Steuerobjekt bei der Erbschaftssteuer sind sämtliche Vermögensübergänge von Todes wegen an die gesetzlichen und eingesetzten Erben (einschliesslich Nacherben) sowie an die Vermächtnisnehmer[1109]. Gegenstand der Schenkungssteuer sind freiwillige, unentgeltliche Zuwendungen unter Lebenden[1110].

Steuersubjekte sind grundsätzlich die Empfänger der Vermögensübertragungen[1111]. Dies bedeutet, dass im Rahmen der Erbschaftsbesteuerung die Erben bzw. Vermächtnisnehmer

---

1108 Vgl. § 11 ESchG-ZH; s. auch MÄUSLI-ALLENSPACH/OERTLI (Fn 738), S. 505 f.

1109 Erfasst sind also Rechtsvorgänge bzw. Vermögensübertragungen in Form der Erbschaft, des Vermächtnisses oder der Nacherbfolge; massgeblich sind die zivilrechtlichen Bestimmungen des Erbrechts. Für den Fall, dass ein Erblasser eine formell und materiell gültige Verfügung von Todes wegen hinterlassen hat, ist diese auch für die Erhebung der Erbschaftssteuer massgebend; andernfalls findet die gesetzliche Erbfolge Anwendung. Damit ein Vermächtnis steuerrechtlich anerkannt wird, muss es testamentarisch festgelegt sein (ansonsten dürfte aller Regel nach eine Schenkung vorliegen). Siehe zum Ganzen HÖHN/WALDBURGER (Fn 755), § 27 N 21 ff.; MÄUSLI-ALLENSPACH/OERTLI (Fn 738), S. 509 f; FISCHER/FEDERSPIEL/ARNOLD/MICHAELIS (Fn 1106), S. 61 f.

1110 Der steuerrechtliche Schenkungsbegriff ist aller Regel nach weiter gefasst als die zivilrechtliche Schenkung nach Art. 239 ff. OR; oft enthalten kantonale Steuergesetze eigene Definitionen des Objektes der jeweiligen Schenkungssteuer, vgl. etwa § 4 ESchG-ZH. Siehe dazu auch HÖHN/WALDBURGER (Fn 755), § 27 N ff., zum Schenkungsbegriff insb. N 34 ff.

1111 § 8 ESchG-ZH; HÖHN/WALDBURGER (Fn 755), § 27 N 16.

steuerpflichtig sind, bei der Schenkungssteuer die Beschenkten[1112].

Im *interkantonalen Verhältnis* ist für die Erhebung der Erbschaftssteuer bezüglich des beweglichen Vermögens derjenige Kanton zuständig, in welchem der Erblasser seinen letzten Wohnsitz hatte; vererbte Grundstücke sind in dem Kanton zu versteuern, in dem sie gelegen sind[1113]. Grundsätzlich gleich ist die Regelung bei der Schenkungssteuer: Beim beweglichen Vermögen kommt die Zuständigkeit demjenigen Kanton zu, in dem der Schenkende zum Zeitpunkt der Schenkung seinen Wohnsitz hat, verschenkte Grundstücke sind in dem Kanton zu versteuern, in welchem sie liegen[1114].

Berechnungsgrundlage für Erbschafts- und Schenkungssteuer ist der Wert des Erbanfalles, des Vermächtnisses oder der Schenkung[1115]. Aller Regel nach ist der jeweilige Verkehrswert massgebend[1116]. Abgezogen werden können grundsätzlich die Schulden, die auf dem übertragenen Vermögen lasten[1117]. Daneben bestehen in den Kantonen und Gemeinden verschiedene Steuerbefreiungen und Freibeträge, welche bisweilen sehr unterschiedlich geregelt sind.

1112 HÖHN/WALDBURGER (Fn 755), § 27 N 16; MÄUSLI-ALLENSPACH/OERTLI (Fn 738), S. 507.

1113 HÖHN/WALDBURGER (Fn 755), § 27 N 11.

1114 FISCHER/FEDERSPIEL/ARNOLD/MICHAELIS (Fn 1106), S. 61 f.; HÖHN/WALDBURGER (Fn 755), § 27 N 11.

1115 HÖHN/WALDBURGER (Fn 755), § 27 N 47; MÄUSLI-ALLENSPACH/OERTLI (Fn 738), S. 509.

1116 Vgl. § 13 ESchG-ZH. Nutzniessungen werden in der Regel kapitalisiert (vgl. § 14 ESchG-ZH), Versicherungen nach ihrem Rückkaufswert bewertet (vgl. § 13 Abs. 2 ESchG-ZH).

1117 Vgl. § 19 ESchG-ZH.

Der anwendbare *Steuersatz*[1118] bestimmt sich letztlich nach der Höhe des übertragenen Vermögenswertes und (bei der Erbschaftssteuer) nach dem Grad der Verwandtschaft. In der Regel ist er progressiv ausgestaltet[1119].

2.2.1.4 Kopf-, Personal- und Haushaltssteuern

In zahlreichen Kantonen und/oder Gemeinden wird eine sog. Kopf-, Personal- oder Haushaltssteuer erhoben[1120]. Diese bemisst sich unabhängig von der wirtschaftlichen Leistungsfähigkeit eines jeden Steuerpflichtigen und sollte früher dazu dienen, den Grundsatz der Allgemeinheit der Besteuerung zu verwirklichen[1121]. Heute hat sie primär die Bedeutung, dass jede Person, unabhängig von ihrem Einkommen, einen Minimalbetrag an das Steueraufkommen des Gemeinwesens leistet[1122].

Die Ansätze sind jeweils sehr niedrig; im Kanton Zürich beispielsweise beträgt die Personalsteuer 24 Franken[1123].

2.2.1.5 Die Grundstückgewinnsteuern

Auf Bundesebene unterliegen Kapitalgewinne aus der Veräusserung von Privatvermögen keiner Steuer[1124]. Anders ist die Rechtslage auf kantonaler und kommunaler Ebene: Zwar sind auch dort Kapitalgewinne auf der Veräusserung von

[1118] Vgl. dazu auch HÖHN/WALDBURGER (Fn 755), § 27 N 56 ff.
[1119] Vgl. § 22 ESchG-ZH.
[1120] Vgl. § 199 f. StG-ZH.
[1121] FISCHER/FEDERSPIEL/ARNOLD/MICHAELIS (Fn 1106), S. 58.
[1122] MÄUSLI-ALLENSPACH/OERTLI (Fn 738), S. 517.
[1123] § 200 StG-ZH.
[1124] Art. 16 Abs. 3 DBG.

beweglichem Privatvermögen steuerfrei[1125], doch ist den Kantonen und Gemeinden durch das StHG explizit vorgeschrieben, eine Steuer auf den Veräusserungsgewinnen bei Grundstücken, die sog. *Grundstückgewinnsteuer,* zu erheben[1126].

Die Grundstückgewinnsteuer ist bei jeder *Veräusserung* eines Grundstückes[1127] geschuldet[1128], wobei Art. 12 Abs. 2 StHG verschiedene Tatbestände einer Veräusserung gleichstellt[1129]. *Steuersubjekt* ist stets der Veräusserer eines Grundstückes[1130]. *Steuerobjekt* der Grundstückgewinnsteuer ist der realisierte Gewinn[1131]. Von der Steuer erfasst ist derjenige

---

1125 Art. 7 Abs. 4 lit. b StHG.

1126 Art. 2 Abs. 1 lit. D; Art. 2 Abs. 2 StHG.

1127 Für den Begriff eines Grundstückes ist auf die zivilrechtliche Begriffsbestimmung abzustellen (s. Art. 655 ZGB); demnach gelten als Grundstücke:
- die Liegenschaften;
- die in das Grundbuch aufgenommenen selbständigen und dauernden Rechte;
- die Bergwerke;
- die Miteigentumsanteile an Grundstücken.

Vgl. auch § 207 StG-ZH.

1128 Art. 12 Abs. 2 StHG.

1129 Dazu HÖHN/WALDBURGER (Fn 755), § 22 N 19 ff. Vgl. auch § 216 StG-ZH.
Ebenso kennt das StHG „Steueraufschub-Tatbestände" (bspw. die Handänderung infolge Erbgang oder Eigentumswechsel unter Ehegatten; vgl. Art. 12 Abs. 3 StHG); in solchen Fällen findet keine Befreiung von der Grundstücksgewinnsteuer statt, sondern nur ein Aufschub der Besteuerung bis zur nächsten Veräusserung, welche nach Art. 12 Abs. 2 StHG steuerbegründend ist. Siehe dazu HÖHN/WALDBURGER (Fn 755), § 22 N 27 ff.

1130 § 217 StG-ZH.

1131 Nach Art. 12 Abs. 4 StHG steht es den Kantonen frei, die Grundstückgewinnsteuer auch auf Gewinnen zu erheben, welche bei der Veräusserung von Grundstücken aus dem Geschäftsvermögen realisiert wer-

Wertzuwachs, welcher ohne Zutun des Eigentümers entstanden ist; deshalb sind die Kosten des Erwerbes, der Veräusserung sowie weitere Kosten oder Verluste hinsichtlich des Grundstückes regelmässig abziehbar[1132]. Das Steuermass ist regelmässig progressiv nach der Höhe des Gewinns ausgestaltet[1133], wobei bei längerer Besitzdauer oft eine Ermässigung gewährt wird[1134], während bei sehr kurzer Besitzdauer eine Erhöhung erfolgt[1135].

2.2.1.6 Die Handänderungssteuern

In den meisten Kantonen wird die Handänderung von Grundstücken[1136] besteuert[1137]. Steuerauslösender Tatbestand ist die Handänderung, also die Übertragung von Grundstücken. Hierunter fallen sowohl der zivilrechtliche Eigentumswechsel wie auch die Übertragung der wirtschaftlichen Verfügungsmacht über ein Grundstück (und Tatbestände mit

---

den. Dies jedoch nur dann, wenn solche Veräusserungsgewinne nicht bereits von der Einkommens- bzw. Gewinnsteuer erfasst sind.

1132 Vgl. § 219 ff. StG-ZH; s. auch HÖHN/WALDBURGER (Fn 755), § 22 N 38.

1133 § 225 Abs. 1 StG-ZH.

1134 § 225 Abs. 3 StG-ZH.

1135 § 225 Abs. 2 StG-ZH. Vgl. Art. 12 Abs. 5 StHG.

1136 Für den Grundstücksbegriff lehnen sich die meisten kantonalen Gesetze an die zivilrechtliche Definition der Grundstücke an (vgl. oben Ziff. VII.2.2.1.5, Fn 1127); als Beispiel § 2 HStG-BS.

1137 Einzig die Kantone Zürich, Uri, Schwyz, Glarus, Zug, Schaffhausen und Aargau kennen keine Handänderungssteuer, wohl aber Handänderungs- bzw. Grundbuchgebühren; ESTV-System (Fn 740), S. 42. Darauf hinzuweisen ist an dieser Stelle, dass in den kantonalen Gesetzen die Terminologie hinsichtlich der Handänderungsabgaben nicht einheitlich ist; sie werden teils als „Abgaben“, als „Steuern“ oder als „Gebühren“ bezeichnet.

ähnlichem Effekt)[1138]. *Steuerpflichtig* ist aller Regel nach der Erwerber eines Grundstückes[1139], vereinzelt auch Verkäufer und Erwerber je zu gleichen Teilen. Die Handänderungssteuer ist im Allgemeinen proportional ausgestaltet[1140] und bemisst sich nach dem geleisteten Entgelt[1141].

Bestimmte Handänderungen, namentlich die Übertragung eines Grundstückes an Nachkommen, im Rahmen eines Erbganges oder zwischen Ehegatten, sind regelmässig steuerbe-

---

1138 Als Beispiel § 3 HStG-BS:

„[1] Besteuert wird der Erwerb eines Grundstückes.

[2] Als Erwerb eines Grundstückes gilt jeder Abschluss eines Vertrages, der den Erwerbern […] zusichert, ihnen Eigentumsrechte an einem Grundstück zu übertragen, sowie der Erwerb an einer freiwilligen oder amtlichen Gant.

[3] Dem Erwerb eines Grundstücks gleichgestellt ist

a) der Erwerb eines selbständigen und dauernden Baurechts, welches Grundeigentümer oder Grundeigentümerinnen zugunsten der Erwerber […] bestellen;
b) das Ausüben eines Kaufs- oder Rückkaufsrechts über ein Grundstück;
c) das Abtreten eines vorgemerkten Kaufs- oder Rückkaufsrechts über ein Grundstück;
d) der entgeltliche Verzicht auf ein vorgemerktes Kaufs- oder Rückkaufsrecht;
e) der Eintritt in die Rechte der ursprünglichen Erwerber […] aus einem steuerbaren Erwerbsgeschäft, auch wenn diese damals den Vertrag wahlweise für sich oder noch zu bestimmende Dritte abgeschlossen haben;
f) der Erwerb von Anteilsrechten an einer Immobiliengesellschaft.“

1139 Vgl. § 1 Abs. 3 HStG-BS; s. aber auch § 5 HStG-BS.

1140 § 1 Abs. 2 HStG-BS.

1141 Vgl. im Einzelnen § 7 HStG-BS.

freit[1142]; ebenso gibt es in der Regel einen Kreis von steuerbefreiten Personen[1143].

2.2.1.7 Die Liegenschaftssteuern

In mehr als der Hälfte der Schweizer Kantone wird eine Steuer auf dem Grundeigentum erhoben[1144]. Meist handelt es sich um eine Gemeindesteuer; wo eine kantonale Liegenschaftssteuer erhoben wird, sind die Gemeinden an deren Ertrag beteiligt[1145].

1142 Vgl. etwa § 4 HStG-BS.

1143 § 6 HStG-BS.

1144 ESTV-System (Fn 740), S. 38.

1145 Die Kantone Bern, Luzern, Freiburg, Appenzell Innerrhoden, St. Gallen, Graubünden, Thurgau, Tessin, Waadt, Wallis, Genf und Jura erheben eine Liegenschaftssteuer im eigentlichen Sinn; im Kanton Neuenburg wird eine Liegenschaftssteuer nur auf denjenigen Liegenschaften erhoben, welche juristischen Personen als Kapitalanlage dienen, sowie auf Liegenschaften von Vorsorgeeinrichtungen, welche normalerweise von der Steuer ausgenommen sind.
Die Kantone Zürich, Schwyz, Glarus, Zug, Solothurn, Basel-Land und Aargau verzichten auf die Erhebung einer Liegenschaftssteuer.
Gewisse Kantone schliesslich (Luzern, Obwalden, Nidwalden, Basel-Stadt, Schaffhausen, Aargau, Thurgau und Tessin) erheben eine sog. Minimalsteuer auf Liegenschaften, welche an Stelle der ordentlichen Gewinn- und Kapitalsteuern (bzw. Einkommens- und Vermögenssteuern) tritt, sollte sie diese übersteigen. Im Kanton Uri wird diese Minimalsteuer nur auf Grundstücken natürlicher Personen erhoben, und die Kantone Luzern, Thurgau und Tessin erheben sie zusätzlich zur ordentlichen Liegenschaftssteuer.
Zum Ganzen EIDGENÖSSISCHE STEUERVERWALTUNG, Informationsstelle für Steuerfragen (ESTV-Liegenschaftssteuer): Steuerinformationen. Teil D, Einzelne Steuern. Die Liegenschaftssteuer, Bern 2011, S. 1, abrufbar unter http://www.estv.admin.ch/dokumentation/00079/00080/00736/index.html#sprungmarke0_76.

Die Steuerpflicht wird durch das blosse Vorhandensein eines Grundstückes ausgelöst. *Steuersubjekte* sind die jeweiligen Eigentümer oder Nutzniesser[1146]. Bemessungsgrundlage ist aller Regel nach der Bruttowert eines Grundstückes[1147]. Die Steuer ist meistens proportional ausgestaltet[1148].

2.2.1.8 Die Lotteriegewinnsteuern

Sämtliche Kantone erheben Steuern auf Gewinnen, die in Lotterien, Sport-Toto und ähnlichen Veranstaltungen erzielt werden[1149]. Einige Kantone erfassen derartige Gewinne getrennt vom übrigen Einkommen mit einem Sondersatz oder Sondertarif[1150], in anderen Kantonen werden sie zusammen mit dem übrigen Einkommen von der ordentlichen Einkommenssteuer erfasst. Oft besteht jedoch eine betragsmässige Mindesthöhe, damit die Steuer geschuldet ist[1151]. Die bei Glücksspielen in schweizerischen Casinos erzielten Gewinne sind steuerfrei[1152].

1146 HÖHN/WALDBURGER (Fn 755), § 23 N 5.

1147 Dies bedeutet, dass die auf einem Grundstück lastenden Schulden in der Regel nicht abziehbar sind.

1148 Die Steuersätze bewegen sich zwischen 0,3 und 3 Promille des Verkehrswertes.

1149 ESTV-System (Fn 740), S. 39.

1150 Dies ist in den Kantonen Bern, Schwyz, Tessin, Wallis, Neuenburg und Jura der Fall.

1151 ESTV-System (Fn 740), S. 39.

1152 ESTV-System (Fn 740), S. 39.

2.2.2 Weitere Steuern auf kantonaler und kommunaler Ebene

2.2.2.1 Hundesteuern

Das Halten von Hunden wird in allen Kantonen mit einer Hundesteuer belastet[1153]. Die Steuer variiert in der Regel nach Grösse und Gewicht des Hundes, zudem existieren oft Ermässigungen für Blinden-, Rettungs-, Dienst- oder Landwirtschaftshunde[1154]. Steuersubjekt ist der jeweilige Halter eines Hundes.

2.2.2.2 Motor- und Wasserfahrzeugsteuern

Der Besitz von Motorfahrzeugen, welche zum Verkehr zugelassen sind, wird in allen Kantonen besteuert, vereinzelt gilt dasselbe für Wasserfahrzeuge[1155]. Steuersubjekt ist der jeweilige Fahrzeughalter[1156], Steuerobjekt das Halten des Fahrzeuges. Berechnet wird die Steuer in der Regel nach der Motorengrösse (PS oder Hubraum) oder nach Grösse und/oder Gewicht[1157] des Fahrzeuges[1158].

[1153] Vgl. § 10 ff. des Gesetzes vom 5.12.1983 über das Halten von Hunden des Kantons Thurgau (RB 641.2); MÄUSLI-ALLENSPACH/OERTLI (Fn 738), S. 514.

[1154] ESTV-System (Fn 740), S. 43.

[1155] Vgl. das Gesetz vom 12.12.1975 über die Wasserfahrzeugsteuer des Kantons Thurgau (RB 747.2).

[1156] HÖHN/WALDBURGER (Fn 755), § 29 N 13.

[1157] Vgl. § 4 des Gesetzes über die Wasserfahrzeugsteuer des Kantons Thurgau (soeben Fn 1155).

[1158] HÖHN/WALDBURGER (Fn 755), § 29 N 9; MÄUSLI-ALLENSPACH/OERTLI (Fn 738), S. 516.

2.2.2.3 Vergnügungssteuern

Einige Kantone und Gemeinden erheben eine Steuer auf entgeltliche öffentliche Veranstaltungen, die sog. Vergnügungs- oder Billettsteuer[1159]. Steuerpflichtig sind dabei nicht nur reine Vergnügungsveranstaltungen, sondern auch solche belehrender oder kultureller Art[1160]. In der Regel beträgt diese Steuer rund 10 Prozent auf den erhobenen Eintrittspreisen[1161].

2.2.2.4 Kantonale Lotteriesteuern

Die meisten Kantone erheben eine Steuer auf Lotterien, welche öffentlich veranstaltet werden[1162]. Besteuert werden dabei nicht die Gewinne, sondern die Durchführung solcher Veranstaltungen[1163].

2.2.2.5 Stempelsteuern und Registerabgaben

Neben den bereits dargelegten eidgenössischen Stempelabgaben[1164] erheben vier Kantone[1165] zusätzlich kantonale

---

[1159] HÖHN/WALDBURGER (Fn 755), § 29 N 34 ff.

[1160] Vgl. die „Lustbarkeitssteuern" im Kanton Luzern; dort steht es nach kantonalem Steuerrecht den Gemeinden frei, „von den Eintrittsgeldern für öffentliche Lustbarkeiten (Theater, Lichtspiele, Zirkus, Konzerte, Tanzanlässe usw.) eine besondere Steuer zu beziehen". Siehe § 36 des Gesetzes vom 28.7.1919 betreffend die teilweise Abänderung des Steuergesetzes vom 30.11.1892 (SRL 652). Im Weiteren MÄUSLI-ALLENSPACH/OERTLI (Fn 738), S. 514.

[1161] FISCHER/FEDERSPIEL/ARNOLD/MICHAELIS (Fn 1106), S. 64.

[1162] ESTV-System (Fn 740), S. 44.

[1163] FISCHER/FEDERSPIEL/ARNOLD/MICHAELIS (Fn 1106), S. 65.

[1164] Oben Ziff. VII.2.1.2.2.

Stempelsteuern. Gegenstand dieser Steuern sind jeweils bestimmte Urkunden, welche von Behörden an Private ausgestellt werden (beispielsweise Urteile, Registerauszüge, Ausweisschriften) sowie Akten oder Eingaben, welche Privatpersonen bei Behörden einreichen (so etwa Gesuche, Rekurse oder allgemein Prozessschriften)[1166]. Keine kantonalen oder kommunalen Steuern dürfen auf Urkunden erhoben werden, die bereits den eidgenössischen Stempelabgaben unterliegen oder als von dieser befreit erklärt werden[1167].

2.2.2.6 Beherbergungsabgaben und Kurtaxen

Im Zusammenhang mit dem Tourismus werden in der Schweiz diverse Abgaben erhoben[1168]; am häufigsten sind die sog. Kurtaxen und die Beherbergungsabgaben. Bei der Kurtaxe ist der auswärtige Feriengast Steuersubjekt, das Übernachten ausserhalb des Wohnsitzes ist das Steuerobjekt; bei der Beherbergungsabgabe ist der Beherberger Steuersubjekt, und das Beherbergen, das heisst das „Übernachtenlassen“, stellt das Steuerobjekt dar[1169].

[1165] Es handelt sich dabei um die Kantone Tessin, Waadt, Wallis und Genf, vgl. ESTV-System (Fn 740), S. 44.

[1166] Vgl. dazu ESTV-System (Fn 740), S. 44.

[1167] Art. 134 BV.

[1168] HÖHN/WALDBURGER (Fn 755), § 29 N 40 ff.; MÄUSLI-ALLENSPACH/OERTLI (Fn 738), S. 517.

[1169] MÄUSLI-ALLENSPACH/OERTLI (Fn 738), S. 517.

Stichwortverzeichnis

A

B

D

E

U

V

W

Z